iAM 설교
감동에서 변화로

iAM설교 감동에서 변화로

2012년 1월 05일 · 제1판 1쇄 발행
2012년 4월 05일 · 제1판 3쇄 발행

지은이 | 천세기
펴낸이 | 안병창
펴낸데 | 요단출판사

158-053 서울특별시 양천구 목3동 605-4
기 획 | (02)2643-9155
영 업 | (02)2643-7290~1 Fax (02)2643-1877
등 록 | 1973. 8. 23. 제13-10호

ⓒ 천세기 2012

편집차장	이영림	편 집	정연숙
디 자 인	이은주	제 작	박태훈 권아름
영 업	김창윤 정준용 이영은 송석훈		

값 12,000원
ISBN 978-89-350-1388-3 03230

이 책의 저작권은 저자가 소유하고 있습니다.
저자와 출판사의 사전 승인 없이 책의 내용이나 표지 등을 복제, 인용할 수 없습니다.

요단인터넷서점 www.jordanbook.com

iAM 설교
감동에서 변화로

| 천세기 지음 |

차 례

추천사 _ 6

서문 _ 11

프롤로그 _ 17

I. 설교의 5대 원리

1. 성령의 사역 32
2. 설교자 41
3. 예수 그리스도 54
4. 청중 61
5. 하나님 68

II. 툴TOOL을 통한 설교 레시피

1. AW(Aim Word) 정하기 97
2. CT(Character) 정하기 97
3. Open Mind(마음열기) 98
4. Matter(문제제기) 105
5. Aim Word(목적단어) 131
6. Answer(문제해결) 147

    CTA(성경인물의 문제해결) 149

    GA(하나님의 문제해결) 172

7. Fruit(결과, 복) 191
8. Act(결단) 221

III. 툴TOOL에 따라 작성한 설교문 _ 242

에필로그 _ 282

추천사

목회자는 청중이 아무리 설교를 재미있게 듣고 감동을 받아도 삶이 변화되지 않으면 괴로워한다. 저자는 설교를 통하여 청중들의 삶의 변화를 일으키라는 사명을 감당하기 위해 특별 훈련을 받고, 열정과 비전만으로 목회자의 길을 지켜오면서 설교자들에게 실질적인 도움을 줄 수 있는 '툴(Tool) 레시피' 설교방법을 찾아냈다. 이 방법은 다문화·다종교 사회를 살고 있는 오늘날 목회자들에게 성경 구석구석에 감춰져 있는 예수 그리스도를 드러내어 온전한 복음을 선포케 하며 청중들의 각성을 촉구하고 삶의 변화를 일으키는 설교의 길을 제시해 주고 있다.

'국제 목회자 각성센터' 대표인 천세기 목사가 「IAM 설교 감동에서 변화로」라는 귀한 책을 펴낸 것에 하나님께 감사드리며, 주께서 맡겨주신 말씀 선포의 사명을 감당해야 하는 이 시대의 모든 목회 동역자들에게 강력히 추천합니다.

나 원 용
종교교회 원로목사

추천사

저자가 설명한 원리와 핵심은 「IAM 설교 감동에서 변화로」라는 제목에서처럼 감동에서 더 나아가 실제로 설교자 및 설교를 듣는 청중들에게 변화를 가져다 준다.

많은 설교학 교수들이 이 '툴 레시피'에 따른 설교를 듣고는 하나같이 이렇게 말했다.

"감동이다. 포스트모던 시대에는 이런 설교를 청중들이 들어야 한다. 절대 이 설교의 TOOL을 바꾸지 말라."

나는 이 한 권의 책이 포스트모던 시대를 살아가는 설교자들에게 감동을 넘어 변화를 가져오는 데 좋은 지침서가 될 것을 확신하며 강력 추천한다.

김 호 권
동부광성교회 담임목사

추천사

오늘날 우리의 시대는 포스트모던의 광풍아래서 정치, 경제, 문화, 교육, 종교 어디 하나 변화의 영향을 주지 않은 것이 없다. 그 변화는 성경의 절대진리를 거부하고, 설교도 소음으로 생각하고 듣지 않으려는 시대를 만들어 버렸다.

그러나 이러한 현실 속에서도 설교자는 때를 얻든지 못 얻든지 말씀을 선포해야 하는 예수님의 위임명령을 수행할 막중한 도전에 직면해 있다.

이 문제를 안고서 애쓰고 수고하여도 열매가 없는 현실 앞에서, 목회자와 청중들은 신음소리를 내다가 이제는 중병으로 그 고통이 깊어져가고 있는지 모른다.

그리고 교회가 성장은커녕 퇴보하고 있는 이 책임에 대해 설교자는 자천타천 어느 쪽으로든지 자유로울 수 없는 것 또한 사실이다.

이제 우리 설교자는 이 변화 앞에서 신학적이든지, 설교 방법론이든지 자기반성에서 해결방법을 찾아야 한다고 생각한다.

모든 목회자들이 고민하고 갈증을 느끼는 이때, 천세기 목사가 그간 준비한 「IAM 설교 감동에서 변화로」라는 책은 이 목마름에 대한 생수가 되리라 믿는다.

이 책은 성경인물 중심의 설교에서 하나님 중심의 설교로, 딱딱한 문자를 해석하는 설교에서 이미지가 그려지는 내러티브 설교가 가능하도록 해준다. 이 툴 설교는 성도를 그리스도의 제자로 변화시키는 힘을 가지고 있다.

한 권의 책은 지성만으로 되는 것이 아니라. 영성과 열정 그리고 하나님의 은혜가 만들어낸 결과물일진데 이러한 책이 출간되게 된 것을 감사하며 설교자의 변화를 통해 한국교회에 변화의 영향력을 가져 올 수 있기를 기대한다.

윤 문 기
안중나사렛교회 담임목사

추천사

천세기 목사님을 생각하면, 나는 늘 삭개오가 떠오른다.

삭개오처럼 키는 작지만 삭개오의 헌신과 열정이 있기 때문이다. 삭개오는 작은 키 때문에 예수님을 볼 수 없게 되자, 나무 위로 올라가서 예수님을 만나고야 만다. 그것은 열정이다. 아무리 세리가 욕을 먹는 세상이었지만 체면이 있었을 터인데, 예수님을 보고자 하는 그의 열정 앞에서 체면 따위는 문제가 되지 않았다. 그리고 예수님이 그의 집에 들어갔을 때, 삭개오는 예수님이 아무것도 요구하지 않았는데도 자신이 가진 모든 것을 예수님 앞에 내어놓았다.

1981년 나는 감리교신학대학교 교정에서 소위 '예비역' 신학생인 그를 처음 만났다. 그는 마치 용광로에서 뿜어대는 뜨거운 열기로 몸을 휘두르고 있는 것 같았다. 30년이라는 세월이 흘렀지만 아직도 그의 열정은 식지 않았다.

이러한 열정과 비전으로 만든 이 책은 설교에 대한 부담과 어려움을 갖고 있는 모든 목회자들이 변화되고 청중들의 삶을 볼 수 있게 해주어 신바람 나는 목회가 되도록 돕는다.

조 경 철
감리교신학대학교 신약학 교수

서문

모든 것이 하나님의 은혜였습니다.

아무리 생각하고 머리를 쥐어짜도 그 어떤 말로도 그 어떤 글로도 표현할 수 없었습니다. 생각하면 생각할수록 한없이 초라해지고 작아지는 제 모습 때문입니다. 돌아보면 그 어느 것 하나 주의 손길 안 미친 것이 없기에 오직 하나님의 은혜였다고 고백할 뿐입니다.

목사라면 누구나 한 번쯤 꿈꿔보는 나만의 설교이면서 탁월한 설교를 해 보고 싶은 그런 꿈이 제게도 있었습니다. 하지만 타는 목마름으로 아무리 발버둥쳐도 설교 후에 돌아오는 채울 수 없는 공허함에 절망할 수밖에 없었습니다. 그러던 어느 날 아내와 심하게 다투고 교회 제단에 엎드려 한심한 내 모습을 자책하며 기도하던 중 하나님의 음성이 들려왔습니다.

"네가 나를 사랑하느냐?"라는 생뚱맞은 질문이었습니다. 질문 같지도 않은 질문에 대답을 회피하려는데 "너는 나를 사랑한 것이 아니고 내가 너에게 맡긴 것들을 사랑한 것이지, 나를 사랑한 것은 아니지 않느냐?"는 말씀에 엄청난 충격을 받고 당시의 환경으로부터 떠나기로 결심했습니다.

하나님만을 사랑하기 위해서 얼마 동안만이라도 섬기던 교회도 떠나고, 가정도 떠나기로 생각했는데, 그 어느 것 하나도 쉽게 결단할 수가 없었습니다. '꼭 이렇게 해야만 하나님을 사랑하는 것인가?' 하는 또 다른 갈등이 저의 발목을 잡았습니다. 그러나 정말 단 1년만이라도 그렇게 살고 싶은 마음이 들었습니다. 그렇지 않으면 평생을 후회하며 살아갈 것 같았습니다. 그래서 섬기던 교회도 사임하고, 가족들의 동의를 얻어 가정도 떠났습니다.

그 후 이 책이 나오기까지 5년이 더 걸렸습니다. 수많은 갈등과 시행착오를 겪으면서 기다려야 했던 5년이라는 시간들이 제게는 너무나 무겁고 버거운 짐이었습니다. 1년이면 충분하리라고 생각하고 떠났는데 5년이란 기다림 속에 '하나님, 언제까지 기다려야 합니까?'를 수도 없이 반복하며 부르짖었지만 하나님은 아무 말씀도 해주지 않으셨습니다.

하지만 지금 돌이켜 생각해 보니 제가 하나님의 때를 기다린 것이 아니고 하나님이 준비된 저를 기다리고 계셨다는 사실을 뒤늦게서야 깨달았습니다. 저의 기다림은 훈련이었고 하나님의 기다림은 행복이셨습니다. 저는 이 기다림을 통해 믿음이란 기다림이고 기다림이란 행복이라는 것을 알았습니다.

하나님의 개입은 여기서 끝나지 않으셨습니다. 저는 목회가 하고 싶어 다시 교회로 돌아가려 했지만, 하나님은 제가 교회로 돌아가는 길목들을 모두 차단하시고 IAM 설교사역만을 허락하셨기에 속절없이 순종하며 여기까지 달려왔습니다. IAM 설교 아카데미를 개설하고 그 동안 많은 목회자들을 섬기면서 강의했던 내용들 중에 가장 기초적이고 당장이라도 설교 작성에 도움을 드릴 수 있는 '툴'(Tool)이라는 것을 이 책에 설교의 레시피 형식으로 담아서 출간하게 되었습니다.

툴(Tool)이란 설교자가 의도한 목적을 가지고 자신이 말하고자 하는 내용을 가장 쉽고 명확하게 전달하기 위한 논리적 체계를 말합니다.

하지만 아무리 좋은 툴(Tool)이라 해도 무엇을 전달하느냐에 따라 그 가치는 엄청난 결과를 가져올 것입니다.

설교란, 우선 하나님(성경-계시된 말씀)이 있어야 하고, 그 말씀을 전달하는 설교자와 청중이 있어야 합니다. 그리고 그 중심에는 예수 그리스도가 있습니다. 하지만 아무리 좋은 설교의 기술을 가지고 있다 해도 목회자 자신이 각성되지 않는다면 설교는 단지 말장난에 불과하기 때문에 설교의 5대 원리 가운데 설교자에 대한 부분을 가장 많이 강조했습니다.

툴(Tool)이라는 설교의 도구를 각성된 목회자가 사용하면 성경 말씀 어디에서든 예수 그리스도를 드러낼 수가 있습니다. 하지만 아무리 완벽하게 준비했다 하더라도 설교에는 오류가 있을 수 있습니다. 그 오류를 최소한으로 줄이기 위해 설교자는 무엇을 고민해야 하는지를 이 책에서 기술했습니다. 설교자의 훈련을 지나칠 정도로 강조하면서도 성령의 임재와 사역을 결코 소홀히 다루지 않았습니다. 왜냐하면 설교란 성령께서 역사하시는 현장이기 때문입니다.

성경 본문을 정하고 독자들의 이해를 돕기 위해 툴(Tool)이 어떻게 변하는지 서로 다른 관점으로 설명했습니다. 특히 창세기 12장 1~4절을 가지고 문제를 제기하고, 그 문제를 어떻게 해결하는지, 그리고 문제가 해결된 후에 어떤 결과를 가져 왔는지, 또 어떻게 결단할 것인지의 방법을 제시해 보았습니다.

본문을 하나만 정하고 툴(Tool)로 설명한 것은 한 본문에서도 여러 편의 설교가 나올 수 있다는 사실을 실제적이고 구체적인 방법으로 입증해 드리고 싶었기 때문입니다.

그리고 감히 아브라함의 생애에 부족한 저의 간증을 섞는다는 게 무리이고 억측이지만 독자들에게 좀더 쉽고 재미있게 접근하도록 그동안의 목회경험을 곁들였습니다.

설교란, 하늘의 계시된 일들을 이 땅의 일들로,
하늘의 감춰진 언어를 이 땅의 언어로 말하는 것입니다.
그러므로 설교자는 이 땅의 일들로 하나님의 뜻을 선포하고
이 땅의 언어로 하나님의 계획을 증거해야 합니다.
이것이 영적비밀이요 하나님의 전적인 은혜입니다.

얼마 전에 지방 목회자들과 함께 제주도로 여행을 갔다가 한 몽골 자매를 만난 적이 있습니다.

몽골에서 대학을 졸업하고 제주대학으로 유학을 왔다는데 여행사에서 가이드 훈련을 받고 있는 터라 우리 일행과 2박 3일 동안 함께 했습니다. 얼굴도 예뻤지만 마음씨도 곱고 비전과 목표도 확실한 자매였습니다. 무엇보다도 한국말을 너무 잘하는 게 감동이 되었고 인상적이었습니다.

여행 마지막 날 짧은 만남 속에서 있었던 큰 감동들을 담아서 그 자매에게 편지를 썼습니다.

편지를 건네면서 과연 이 자매가 내가 쓴 편지의 내용과 그 의미를 다 이해할 수 있을까라는 의구심이 생겼습니다. 그래서 자매에게 내가 쓴 편지의 내용과 의미를 이해할 수 있겠느냐고 물었습니다. 그러자 자매는 엷은 웃음을 보이며 또박또박 대답했습니다. 머리로만 읽으면 알 수 없겠지만 마음으로 읽으면 알 것 같다고 감사의 뜻을 전해왔습니다.

우리는 서로의 감정을 느낄 수가 있었고 그 감정은 감동을 넘어 변화를 촉구했습니다. 저는 몽골 자매에게 나의 딸이 되어줄 것을 제안했습니다. 그러자 자매는 우리 일행과 여행사 직원들 앞에서 내 딸이 되어 줄 것을 흔쾌히 허락해 주었습니다.

이처럼 설교자가 마음을 열어 하늘의 일을 보고, 하늘의 소리를 듣고, 그것을 마음으로 청중에게 전하면 설교는 감동을 넘어 반드시 변화를 가져올 것입니다. 이것이 IAM 설교가 추구하는 설교의 목적입니다.

이 책이 출간되기까지 많은 분들의 도움이 있었습니다.

IAM(International Awakening Ministry)을 시작하는 데 큰 힘이 되어주신 이사장 윤문기 목사님과 정병준 목사님, 이철후 목사님, 원종휘 목사님, 방원철 목사님, 연재원 목사님, 양명두 목사님, 김호권 목사님, 강신정 목사님께 감사드립니다. 또한 종교교회 나원용 감독님과 최이우 목사님 그리고 장로님들을 비롯해서 많은 관심과 사랑으로 기도해주신 모든 성도님들께 감사드립니다. IAM 사역이 지속적으로 유지할 수 있도록 큰 도움을 주신 고용성 장로님과 이유선 권사님께 감사드립니다. 신세철 장로님, 김재경 장로님, 이순옥 권사님, 강세기 집사님, 조동술 집사님께 감사드립니다.

함께 사역 중인 김공배 목사님, 김희동 목사님, 이형동 간사님은 지금도 저에게는 너무나 큰 힘이 됩니다. 지금까지 IAM 세미나와 설교 아카데미를 거쳐 가시고 졸업하신 동문들에게도 깊은 감사를 드립니다. 교회를 사임하고 무책임한 행동으로 가정을 떠나는 저를 위로해주고 오늘까지 묵묵히 기다려준 아내 김유순과 저의 빈자리를 잘 지켜주고 자라준 아들들 다솔, 다성, 예찬, 예성이와 구순(九旬)의 나이에도 하루 한 끼 금식하며 기도해주시는 이예심 권사님께 감사드립니다. 그리고 지금 제가 섬기고 있는 파고다교회 임성기 원로목사님과 교우 여러분께 감사드립니다.

끝으로 원고 정리와 타이핑을 맡아준 노태성 목사님과 송신일 목사님, 요단출판사 직원 모두에게 감사드립니다. 이 책은 결코 저 혼자만의 힘으로는 이룰 수 없는 것이었기에 모든 영광을 하나님께 올려드립니다.

2011년 8월
하늘공원에서 **천세기** 목사

프롤로그

　오래전의 일입니다. 설교에 대해 많은 관심을 갖고 계신 장로님과 대화를 나눈 적이 있었습니다. 그때 장로님은 나에게 목사님들 중에는 세 부류가 있다고 했습니다. 내용을 들어보니 '설교자로서의 목사'를 유형별로 나눈 것이었습니다.

　첫째 유형은 한심한 설교자입니다. 이런 목사님들의 설교의 특징은 한 마디로 '허접한 설교'를 한다는 것입니다. 이 장로님은 이런 설교를 듣고 있노라면 화가 치밀어 오른다고 했습니다. 도대체 목사님이 뭘 말하려고 하는지 횡설수설하여 나도 모르고 너도 모르고, 예수님도 모르고, 아무도 알아들을 수 없는 그런 설교를 하는 목사님들이 있다는 것입니다. 혹은 성경 말씀을 읽고 나서 본문과는 전혀 상관없는 일반 상식적인 그런 식상한 말씀들을 하고 계신 분들이 허다하다고 했습니다. 그런데 정말 심각한 문제는 이런 목사님들은 설교에 대해 고민은커녕 설교 향상을 위해 전혀 노력하지도 않는다고 했습니다.

　둘째 유형은 감동을 주는 설교자입니다. 이런 목사님들의 설교를 듣다 보면 가슴이 설레고, 때로 통쾌한 웃음을 받기도 하고, 심지어는 눈물이 쏟아질 때도 있다고 했습니다. 설교의 목적은 분명하지 않지만 감성적인 언어와 청중을 이해하려는 마음에서 나오는 설교이기에 설교시간 내내 기대감 속에서 설교를 듣게 된다는 것입니다. 하지만 이런 설교자를 만나기란 쉽지가 않다고 했습니다. 그래서 이런 목사님들의 설교를 들을 수 있다는 것만으로도 행복하다고 했습니다.

셋째 유형은 탁월한 설교자입니다. 이런 설교자는 손에 꼽을 수 있을 만큼 귀하다고 했습니다. 이런 분들의 설교는 메시지에 분명한 목적이 있고, 또 설교가 매우 단순하여 누구든지 알고 있고 누구든지 알아들을 수 있다고 했습니다. 그렇기 때문에 설교시간 내내 "아멘"으로 화답하며 신앙을 고백하게 된다는 것입니다. 이런 설교를 듣고 나면 일주일 혹은 일 년이 지나도 문득문득 그 말씀의 단어들이 떠오른다고 했습니다. 심지어는 십 년이 지났는데도 기억되는 설교가 있다고 했습니다. 결국 그런 설교가 자신의 삶을 변화시켜 준다고 했습니다.

'허접한 설교'는 생각할 필요도 없겠고, 둘째와 셋째 유형인 '감동을 주는 설교'와 '탁월한 설교'에는 어떤 차이점이 있을까?

감동을 주는 설교는 설교시간 내내 가슴이 콩닥거리고, 눈물과 기쁨이 쉴 새 없이 교차하는데, 예배가 끝나고 교회 문을 나설 때면 그날 은혜 받았던 설교의 내용 가운데 기억에 남는 것이 거의 없는 것입니다. 이런 목사님들의 설교는 대부분 내용 중심적인 설교라서 많은 정보를 주는데 급급하답니다. 그러다 보니 한 가지 분명한 목적(결단할 내용)이 없이 산만하게 끝나기 십상이라고 했습니다. 하지만 탁월한 설교자의 설교를 듣고 나면 삶 속에서 나타나는 문제에 적용하게 되고 그 말씀의 키를 가지고 문제를 해결하게 되니까 삶의 질적인 변화를 가져온다고 했습니다.

장로님이 설교시간에 은혜 받으려 하지 않고 설교를 분석하고 있다는 사실이 처음에는 매우 불쾌하고 마음이 상했지만, 결코 남의 일 같지 않았습니다. 그 후로 저는 설교에 대해서 새롭게 인식하게 되었습니다.

나는 어떤 설교자였던가? 말할 것도 없이 한심한 설교자였습니다. 어쩌다 1년에 한두 번은 감동을 주는 설교를 한 적도 있습니다. 군대에서 배운 웅변기법과 감성적인 언어가 성경 본문 말씀과 상관없는데도 그런 설교로 인해 설교 잘 한다는 소리를 듣곤 했습니다. 머리에서 나오는 설교가 아니라 가슴에 있는 것을 언어로 표현할 때 청중들은 가끔씩 웃기도 하고 울기도 했습니다. 그럴 때는 은혜 받았다는 인사에 위안을 받곤 했지만 성도들의 삶은 여전히 변하지 않았습니다. 그것이 저에게 있어서 가장 힘든 시간이었습니다.

설교에 대한 고민

어떻게 해야 탁월한 설교자가 될 수 있을까? 이 질문은 나의 목회 전반을 흔들어 놓았다. 이런 질문과 함께 저는 언제나 채워지지 않는 갈증으로 목말라 했습니다. 어쩌다 감동을 주는 설교를 했을 때, 성도들이 은혜 받았다고 말은 하지만 저 자신은 그런 설교 후에도 여전히 채워지지 않는 공허감을 가질 수밖에 없었습니다.

그래서 예배를 마치면 쓸데없이 한강변을 싸돌아다녀야 했고, 그렇지 않으면 백화점 등을 전전 해야 했습니다. 집에 오면 텔레비전을 켜 놓고 멍하니 아무 생각 없이 보는 일이 많았습니다. 아내는 이런 제 심정을 알 턱이 없었고, 저는 제 행동을 못마땅하게 생각하는 아내와 다툰 적이 한두 번이 아니었습니다. 어느 때는 한심한 설교를 해 놓고 그것이 못내 괴로워 방황해야 했고, 어쩌다 감동 있는 설교를 해놓고도 내 안에 채울 수 없는 공허감 때문에 방황해야 하는 제 심정을 누구도 알아주지 않았습니다.

시간이 지나고 목회의 경륜이 쌓이면 그만큼 탁월한 설교자가 되리라는 기대 속에 몸부림치며 살았지만, 시간이 흐를수록 설교에 대한 갈증은 더욱 더 깊어만 갔습니다. 그러다 보니 남의 설교집을 뒤져야 하고, 설교 한 편을 만드느라 동분서주하여도 변하는 것이 전혀 없었다. 설교에 대한 기대치가 커지면 커질수록 목회가 주눅 들고 기쁨이 아닌 짐으로 다가왔습니다.

하루는 지친 몸으로 겨우 집에 돌아왔는데 아내는 집안 일과 아이들 뒷바라지로 날 반겨줄 겨를도 없이 분주하고 바빴습니다. 그날따라 다른 사람에게서는 몰라도 아내에게서 만큼은 위로 받고 사랑 받고 싶어서 날 좀 사랑해 달라는 표현을 했다가 심한 부부싸움을 했습니다.

아내는 그동안 쌓아 두었던 불만의 감정을 싹 다 털어 놓았습니다. 결혼 후 지금까지 오직 저와 자식들을 위해 헌신하며 살아 왔던 것이 못내 아쉽고 속상하던 차에 속에 담아 두었던 섭섭함을 몽땅 털어 놓았습니다. 아들 넷과 제 뒷바라지까지 몸이 부서질 만큼 고생했고, 자신을 위해서는 그 어느 것 하나 챙기지 않으면서 오직 희생의 삶을 살아 준 아내의 애틋한 마음을 모를 제가 아닙니다. 하지만 아내는 아들 넷을 키우고 사랑하는 것이 곧 당신을 사랑하는 것인데, 왜 당신은 따로 더 사랑해 달라는 것인지 이해가 안 된다며 펑펑 울었습니다. 저는 그런 아내를 보면서도 아내의 그 말만 더 섭섭하게 들렸습니다. 오늘만이라도 나만을 바라봐 주고, 내 말을 들어 주고, 내 아픈 마음을 위로해 주었으면 좋겠는데 ….

더이상 아내에게 뭔가를 요구했다가는 집안에 무슨 일이 벌어질지 몰라서 도망치다시피 집을 빠져나왔습니다. 하지만 갈 곳이 없었습니다. 날 기다려주는 사람도 날 알아주는 사람도 없었기에 갈 곳은 오직 교회뿐이었습니다. 교회 강대상 아래 엎드려 처음에는 한심한 제 신세타령만 했습니다. 그러다가 아내에 대한 서운함과 섭섭함을 말했습니다. "하나님, 너무 힘듭니다. 아내는 자식들만 사랑하고 날 사랑하지 않으니 어쩌면 좋습니까?" 이렇게 철없는 아이처럼 기도하고 있는데 섬광처럼 스쳐지나가는 소리가 들렸습니다. "그게 바로 네 모습이란다." 하는 음성과 함께 하나님께서는 큰 깨달음을 주셨습니다.

정신이 번쩍 들었습니다. 지금까지 제 사역이 그랬으니까요. 하나님이 저에게 맡겨 주신 목양지, 성도, 자식들을 위해 몸이 부서져라 수고하고 애쓰며 사랑했습니다. 그러면서도 그 어느 것 하나 아까워하지 않았고 특별히 저를 위해 뭔가 따로 챙기지도 않았습니다. 이것이 하나님을 사랑하는 것이라고 착각하고 살아 온 지난날의 저의 위선이 적나라하게 드러나 보였습니다.

하나님 아닌 하나님께 속한 사람들, 하나님이 저에게 맡겨 주신 사역이기에 그것을 위해 몸부림치다가 정작 하나님을 잊고 살았던 것입니다. 하나님을 의식하지 않은 것은 아니었지만 하나님과의 깊은 사랑의 관계를 애써 외면하면서 살아왔던 것입니다. 아내가 내 자식을 사랑하는 것이 나를 사랑하는 것으로 착각하고 있는 것처럼 내가 하나님께 속한 사람들을 사랑하고 있는 것이 하나님을 사랑하는 것으로 착각하며 살았던 것입니다.

그날 밤, 한없이 초라해진 내 모습을 부둥켜안은 채 하나님을 향해 이렇게 고백했습니다. 제 생에 단 한 번, 아니 1년만이라도 오직 주님만을 사랑하게 해 달라고. 그러기 위해서는 용기 있는 결단이 필요했습니다. 가장 먼저 교회를 사임해야 했습니다. 이것은 우리 가족의 근간을 흔드는 처사였습니다. 주렁주렁 달린 아들 넷, 그중에서도 큰 아들은 수능 시험이 열흘 밖에 안 남았고, 대학에 합격해도 입학금은 어디서 어떻게 만들어야 할지 아무것도 보이지 않았기에 아무런 대책도 없이 교회를 사임하는 것은 정말 무책임한 행동이 아닐 수가 없었습니다. 그 뿐만 아니라 가정사역도 내려놓아야 합니다. 하나님을 사랑해야겠다는 이유 하나로 이제 사춘기에 접어든 막내 쌍둥이 녀석들을 약해질 대로 약해져 있는 아내에게 맡겨 놓고, 나 몰라라 하며 훌훌 떠나버린다는 것도 너무 염치가 없었습니다. 그것은 누가 봐도 이기적인 생각이었습니다. 그때 제 마음에 와 닿는 하나님의 음성이 있었습니다. '네가 날 사랑하면 내가 너의 일을 해 주마.' 이 음성이 머뭇거리고 있는 저에게 확신을 심어 주었고, 저는 결단을 내릴 수 있었습니다.

가족들은 기쁨으로 저를 전송해 주었고, 교회는 저의 사임을 흔쾌히 받아 주면서 분에 넘치는 융숭한 마음으로 저를 보내 주었습니다. 이 모든 것이 하나님의 은혜였습니다!

❧

탁월한 설교자의 꿈

제가 오직 하나님만을 사랑하겠노라고 결심하고 모든 것을 내려 놓자 하나님은 제가 가장 괴로워하고 힘들어 했던 설교에 대한 새로운 지평을 열어 주셨습니다. 오직 초점을 하나님께로만 향하고 하나님만을 사랑하며 모든 것에서 자유로워지자 하나님께서는 저에게 설교에 대한 새로운 지평을 열어 주신 것입니다.

지금까지 제 설교의 가장 큰 문제는 '진주어(하나님) 중심의 설교'가 아닌 '가주어(성경인물) 중심의 설교'였습니다. 그러다 보니 자연히 '영적 설교'라기보다는 '윤리적 설교' 혹은 '목회적 설교'로 흘러갈 수밖에 없었습니다. 이 작은 사실 하나가 제 목회 생활 30여 년에 가장 신선한 충격이었고 도전이었습니다. 그리고 설교는 '내용'(contents)이 아니라 '관점'(view)이라는 사실 하나를 덤으로 습득하게 되었습니다. 이때부터 설교에 날개를 달게 되었고 지금 하고 있는 사역(IAM, International Awakening Ministry)도 가능하게 되었습니다. 돌아보면 이 모든 것이 하나님의 개입이셨고 인도하심이었습니다. 그래서 저는 '오직 나의 나 된 것은 하나님의 은혜'라고 말할 수 밖에 없었습니다.

설교에 대한 눈이 열리고 날개를 갖게 되면서 저는 또 하나의 새로운 꿈을 꾸었습니다. 그것이 바로 '탁월한 설교자'에 대한 꿈이었습니다. 그래서 탁월한 설교자가 되는 길을 찾아 기도원을 찾아다니며 금식하고 부르짖고 있을 때, 제 귓가에 하나님의 세미한 음성이 들렸습니다. "아들아, 난 네가 탁월한 설교자가 되는 것보다는 나를 사랑하는 목회자가 되었으면 좋겠다." 이 음성이 자칫 목회자의 본질에서 벗어날 뻔 했던 저의 방향을 잡아주었고 정도(正道)의 길을 걷게 해 주었습니다.

1년이면 충분하리라고 마음먹었던 것은 단순히 제 생각이었습니다. 하나님은 저를 1년이 아니라 3년 동안이나 당신의 사랑의 틀에 꽁꽁 묶어 두고 아무것도 할 수 없게 하셨습니다. 어떤 때는 담임목사를 청빙하는 교회에서 이력서를 내라는 연락을 받고 이력서를 냈지만 하나님은 저에게 그 길을 열어 주지 않았습니다. 그러나 그로 말미암아 저는 3년 동안이나 교파를 초월하여 수많은 교회를 탐방할 수 있었고 다양한 목회자들의 설교를 들을 수 있는 기회가 있었습니다.

탁월한 설교자들의 공통점은, 설교시간 내내 선포되는 메시지가 분명 하나님의 음성으로 들려왔습니다. 목적이 분명하고 간단명료하면서도 가슴 속 깊이깊이 새겨졌습니다. 진정 감동을 넘어 '변화를 추구하는 설교'였습니다. 그 소리는 가슴에서 나오는 감성적인 언어가 아니라 영으로 전하는 영혼의 소리였습니다. 그래서 하루, 한 주간, 한 달을 계속해서 심령을 자극하는 말씀으로 기억에 남았습니다. 이런 설교는 마치 갈증만 해갈하기 위해 마시는 청량음료가 아니라 수백 미터 암반을 뚫고 나오는 한 여름날의 시원한 생수와 같았습니다.

설교는 단순히 교회성장을 위해 사용하는 도구가 되어서는 안 된다는 것이 제 기본 생각입니다. 하지만 성도를 변화시키는 탁월한 설교는 교회성장을 넘어 교회의 부흥을 가져오는 자연스러운 일입니다. 단지 수 만 명 혹은 수십 만 명이 모이는 교회를 흠모하자는 것이 아니라 '탁월한 설교자'를 꿈꾸며 우리 모두가 함께 그 길을 밟아보자는 것입니다.

하나님의 꿈

저도 한때는 만 명 이상 모이는 교회에서 목회하고 싶은 꿈이 있었습니다. 꿈을 실현하기 위해서는 무엇보다도 설교가 필수인데, 저는 제 설교에 한계가 있음을 잘 알고 있었습니다. 그래서 제 꿈은 하루에도 수십 번씩 시들은 낙엽처럼 떨어지는 아픔을 경험해야 했고 자연히 목회는 주눅이 들 수밖에 없었습니다. 이제 설교에 눈을 뜨고 설교에 자신감이 생기니 그 꿈이 현실로 다가오는 것 같은 믿음이 생겼습니다. 차를 몰고 수서-분당 간 고속도로를 오고가면서 보게 되는 길가의 큰 교회들은 부러움의 대상이었지만 멀지 않아 내 꿈도 이루어질 것이라는 부푼 꿈으로 부러움을 달래곤 했습니다.

어느 봄날, 따사로운 햇살을 받으며 그 길을 운전하는데 갑자기 제 마음에 이런 질문이 생겼습니다. 그것은 분명 주님의 음성이었습니다. '넌 아직도 만 명 이상의 대형교회를 꿈꾸느냐?' 저는 단 1초의 고민도 없이 그렇다고 자신 있게 대답했습니다. 그때 주님은 제 안에 사그마한 음성으로 다시 말씀하셨습니다. "네가 만 명 교인으로 부흥하는 것보다 백 명 교인을 목양할 수 있는 백 명의 목사를 세우는 것은 어떻겠느냐?" 눈앞이 캄캄해질 만큼 기막힌 질문이었습니다. 저는 더이상 운전할 수 없어 갓길에 차를 세우고 비상등을 켰습니다. 마치 제 인생에 비상등이 켜진 기분이었습니다.

제가 저 자신을 잘 알고 또, 목사님들이 어떤 분인지 잘 아는데 어떻게 목사님들을 섬기고 설교를 가르친단 말인가? 지금까지는 주님의 말씀이라면 토를 달지 않고 감사하는 마음으로 순종하였지만 '이건 아니다' 싶어 한참을 울면서 버텼습니다. 자식 이기는 부모가 없다지만 전 한 번도 하나님을 이겨본 적이 없습니다. 제 생각과 하나님의 생각이 다르고 제 뜻과 하나님의 뜻이 다르고 제 방법과 하나님의 방법은 달랐지만, 언제나 하나님은 하나님의 생각대로, 하나님의 뜻대로, 하나님의 방법대로 절 이끌어 가셨기 때문입니다. 하지만 이번만큼은 양보할 수가 없습니다. 이 길이 너무나 힘든 십자가의 길이라는 게 눈앞에 훤히 보였기 때문입니다.

그러나 하나님은 '네가 만 명의 교인을 부흥시키는 것보다 백 명의 목회자가 각각 백 명 교인의 교회로 부흥시키는 것이 훨씬 빠르고 효과적이다'는 이유로, 저를 설득하셨습니다. 그러면서 하신 한 말씀 "백 명이든 만 명이든 교인들은 다 네 양이 아니고 내 양이다." 더이상 고집부릴 수도 없고 버틸 이유도 없었습니다. 그 때 두 손 두 발 다 들고 주님이 시키는 대로 순종하기로 마음먹고 지금 여기까지 왔습니다. 이 길의 끝이 어딘지도 모른 채 말입니다.

iAM 설교
감동에서 변화로

I
설교의 5대 원리

설교의 정의

'설교란 무엇이다'라고 한 마디로 정의한다는 것은 결코 쉬운 일이 아니다. 설교를 하는 목회자들의 관점에 따라 달라질 수 있기 때문이다.

설교학자 존 스토트(John Stott, 1921-2011)는 설교란 '다리 놓기'라고 말했다. 참된 설교란 성경의 세계(ancient world)와 오늘의 세계(modern world) 사이에 다리를 놓는 작업이라고 정의했다. 반면에 로이드 존스(David Martyn Lloyd-Jones, 1899-1981)는 설교란 하나님의 메시지를 듣는 사람에게 전달하는 것을 의미한다고 정의했다. 또한 그는 설교에 대한 일반적인 정의를 하나 더 제공하는데, 설교란 설교자와 청중 사이에 무엇인가 살아있는 어떤 것이 일어나는 '거래 행위'이며, 단순한 지식의 전달이 아니라 훨씬 큰 어떤 것이 포함되어 있다고 말했다.

탁월한 설교자에게는 설교의 정의가 나름대로 수식어처럼 따라 다닌다. 이 책이 나오기까지 가장 많이 씨름하고 고민했던 부분이 바로 '설교의 정의를 어떻게 내릴 것인가?'였다. 설교는 성경책만 있다고 되는 것도 아니고 설교자만 있어서 되는 것도 아니기에 오랜 시간이 지난 뒤에야 설교의 정의를 내릴 수 있었다.

설교가 이루어지려면 우선 하나님의 계시된 말씀인 성경이 있어야 하고 그 말씀을 전달하는 설교자가 있어야 한다. 하지만 성경과 설교자는 있는데 들어줄 청중이 하나도 없다면 그것은 설교라기보다는 독백이 되고 말 것이다. 그러므로 설교자는 그 무엇보다도 성경의 말씀을 가지고 청중에게 다가가야 한다. 만약 성경 말씀이 배제된 설교라면 그것은 설교라기보다는 윤리나 도덕 교육 같은 강연과 다를 바가 없다.

성경이 이처럼 설교자에게 중요한 것은 하나님 자신을 가장 완벽하게 계시하신 것이 성경이기 때문이다. 물론 하나님은 성경 외에 자연을 통해 계시하시기도 하고 특별한 사건을 통해서도 계시하시기도 한다. 하지만 이 모든 것도 하나님의 말씀인 성경에 근거를 두고 역사하셨다는 사실을 설교자라면 누구나 다 잘 알고 있다.

그렇기 때문에 사도 바울은 디모데와 모든 설교자들에게 다음과 같이 하나님의 뜻을 선포했다.

"그러나 너는 배우고 확신한 일에 거하라 너는 내가 누구에게 배운 것을 알며 또 어려서부터 성경을 알았나니 성경은 능히 너로 하여금 그리스도 예수 안에 있는 믿음으로 말미암아 구원에 이르는 지혜가 있게 하느니라 모든 성경은 하나님의 감동으로 된 것으로 교훈과 책망과 바르게 함과 의로 교육하기에 유익하니 이는 하나님의 사람으로 온전하게 하며 모든 선한 일을 행할 능력을 갖추게 하려 함이라"(딤후 3:14-17).

그러므로 탁월한 설교자는 한결같이 성경을 경시하거나 결코 소홀히 하지 않는다. 왜냐하면 하나님의 말씀은 그 어떤 것보다 위대하고 능력이 있음을 믿고 의지하기 때문이다.

"하나님의 말씀은 살아 있고 활력이 있어 좌우에 날선 어떤 검보다도 예리하여 혼과 영과 및 관절과 골수를 찔러 쪼개기까지 하며 또 마음의 생각과 뜻을 판단하나니 지으신 것이 하나도 그 앞에 나타나지 않음이 없고 우리의 결산을 받으실 이의 눈앞에 만물이 벌거벗은 것 같이 드러나느니라" (히 4:12-13).

이처럼 하나님의 말씀에는 능력과 치유와 회복뿐만 아니라 인간의 모든 문제를 해결하는 열쇠가 다 감춰져 있다.

설교자가 하나님의 말씀인 성경 속에 감춰진 예수 그리스도를 찾아내서 드러내면 이때 청중은 예수 그리스도를 통해서 하나님을 경험하게 되고 비로소 자신의 문제를 해결 받고 기쁨을 누리게 된다. 이 모든 것이 유기적이고 조화롭게 진행하도록 돕는 분이 바로 성령님이시다.

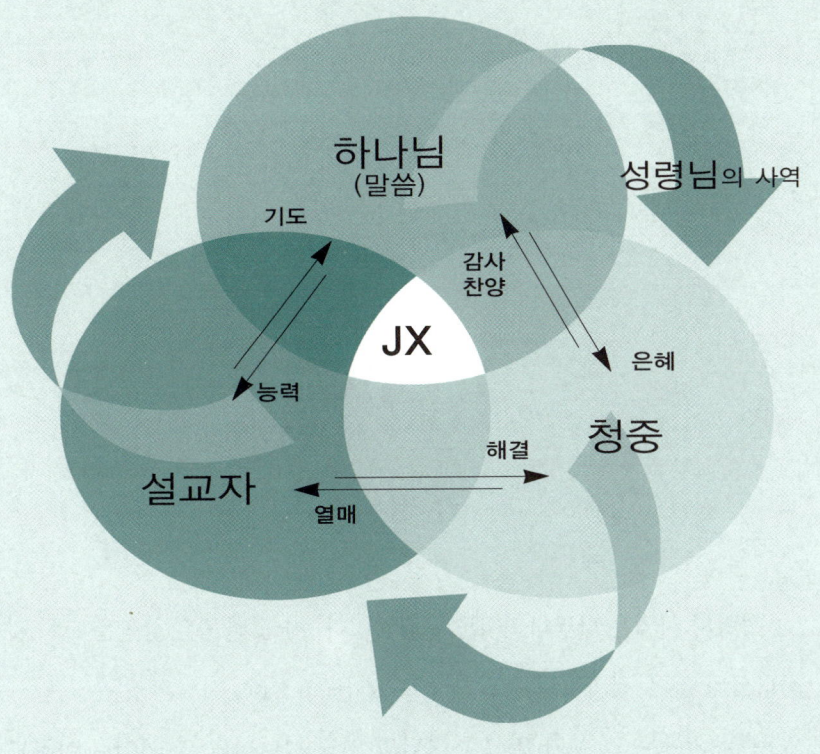

그러므로 IAM 설교란 "성령의 사역을 통해

　　설교자가

　　예수 그리스도를 드러냄으로

　　청중에게

　　하나님을 경험하게 하는 것이다"라고 정의한다.

이것을 IAM 설교의 정의, 혹은 설교의 5대 원리라고 한다.

설교의 5대 원리

1. 성령의 사역

성령의 사역은 다양하면서도 포괄적이다. 사도 바울은 성령은 모든 것 곧 하나님의 깊은 것까지도 통달한다고 했다(고전 2:10). 사람의 일은 사람 속에 있는 영 외에는 알 수가 없고 하나님의 일도 하나님의 영 외에는 아무도 알지 못한다. 우리가 하나님의 영을 받는 것은 하나님이 우리에게 은혜로 주신 것들을 알게 하려는 것이요, 우리가 선포하는 메시지 즉 설교는 성령께서 가르치신 것으로 하게 되니 이것은 영적으로만 분별할 수 있다. 그러므로 성령의 사역은 설교의 시작이며 동시에 설교의 끝이기도 하다.

성령의 사역은 설교자로 하여금 거듭난 삶을 살도록 인도하신다
이사야가 하나님을 경험하고 맨 처음 고백한 말은 다음과 같다.

"화로다 나여 망하게 되었도다 나는 입술이 부정한 사람이요 나는 입술이 부정한 백성 중에 거하면서 만군의 여호와이신 왕을 뵈었음이로다 하였더라 그때에 그 스랍 중에 하나가 부젓가락으로 제단에서 집은 바 핀 숯을 손에 가지고 내게로 날아와서 그것을 내 입술에 대며 이르되 보라 이것이 네 입술에 닿았으니 네 악이 제하여졌고 네 죄가 사하여졌느니라 하더라 내가 또 주의 목소리를 들으니 주께서 이르시되 내가 누구를 보내며 누가 우리를 위하여 갈꼬 하시니 그때에 내가 이르되 내가 여기 있나이다 나를 보내소서 하였더니 여호와께서 이르시되 가서 이 백성에게 이르기를 너희가 듣기는 들어도 깨닫지 못할 것이요 보기는 보아도 알지 못하리라 하여 이 백성의 마음을 둔하게 하며 그들의 귀가 막히고 그들의 눈이 감기게 하라 염려하건대 그들이 눈으로 보고 귀로 듣고 마음으로 깨닫고 다시 돌아와 고침을 받을까 하노라"(사 6:5-10).

이 말씀은 이사야가 하나님을 경험하고 성령으로 충만했을 때 일어난 사건인 동시에 이사야에게 소명을 주신 사건이다. 이사야가 죄를 지었으면 얼마나 큰 죄를 지었겠으며, 입술이 부정한들 얼마나 부정하였겠는가? 하지만 성령의 사역은 설교자로 하여금 자신을 돌아보게 하고 비록 작은 죄라 할지라도 지적하고 회개케 함으로 사명을 감당하도록 하신다. 오랜 숙련을 통해서 귀한 물건을 만들어 내는 사람을 일컬어 '장인'이라 부른다. 하지만 오랜 숙련을 통해서 다 귀한 물건을 만들어내는 것이 아니고 다 장인이 되는 것은 아니다. 장인의 기본 조건은 인격과 훈련을 겸비해야 하는 것이다. 그러므로 좋은 물건은 좋은 사람의 숙련을 통해서만 만들어지고 빛을 발하게 되는 것이다. 이처럼 설교자도 성령의 충만함으로 거듭날 때 비로소 소명을 감당할 수 있게 된다.

예레미야는 하나님을 경험하고 "나는 아이라 말할 줄을 알지 못하나이다"라고 고백했다.

"여호와의 말씀이 내게 임하니라 이르시되 내가 너를 모태에 짓기 전에 너를 알았고 네가 배에서 나오기 전에 너를 성별하였고 너를 여러 나라의 선지자로 세웠노라 하시기로 내가 이르되 슬프도소이다 주 여호와여 보소서 나는 아이라 말할 줄을 알지 못하나이다 하니 여호와께서 내게 이르시되 너는 아이라 말하지 말고 내가 너를 누구에게 보내든지 너는 가며 내가 네게 무엇을 명령하든지 너는 말할지니라 너는 그들 때문에 두려워하지 말라 내가 너와 함께하여 너를 구원하리라 나 여호와의 말이니라 하시고 여호와께서 그의 손을 내밀어 내 입에 대시며 여호와께서 내게 이르시되 보라 내가 내 말을 네 입에 두었노라 보라 내가 오늘 너를 여러 나라와 여러 왕국 위에 세워 네가 그것들을 뽑고 파괴하며 파멸하고 넘어뜨리며 건설하고 심게 하였느니라 하시니라"(렘 1:4-10).

예레미야는 결코 아이가 아니었다. 그러나 하나님을 경험하고 성령으로 충만했을 때 자신을 아이로 낮추었다. 그때 하나님은 그를 선지자로 세우셨고 소명을 맡겨 주셨다.

예수님을 3년 동안이나 따랐던 베드로 역시 예수님이 잡히시던 날 밤에

세 번씩이나 예수님을 모른다고 부인하며 도망쳤던 비겁한 겁쟁이에 불과했다. 하지만 오순절 날 마가의 다락방에서 성령이 충만했을 때 완전히 다른 사람이 되었다. 그는 더이상 비겁한 겁쟁이가 아니었다. 수많은 사람들을 주께로 돌아오게 했으며 초대교회의 부흥을 일으키는 데 기여했다. 산헤드린 법정에서도 전혀 주눅 들지 않았으며 오직 부활하신 그리스도를 증언했다. 이처럼 성령의 사역은 설교자들로 하여금 거듭난 삶으로 소명을 감당하며 살아가도록 하신다.

성령의 사역은 죄를 지적하고 회개를 촉구한다

베드로가 성령으로 충만했을 때 그는 서슴지 않고 십자가에 못 박혀 돌아가시고 사흘 만에 부활하신 그리스도를 강력하게 선포했다. 그러자 그의 말을 듣던 수 백, 수 천 명이 한꺼번에 마음이 찔려 가슴을 찢으며 회개하는 역사가 일어났다(행 2:37, 38). 베드로는 그리스도를 증언했을 뿐인데 그곳에 모인 수 백, 수 천 명이 회개할 수 있었던 것은 바로 성령이 역사하셨기 때문이다. 성령은 우리의 죄악을 조금도 용납하지 않는다. 성령의 시대에 성령이 강하게 역사할 때는 죄를 가늠하는 잣대도 달라진다. 사도행전 5장 1~11절에서 아나니아와 삽비라는 자기들의 소유를 다 팔아서 사도들 앞에 가져오면서 그 값의 얼마를 감추었다가 둘 다 죽임을 당했다. 이 시대의 윤리적인 잣대로 보면 칭찬 받고 존경 받아야 마땅한 일이겠지만, 성령의 시대에는 자그마한 죄도 결코 용서하지 않는다. 또한 아간 역시 여리고 성을 함락하고 수많은 전리품 중에서 외투 한 벌과 은 이백 세겔, 금 오십 세겔을 감추었다가 죽임을 당했다. 목숨을 걸고 나가서 싸운 전쟁에서 승리하고 그까짓 외투

한 벌과 은 이백 세겔 그리고 금 오십 세겔쯤 갖는 것이 뭐가 그리 큰 죄라고 아이 성 전투에서 참패를 당하고 결국 죽임까지 당해야 하는지 우리의 상식과 이성으로는 도무지 이해할 수 없는 노릇이지만 하나님은 아간의 죄악을 결코 용서하지 않으셨다. 이것은 죄악을 가늠하는 잣대가 하나님의 기준과 우리의 기준이 다르기 때문이다. 그러므로 성령은 사람들이 대수롭지 않게 여기는 죄라 할지라도 그 죄를 지적하고 회개를 촉구한다.

고등학교를 졸업하고 얼마 동안 측량 사무소에 취직해 근무한 적이 있다. 그때는 건설업이 한창 붐을 일으킬 때였다. 그런데 내가 다니던 측량 사무소에는 여러 개의 자들이 있었는데 대부분이 일본제품이었다. 그런데 놀라웠던 것은 그중에 몇몇 자들은 불량품이었는데 30센티미터 자에 무려 1센티미터나 틀린 것도 있었다. 만약 잘못된 자를 가지고 30만 분의 1의 지적도를 도면에 그렸다고 생각해 보라. 나중에 얼마나 큰 차이가 생길 것인가? 도면을 그릴 때는 연필심의 굵기에도 신경을 써야 하는데 1센티미터나 틀리는 자를 사용한다는 것은 상상조차도 할 수 없는 노릇이다. 그러므로 죄를 가늠하는 눈금도 내 시각으로 보는 것이 아니고 성령을 기준으로 삼아야 한다. 나도 한때는 나의 윤리적이고 도덕적인 잣대로 내 모습을 돌아보곤 했다. 그럴 때마다 내 자신이 깨끗하고 무흠한 것은 아니지만 그래도 남에게 비난받을 만큼의 큰 죄를 진 것이 없다고 믿었기에 회개의 필요성을 못 느꼈다. 그래서 회개기도를 하고자 하면 할 말이 없기에 기도의 줄을 이내 놓치고 말았다.

하루는 성령에 이끌리어 기도하다가 성령께서 내 죄악을 드러내시고 책망하시는 말씀들을 들으며 내 안에 감당할 수 없을 만큼 가득 차 있는 죄악들을 발견하곤 소스라치게 놀랐다. 죄 중에 가장 큰 죄는 하나님을 모른다는 것이다. 난 하나님을 알고 있다고 생각했는데 내 안에 하나님이 계시지 않는다는 성령의 책망 앞에, 속수무책 쓰러져 내리는 나의 허접한 영성과 죄악으로 인해 나는 한없이 절규하며 회개해야만 했다. 마치 서기관이나 바리새인처럼 허울 좋은 목사의 타이틀에 내 모습을 감추고, 하나님을 가장 잘 아는 것처럼 입만 벌리면 하나님을 말했던 내 안에 진정 하나님은 계시지 않는다는 사실이 얼마나 엄청난 죄인지를 그때서야 깨달았다. 작디작은 눈 속에 눈물이 그렇게도 많이 있는지 미처 몰랐다.

며칠을 그렇게 울며 회개했지만 눈물샘은 마르지 않았다. 여태까지 이런저런 조건들을 제시하며 기도했지만 그 후부터는 '나는 하나님을 모르는 사람입니다' 라고 고백하는 기도만 드렸다. 그러자 내 안에 새로운 영성이 생겨나기 시작했고 비로소 내 안에서 살아계신 하나님이 역사하시는 것을 직감할 수 있었다. 지금까지 나는 하나님에 대해 마치 코끼리 발톱에 낀 때만큼 알고 있었던 것이다. 참으로 이상한 것은 '내가 하나님을 모릅니다' 하고 회개하면 그때마다 하나님은 자신의 존재를 조금씩 조금씩 계시해 주셨다. 성령의 사역은 설교자로 하여금 자신의 죄가 무엇인지를 지적하고 회개할 것을 촉구한다.

성령의 사역은 각성된 설교자가 예수 그리스도를 드러내고자 할 때 청중들을 변화시킨다

변화가 없는 청중은 그리스도인이 될 수 없다. 그렇다면 누가 청중을 변화시킬 수 있으며, 무엇으로 청중을 변화시킬 수 있을까? 목회의 한계는 설교이고, 설교의 한계는 말씀을 듣기는 들어도 변하지 않는 청중 때문에 생긴다. 청중을 변화시키는 것은 설교자의 화려한 말솜씨나 윤리적이고 도덕적인 인격을 소유했다고 되는 것이 아니다. 또한 열심과 열정만 가지고 있다고 되는 것도 아니다. 청중을 변화시킬 수 있는 것은 '각성된 설교자'가 정형화된 언어와 거듭난 인격과 열정으로 오직 예수 그리스도를 드러내고자 할 때 이루어진다. 그때 성령은 청중의 마음을 연다. 그러므로 성령의 역사가 일어나지 않는 설교는 결코 청중을 변화시킬 수 없다.

성령은 청중들로 하여금 인간의 무기력함과 무능력함을 인정하게 하고 자신의 죄인 됨을 고백하도록 돕는다. 성령의 사역은 설교자가 그리스도를 드러낼 때 청중들로 하여금 하나님을 경험케 하고 하나님을 경험한 청중들로 하여금 하나님이 주시고자 하시는 복을 사모하게 한다. 성령의 사역은 청중들로 하여금 주의 사역에 동참하여 헌신자가 되는 길을 제시해 주시기도 하고 청중들로 하여금 그리스도의 인격과 삶을 닮아가도록 역사한다.

성령의 사역은 치유하는 능력이 있다

예수님의 공생애 3년 동안은 대부분 치유사역을 하셨다. 열두 해를 혈루증으로 앓고 있던 여인의 질병을 고쳐주셨고(막 5:25), 백부장의 종인 중풍병자를 고쳐주셨다(눅 7:1-10). 그리고 베데스다 연못가에서는 38년 된 병자를 고쳐주셨고(요 5:1-15), 죽은 나사로를 살리시기도 하셨다(요 11:38-44). 이런 치유의 사역은 예수님이 십자가에 달려 돌아가시고 사흘 만에 부활하시고 이미 약속하셨던 것처럼 보혜사 성령으로 영원토록 함께하시며(요 14:16) 지금도 성령의 사역을 통해 계속해서 진행 중이다. 베드로와 요한은 성전 미문에서 구걸하던 평생을 걸어보지 못한 장애우에게 '은과 금은 내게 없거니와 내게 있는 것으로 네게 주노니 나사렛 예수의 이름으로 일어나 걸으라 하고 오른손을 잡아 일으키니 그의 발과 발목에 곧 힘을 얻고 걷기도 하고 뛰기도 하며 하나님을 찬송하였다'고 했다(행3:10). 성령의 사역은 예수 그리스도를 드러낼 때 치유의 능력으로 나타나기도 한다.

사도 바울은 드로아에서 강론하던 중에 유두고라고 하는 청년이 창에 걸터앉아 강론을 듣다가 그만 졸음을 이기지 못하고 3층에서 떨어져 죽었을 때 성령의 능력으로 살리기도 했다(행 20:7-12). 이처럼 성령의 사역은 치유하는 능력이 있다.

얼마 전에 한 교우로부터 급한 전화를 받고 병원으로 달려갔다. 중환자실에서 치료를 받으시던 어머니가 돌아가셨다는 의사의 판명을 받고 장례를 치러야 하는데 매장할 것인가 아니면 화장을 할 것인가에 대해 부부의 의견이 상반되어 장례절차를 두고 싸움을 했다면서 어떻게 하는 것이 옳은지를 가르쳐달라는 것이었다. 참으로 난감했다. 이런 것은 상주들이 알아서 결정할 일이지 내가 뭘 결정할 수 있겠는가? 나 역시 이러지도 저러지도 못하고 있는데 갑자기 내 마음에 간절히 기도하고픈 마음이 생겼다. 마지막 임종예배를 드려야 할 심사로 교우 부부와 함께 중환자실로 들어갔다. 그리고 살아날 가능성이란 전혀 없는데 성령에 의지하여 예수 그리스도의 이름으로 간절히 간구했다. 살려달라고 ….

내가 왜 그런 기도를 했는지 나도 잘 모른다. 이미 의사가 사망 진단을 내린 상태이고 가족들도 장례를 준비하는 마당에 내가 왜 그런 어처구니없는 기도를 하고 있는지 나 자신조차도 절제할 수 없었다. 그런데 놀라운 일은, 가망이 없어서 모두가 포기하고 장례를 준비하고 있었는데 환자가 눈을 떴다. 잠시 일시적인 현상일 것이라고 담당의사가 말했지만 교우의 어머니는 다음 날 일반 병동으로 옮겨졌고, 며칠 후에 퇴원하기까지 했다. 지금도 놀라운 기적의 순간을 잊을 수가 없다. 이것은 지금도 역사하시는 성령의 사역이 치유를 통해 예수 그리스도를 드러내기를 원하신다는 증거이다.

이처럼 성령의 사역은 이 모든 것들을 통해 이 땅에 다시금 재현될 부흥을 꿈꾸게 하기도 한다. 19세기 말에 일어났던 무디의 부흥운동이나 1903~1905년의 웨일즈 부흥운동, 1905년 인도의 카시아 부흥운동, 1906년 아주사의 부흥운동, 1907년 평양의 대부흥 운동, 그리고 1908년 중국 호난성에서 일어났던 근대 부흥운동들이 바로 성령의 사역이었으며 그 중심에는 영적 각성과 회개를 촉구하는 말씀운동이 있었다.

그러므로 성령의 사역은 '부르심' '회개' '치유' '부흥' 등 모든 것을 포괄하며 다양하게 역사한다. 고린도전서 12장 1절 이하에 "형제들아 신령한 것에 대하여 나는 너희가 알지 못하기를 원하지 아니하노니"라고 기록하고 있다. 여기서 신령한 것이란 성령의 사역을 말한다. 성령의 사역이 어떤 사람에게는 지혜의 말씀을, 어떤 사람에게는 지식의 말씀을, 어떤 사람에게는 믿음을, 어떤 사람에게는 병 고치는 은사를, 어떤 사람에게는 능력 행함을, 어떤 사람에게는 예언함을, 어떤 사람에게는 영들 분별함을, 어떤 사람에게는 방언 말함을, 어떤 사람에게는 통역함을 주시나니 이 모든 일은 같은 성령의 사역으로 그의 뜻대로 각 사람에게 나누어 주시는 것이다. 그러니까 설교자는 설교 작성에서부터 설교하고 강단에서 내려오는 그 순간까지, 더 나아가 매일매일 그 어느 한 순간도 성령을 의지하지 않으면 결코 탁월한 설교자가 될 수 없다.

설교의 5대 원리

2. 설교자

설교의 능력은 성령의 사역을 통해 각성된 설교자에게서 나타난다

설교자 자신의 인격과 성품은 말할 것도 없거니와 오랜 훈련을 통해서 탁월한 설교자가 탄생하게 된다.

나도 한때는 설교에 대한 심한 자괴감에 빠져 있을 때가 있었다. 성경에 대한 이해와 전달의 방법에 있어서 제대로 숙지하고 있었고 누구보다도 설교에 대하여 자신감이 있었는데, 내 설교를 듣는 청중들의 모습에서는 전혀 변화를 기대할 수 없었고, 설교의 능력은 말할 것도 없고 강단이 무참하게 무너져 내리는 느낌을 수도 없이 경험했다. 원인을 알아야 해결책도 찾을 텐데 도무지 그 원인이 뭔지 알 수가 없었다. 하는 수 없이 모든 것을 내려놓고 무작정 기도원에 들어갔다. 며칠을 금식하며 기도했지만 배만 고플 뿐 아무 소리도 들리지 않았고 아무 느낌도 없었다. 입은 바싹바싹 마르고 가슴은 답답하여 터져 나갈 것만 같았다. 시간은 소리 소문 없이 흘러갔다. 그렇다고 이대로 포기할 수는 없었다. 왜냐하면 이대로 주저앉는 것은 목회를 그만두는 것밖에 되지 않았기 때문이다. 나의 기도는 부르짖음을 넘어 절규에 가까워졌다. 허기진 배를 움켜잡고 갈라지고 허스키한 목소리로 주님의 보좌만을 향하여 간구하기 시작했다.

원인은 내게 있었다. 내 설교에 하나님의 심정이 들어가 있지 않다는 사실을 깨닫게 되었다. 하나님의 심정을 누구보다 잘 알고 있었고 깨닫고 있었지만, 정작 설교에서는 하나님의 심정을 드러내지 못하고 있었던 것이다. 원인을 알게 되자 나의 기도는 금세 질문으로 바뀌었다. "하나님, 왜 저는 하나님의 심정을 말할 수 없는 것입니까?" 이런 질문으로 거의 반나절을 씨름하고 있었다. 그때 성령께서 내가 상상하지 못할 엄청난 사실을 깨닫게 해 주셨다. "네가 설교하면서 나의 심정을 말하지 못하고 나를 드러내지 못하는 것은 네 안에 내가 없기 때문이란다." 이 말씀은 충격 그 자체였고 손 마디마디마다 짜릿짜릿한 전율을 느끼게 했다. 나는 한참 동안 멍하니 아무것도 할 수 없었다. 그저 내 자신의 삶에 대한 실망스러움에 휩싸일 뿐이었다.

신앙생활 한 지도 벌써 40년이 넘었고, 목회에 목숨 한 번 걸어보겠다고 다짐했던 시간도 벌써 20년이 훌쩍 지나가버렸다. 그리고 설교에 올인(all-in)하겠다고 섬기던 교회도 사임하고 가정과 이별하여 산지도 벌써 3년이 지나가고 있는데, 내 안에 하나님이 안 계시다니. 지금까지 살아온 나의 삶에 대한 회의와 반항심이 내 안에서 수도 없이 요동치고 있었다. 그렇다고 이대로 주저앉아 있을 수도 포기할 수도 없는 일이기에 나의 기도와 질문은 계속

되었다. 이런 나에게 드디어 하나님이 찾아오셨다. 내가 하나님의 심정을 말하지 못하고 내가 하나님의 행하신 일들을 제대로 드러내지 못하는 것은 성경에 대한 지식이 부족해서나, 말씀을 전달하는 테크닉이 부족해서가 아니라, 내가 만난 하나님을 말하지 않기 때문이었음을 하나님은 깨닫게 하셨다. 그러고 보니 지금까지의 내 설교는 내가 경험한 것들이 아닌 배우고 전해 들은 것을 일정한 틀에 넣어 전달하고 있었던 것이다. 내가 '만난' 하나님이 아니고 내가 '배운' 하나님을 고집하며 증거하고 있었던 것이다. 신학교에서 배운 하나님에 대하여, 선배 목사님들에게서 들어왔던 그 하나님에 대하여…. 나를 변화시키고 가슴을 뜨겁게 해 주셨던 성령님을 말하지 못하고 다른 사람들에게 역사하셨던 그 성령님에 대하여만 설교하고 있었던 것이다.

얼마 전에 KTX가 광명역에서 탈선하여 몇 시간 동안 통행이 중단되었던 적이 있었다. 그 원인이 언론에 발표되었을 때 혀를 내둘렀다. 이유인즉 아주 조그만 볼트 하나가 빠져나간 것이 원인이었던 것이다. 자칫하면 대형 사고를 가져올 뻔한 이 사건이 바로 눈에 보이지 않을 만큼 작은 볼트 하나 때문이라는 사실이 도무지 믿겨지지가 않았다. '하나님을 말하는 것'과 '하나님에 대하여 말하는 것'을 볼트 하나 있고 없고의 차이라고 이야기할 수 있을까? 하나님을 아는 것과 하나님에 대하여 아는 것은 하늘과 땅 만큼 차이가 난다. 나는 '하나님 자신'을 드러내기보다는 '하나님의 것들'로 설교를 도배했고, 예수님 자신을 드러내기보다는 예수님이 행하셨던 기적을 드러내려고만 했다. 그리고 성령의 사역을 의지하기보다는 성령에 대하여 말하기를 좋아했다. 지금 돌아보면 내 설교는 한낱 말장난에 불과했다. 그러다 보니 성령님은 얄팍한 내 설교의 기술에 뒷짐 지고 계셨고 능력도 부여해 주지 않으셨다.

　이날 나는 소경이 눈을 뜨는 것처럼 설교에 실낱같은 눈을 뜨게 되었다. 설교자가 자신의 무능함을 인정하고 철저히 회개하면 성령의 기름 부으심을 통해 각성된 설교자로 거듭 태어나게 된다. 내가 이 사실을 알았을 때 하나님은 나의 전 생애를 통해 만나주고 계셨고, 예수님은 언제나 내 안에서 말씀하고 계셨으며, 내가 넘어져서 힘들어 하고 있을 때에는 성령님께서 위로하고 계셨고 능력을 부여해주고 계셨음을 고백하게 되었다. 그분과의 인격적인 만남이 나를 새로운 설교자로 거듭나게 했다.

하나님을 알기 위해 설교자는 반복된 훈련이 필요하다

　'이해한 것'과 '깨달은 것' 그리고 '아는 것'은 비슷하지만 분명한 차이가 있다. 난 아들이 넷이나 된다. 하루는 이 녀석들이 스키를 배우고 싶다고 성화를 부려 큰 맘 먹고 스키장에 간 적이 있다. 초급자들을 위한 기초 스키 강습을 받고 나더니 아들 녀석 하나가 없어졌다. 초보자 코스에 있어야 할 녀석이 도대체 어디로 사라졌는지, 아내와 난 잃어버린 아들을 찾느라 혈안이 되었다. 한참을 찾고 있다가 문득 중급 코스를 쳐다보니 저 높은 언덕에서 아들과 비슷한 옷차림의 남자 아이가 스키를 타는 것도 아니고 눈썰매를 타는 것도 아니고 경사진 눈밭을 스키 따로 몸 따로 데굴데굴 굴러 내려오고 있었다. 다름 아닌 우리가 찾던 그 녀석이었다.

　이 녀석은 초보자 기초 강습을 받으면서 다 이해했고, 다 깨달아 안다고 생각했던 것이다. 사실 기초 강습이야 30분이면 끝난다. 초보자 코스가 성에 차지 않아 부모 몰래 혼자서 리프트를 타고 중급 코스에 올라갔던 것이다. 처음으로 스키장에 와 중급 코스에서 밑을 내려다보니 얼마나 아찔하고 현기증이 났겠는가? 그렇다고 다시 리프트를 타고 내려올 수도 없는 일. 무작정 타고 내려오다가 그 꼴이 난 것이다. 하마터면 아들 녀석 하나 잃을 뻔했다.

우리 부부가 그 장면을 목격한 후 다시는 스키장에 가지 않았다. 그럼에도 녀석들은 겨울이 돌아오면 스키장에 보내달라고 졸라댄다. 얼마 전에는 녀석들끼리 스키장에 다녀왔다. 동영상을 찍어 왔는데 그때 그 아들이 황홀할 정도로 멋지게 스키를 타고 있었다. 중급 코스에서 데굴데굴 구르던 그 녀석이 고급 코스를 헤치고 눈발을 날리며 내리달리는데, 이 모습이 정말 그 아들이 맞는지 눈을 의심하지 않을 수가 없었다. 나는 어떻게 이렇게 달라질 수 있을까를 생각해 보았다. 이유는 한 가지 뿐이었다. 반복된 훈련뿐이었다. 이해하고 깨달았을 때 수없는 시행착오가 있다. 실수하고 넘어지고 상처도 입을 수 있지만, 훈련은 기술을 연마하게 하며 터득하게 하여 비로소 온전히 알게 되는 것이다.

목회자가 하나님을 이해하고 깨닫기만 하고 목회한다면 수없는 시행착오만을 겪게 될 것이다. 그러나 넘어지고 깨져서 상처를 입는다 해도 포기하지 않고 노력한다면 하나님에 대해서가 아닌 하나님 자신을 알게 될 것이다. 하나님 자신을 알게 되는 그때 목회자는 새롭게 태어난다. 이것을 목회자의 각성(覺性)이라 부른다. 그러므로 "설교자의 각성이 설교의 능력이다."

설교자란 마치 물탱크에서 가정으로 물을 공급해 주는 수로 배관과도 같은 것이다

배관이 녹슬어 있으면 가정집에서는 오염된 식수를 사용할 수밖에 없다. 우리 가족은 2년 전만 하더라도 인왕산 기슭에 있는 옥인아파트에서 살았다. 너무 오래되고 낙후된 아파트라 지금은 다 헐어내고 공원으로 조성해서 그 옛 모습을 찾아볼 수 없지만 그래도 그곳에서 10년 넘게 살아서 꽤나 정든 곳이기도 하다. 그때 아내를 가장 힘들게 한 것은 바로 물이었다. 시뻘건 녹물은 남들보다 깔끔 떠는 아내의 마음을 언제나 시커멓게 만들어 놓곤 했다. 그 물로 빨래를 하면 새하얗던 와이셔츠도 금세 누렇게 변해버리니 큰 골칫거리가 아닐 수 없었다. 문제는 배관이었다. 서울시에서는 '아리수'(크다는 의미의 한국어 '아리'와 한자 '수'(水)를 결합한, 고구려 때 한강을 부르던 말로, 서울특별시가 2004년 2월부터 서울시 수돗물의 이름을 아리수로 명명하여 사용하기 시작하였다.)라고 연일 보도하면서 수돗물을 식수로 사용할 수 있을 정도로 깨끗하고 정화된 물을 공급하고 있다는데, 우리 아파트는 5분씩 물을 틀어놓아야 그나마 깨끗해 보이는 물이 나왔다. 그것도 눈으로 보이는 게 그렇지 방금 전까지만 해도 시뻘겋게 나오던 물이라고 아는 이상 어떻게 그것을 식수로 사용할 수 있겠는가?

그때 깨달은 진리가 하나 있다. 하나님의 말씀에는 흠도 티도 없다. 하지만 설교자 자신이 잘못되어 있으면, 하나님의 말씀이 전달하는 설교자에 의해서 흠집이 나고 오염되어 성도들의 마음에 상처를 입힌다는 사실이다. 서울시에서 보내주는 아리수는 깨끗하지만 배관의 노후 여부에 따라 물의 색깔과 오염 정도가 다르듯이 설교자라고 다 똑같은 설교자가 아니라는 것을 다시 한 번 깨닫게 되었다. 그러므로 무엇보다도 설교자에게는 각성이 우선되어야 한다. 각성은 설교자의 인격과 성품을 바꾸어 놓는다. 설교자는 결코 말쟁이나 말장사 꾼이 되어서는 안 된다. 그렇다고 각성을 위해 인격을 바꾸려고 노력하거나 성품을 바꾸려고 애쓸 필요가 없다. 좋은 인격과 좋은 성품을 갖기 위해 노력하는 것은 좋지만 그런 노력에는 한계가 있다. 그리고 그런 노력에 의해 얻어진 인격과 성품은 영적인 설교자로 거듭나기보다는 윤리적이고 율법적인 인격의 소유자로 흘러가기 십상이기 때문이다. 주방에 있는 배관을 바꾼다고 집에 있는 모든 수돗물이 깨끗해지는 것은 아니다.

지금 내가 살고 있는 곳은 상암동의 지은 지 얼마 안 되는 임대아파트다. 이곳에 와서 아내가 제일 행복해하는 것은 깨끗한 아리수다. 아내는 이 물로 음식도 만들고, 빨래도 하고, 식수로도 사용하고 있다. 수도 배관이 다르기 때문이다. 마찬가지로 생명수인 하나님 말씀을 전달하는 통로로써 설교자는 전 인격적인 변화가 있어야 하는데, 그것이 바로 하나님과의 만남의 사건을 통해서 있게 된다. 하나님을 경험하고 하나님을 알 때 전 인격적인 변화가 일어나게 된다. 그러므로 각성이란 하나님에 관한 것들이 아닌 하나님을 제대로 아는 것이다.

그래서 나는 목회자들에게 설교하기에 앞서 반드시 설교자 자신이 각성되어야 한다고 말한다. 그러면 그럴 때마다 돌아오는 것은 비아냥거리는 비난뿐이다. 마치 너부터 각성하라는 대답이 메아리쳐 돌아오는 것만 같았다. 목회자가 제일 듣기 싫어하는 말이 어찌 보면 '각성'이 아닐까 싶다. 왜냐하면 설교자라면 누구나 자신이 각성된 설교자이고 하나님을 알고 있다고 믿고 살아가기 때문이다. 그래서 각성이라는 말 대신에 설교를 잘 할 수 있는 방법을 가르쳐주겠다고 했더니 많은 목회자들이 큰 기대를 가지고 설교의 스킬(skill)을 배우기 위해 IAM에 모여들기 시작했다. 그래서 IAM은 설교의 스킬을 가르쳐준다는 명목으로 각성을 외쳤고, 각성된 목회자들을 통해 설교의 능력이 나가고 섬기는 교회들이 부흥되어 가고 있다는 간증을 들었을 때 사역의 보람과 행복을 만끽하게 되었다.

탁월한 설교자는 태어나는 것이 아니고 만들어진다

탁월한 설교를 위해서는 반드시 훈련이 있어야 한다고 말하면 대다수의 목회자들이 반감을 가지고 날 반격한다. 이것은 설교란 성령이 임하고 성령이 시키는 대로 할 때 능력이 나가고 탁월한 설교가 되는 것이지 훈련을 통해서 설교의 능력이 체득되는 것이 아니라는 반증이다. 만일 훈련을 통해서 설교의 능력이 나타난다고 말하면 그것은 인본주의적인 발상이기 때문에 인정할 수 없다는 것이다. 그러나 앞서 말한 바와 같이 성령의 사역은 다양하면서도 포괄적이다. 성령이 임하면 사명자로 부르심을 받게 되고, 아이같이 말할 줄 모르는 자를 택하시고 아무것도 할 수 없는 자에게도 그때마다 할 말을 주어 탁월한 설교자로 만들어 가신다고 생각한다면 성령의 사역에 대해 큰 오해를 하고 있는 것이다. 성령의 임재는 이해하도록 돕고 깨닫게 하는 데 도움을 주지만 그것을 가지고 수없이 반복하고 훈련해서 알게 되고 자신의 것으로 만들기까지의 수고는 온전히 설교자의 몫이다. 성령께서도 그렇게 훈련하고 노력하는 자들에게 위로자가 되시고, 힘이 되어주시고, 지켜보신다. 그렇게 해서 탁월한 설교자가 나오기를 기다리고 계신다.

하지만 안타깝게도 많은 목회자들이 설교를 어떻게 해야 할지도 모르고 어떻게 훈련해야 하는지 방법을 몰라서 망설이는 경우가 허다하다. 설교에 대한 간절함은 있는데, 어떻게 해야 할지 모르니 '기도하면 된다', '큐티 하면 된다' 는 식으로 위로 받으려 하기 일쑤다. 설교자에게 기도하는 일은 최우선이 되어야 하고 설교 준비에 앞서 큐티 하는 일은 당연한 일이다. 그럼에도 설교자가 훈련하지 못하는 것은 훈련에 대한 방법, 즉 매뉴얼이 없이 때문이다.

어떤 음식을 세계화가 시키려면 가장 먼저 해야 할 일이 그 음식의 '레시피'(recipe)를 만드는 일이다. 요즘 우리나라 김치가 세계적인 브랜드로 자리 잡을 수 있는 것은 바로 이 레시피 때문이다. 옛날에 우리 어른들이 김치 담그는 방법을 전수할 때 많이 쓰는 말은 '적당히'였다. 배추도 '적당한' 것을 사면 된다고 했고, 소금물에 절이는 것도 '적당히' 알아서 절인 다음에 '적당하게' 씻고 '적당하게' 간을 맞추라고 했다. 그런데 배우는 사람의 입장에서는 그 '적당히' 라는 말이 의미하는 정확한 수치를 알 길이 없다. 그래서 김치를 담은 다음에 맛이 있으면 그 사람의 손끝에서 맛이 난다고 말했다. 그리고 김치 담글 때 '적당히' 라는 말을 알게 되었을 때는 이미 다 늙어버렸고, 또 다시 며느리나 딸에게 김치 잘 담그는 방법으로 '적당히' 를 가르치게 된다.

우리가 지금까지 설교를 터득하려고 했던 시도들도 이런 방법이 아니었을까 싶다. 설교 훈련에 대한 레시피가 없으니 어디서부터 어떻게 훈련해야 할지 몰라 아예 설교 자체를 포기한 채 남의 설교를 짜깁기하기 일쑤고, 적당히 하라는 뜻에서 기도하면 되고, 큐티 하면 된다는 식으로 훈련 자체를 무시한 경향이 없지 않다. 한편 한 편의 설교를 위해 평생을 제단에 엎드려 설교의 영감을 달라고 부르짖었던 탁월한 설교자의 설교는 그 어떤 매뉴얼을 가지고 훈련한 설교보다 가치 있고 능력 있는 설교임을 인정한다. 그렇게 몸부림치며 기도했다면 그 역시 설교에 대한 훈련이 아니었을까를 짐작해 본다. 말씀을 읽는 것으로 끝나지 않고 또 읽고 또 곱씹으면서 완성한 큐티식의 탁월한 설교 또한 매뉴얼을 가지고 훈련해서 나온 설교보다 더 능력이 있음을 인정한다. 이 또한 큐티 자체가 설교에 대한 훈련이었다고 치하 드리고 싶다. 이런 분들에 의해 한국교회가 부흥했고 이런 분들을 통해 앞으로도 부흥할 것이라고 믿어 의심치 않는다. 그렇다고 설교는 훈련을 통해서 만들어지는 것이 아니고 성령을 받으면 된다는 식의 무책임한 발언과 게으름의 소치(所致)를 설교자 자신이 드러내서는 안 될 것이다.

하나님은 부족하기 짝이 없는 나를 목회자들을 섬기고 설교를 가르치는 일에 부르셨다. 그리고 목회자들을 탁월한 설교자로 세워 이 땅에 무너진 강단을 회복하고, 말씀의 부흥을 위해 '설교 훈련 레시피 나눔'과 함께 '목회자 각성'이라는 막중한 책임을 주셨다. 그 레시피는 뒤에서 공개하기로 하고 다시 한번 훈련의 중요성을 강조하고자 한다.

훈련은 피와 땀이 서려 있는 헌신을 요구한다. 이러한 헌신 없이는 절대로 탁월한 설교자가 탄생하지 않는다. 그러므로 탁월한 설교자는 재능을 갖고 태어난 사람이 아니라 피와 땀으로 얼룩진 훈련을 통해서만 만들어지는 것이다. 우리 주변에서 가끔 볼 수 있는 생활의 달인을 보면 어느 한 사람도 그저 쉽게 그 경지에 이른 것이 아님을 알 수 있다. 그것은 자신의 일상이든 아니면 특별한 여가를 통해서 끊임없이 노력하고 훈련한 결과라는 것을 보여주고 있다. 축구선수로서 치명적인 약점을 딛고 맨체스터 유나이티드에서 뛰고 있는 박지성 선수를 가리켜 '심장을 두 개 가진 사람'이라고 부른다. 하지만 그가 세계적인 스타에 오르기까지는 화려한 그라운드 뒤편에서 남몰래 흘려야 했던 피와 땀을 기억해야 할 것이다. 김연아가 피겨스케이트 선수로 세계의 기록을 갱신하기까지는 그가 얼마나 많이 얼음판에서 넘어지고 엉덩방아를 찧었을까를 생각해 본다. 대다수의 사람들은 화려한 김연아의 연기에 감탄하고 영광에 부러워할 때, 김연아는 링크 한 편 끝에서 흘려야 했던 눈물과 훈련에 치를 떨었다는 사실을 잊지 말아야 한다.

 내가 잘 아는 농구선수 중에 우리나라 최초의 3점 슛을 성공시킨 선수가 있다. 그는 농구선수로서의 탁월한 재능과 신체적인 조건을 가지고 있지만, 3점 슛을 성공시키기 위해 만 번 이상 링을 향해 공을 던져야 했다는 말을 들었을 때, 전혀 믿겨지지 않았다. 그런 나를 향해 그는 더 놀라운 말을 했는데, 그 만 번은 일정한 장소에서 던진 것이고 어느 각도에서 던져도 3점 슛을 성공시키기 위해 또 다시 여러 각도에서 만 번을 던지는 훈련을 했다고 한다. 그 말을 들었을 때 나 자신이 얼마나 게으른 설교자였는가를 생각하며 부끄러움을 감출 수가 없었다. 우리는 같은 설교 두 번 연습하는 것도 짜증 낼 때가 한두 번이 아니다. 어떤 때는 설교 원고가 완성되고 나면 다시 읽고 싶지 않은 마음으로 그 원고 그대로를 가지고 강단에 오른 적이 있었으니 말이다. 한없이 부끄러워하는 내게 그 선수가 덧붙인 한 마디는 더 큰 충격이 되었다. 지금까지의 연습은 상대편의 수비가 없을 때의 경우이고 경기장에서 상대편 수비와 함께 할 때 수비수를 속이고 3점 슛을 던져 성공하기 위해서는 그 역시 만 번 이상을 연습해야 한다고 했다. 그 말을 듣는 순간 두 손 두 발 다 들었다. 그러나 얻은 것도 있다. 그에게는 왜 3섬 슛을 넣져야 하는지 분명한 목적과 목표가 있었다. 그리고 그는 규칙에 맞춰서 일정한 법칙과 원리로 연습을 했다는 사실도 알았다.

설교를 훈련할 수 없었던 것은 목적 있는 설교를 어떻게 해야 할지 몰랐기 때문이고 그 원리나 법칙을 몰랐기 때문이었다. 그러기에 훈련은 상상도 할 수 없었다. 지난 5년의 시간은 나에게 더 없이 좋은 훈련의 시간이었다. 사역지도 없이 가정을 포기한 채 오직 훈련에만 전념하면서도 행복할 수 있었던 것은 바로 내게는 '툴'(Tool)이 있었기 때문이다. 이 툴을 통해 얻었던 원리들을 함께 나누고 함께 훈련하고픈 심정으로 이 책을 쓰게 되었다. 교육 중에 최고의 교육은 반복 교육이다. 이 반복이 바로 훈련인 셈이다.

갓난아기가 태어나서 말을 배우기까지는 아이들마다 약간의 차이가 있을지 몰라도 대략 두 돌이 지나면 웬만한 의사소통은 할 수 있는 언어를 습득하게 된다. 그러다가 다섯 살 가량 되면 못하는 말이 없고 못 알아듣는 말이 없을 정도로 언어구사 능력을 터득하게 된다. 아이는 처음 하는 말 한 마디, 즉 "엄마", "아빠"라는 말을 하기까지 수없이 많은 옹알이를 한다. 도대체 무슨 말인지 알아들을 수 없는 말들을 옹알거리다가 어쩌다 "엄마", "아빠"라는 말이 나오는 날이면 집 안은 온통 축제 분위기로 바뀐다. 그러다가 금세 입을 열어 말하게 되면 그때부터는 못하는 말이 없을 정도로 유창해진다. 아이가 말을 유창하게 시작할 때쯤 되면 어른들은 금세 아이가 옹알이를 하던 그 시절을 새까맣게 잊어버린다. 하지만 아이가 그와 같은 단어들을 입 밖으로 내기까지 얼마나 많은 시행착오가 있었는지를 잊지 말아야 한다.

설교도 마찬가지다. 설교자 자신이 수없이 많은 옹알이를 거쳐야만 비로소 남들이 알아들을 수 있는 설교 한 편을 완성하게 되는 것이다. 나이가 많다고 어른이 되는 것은 아니다. 나이가 많아도 말을 못하면 장애우 취급을 받게 되는 것이다. 목회자도 나이가 많고 목회의 경륜이 오래 되었다고 다 어른이 되는 것은 아니다. 목회자도 설교가 안 되면 설교자로서의 어른 대접을 받기 쉽지 않다. 아무리 나이가 많고 목회를 오래 했다고 하더라도 설교에 대한 타는 목마름이 있다면 처음부터 다시 시작하는 것이 바람직하다. 마치 갓난아이가 옹알이로부터 말을 배우듯이 설교의 툴을 가지고 끊임없이 반복하는 훈련을 통해 탁월한 설교자로 거듭날 수 있기 때문이다. 그러므로 각성된 설교자의 탁월한 설교 뒤에는 반복적이면서도 강도 높은 훈련이 반드시 수반되어야 한다.

설교자는 훈련을 통해서 하나님을 만날 수 있다

설교 훈련은 단순히 설교를 향상하는 것 그 이상이다. 훈련을 통해서 목회자 자신이 변화되기 때문이다. 성도가 변화되지 않는 것은 설교의 내용 자체에서만의 문제가 아니라 목회자 자신이 변화되지 않기 때문이다. 설교 훈련은 목회자를 각성케 하고 하나님을 경험하는 최고의 수단이다. 기억해야 할 분명한 사실은 탁월한 사람들이 갖고 있는 공통점은 탁월한 사람이 되기까지 실패를 두려워하지 않고 반복했다는 것이다.

설교의 5대 원리

3. 예수 그리스도

목회자의 각성이 설교의 능력이라면, 예수 그리스도는 설교의 핵심이요 본질이다

목회자가 설교시간에 성경 말씀을 가지고 예수 그리스도를 드러내지 못한다면, 그것은 강의나 연설에 불과하다. 훌륭한 강의나 연설도 청중을 감동시키기도 하고 청중을 변화시키는 능력을 가지고 있다. 하지만 훌륭한 강의나 연설을 통해서 청중을 감동시키고 변화시켰다고 해서 그것을 설교라고 말할 수는 없다. 하나님은 성경 말씀을 통해 자신을 가장 잘 계시하고 있다. 우리가 잘 아는 바와 같이 구약은 장차 '오실 예수 그리스도'에 대한 예언의 말씀으로 기록되어 있고, 신약은 예언의 말씀대로 '오신 예수 그리스도'에 대한 성취의 말씀과 재림 주로 '다시 오실 예수 그리스도'에 대한 약속의 말씀이 기록되어 있다. 그러므로 설교자는 어느 본문을 정하고서라도 그곳에서 반드시 예수 그리스도를 드러낼 수 있어야 한다.

청중은 예수 그리스도를 통해 하나님을 경험하게 되고 하나님을 경험함으로써 청중의 문제는 해결 받게 된다

앞서 말한 바와 같이 내가 설교 때문에 심한 갈등을 겪어야 했던 것은 내 설교 속에서 그리스도가 드러나지 않았기 때문이다. 설교에는 '가(假)주어' 설교가 있고 '진(眞)주어' 설교가 있다고 했다. 가주어 설교란 '성경인물' 중심 설교를 말한다. 성경의 모든 사건에는 진주어가 숨어 있다. 때로는 진주어 되시는 하나님이 잘 드러나 있기도 하지만 대부분의 말씀 속에는 하나님의 성품이나 심정, 그리고 하나님이 행하시는 일들이 꼭꼭 숨어 있다. 이것이 영적비밀인 것이다. 이것은 영적인 눈으로 보지 않으면 찾을 길이 없다. 그래서 설교하는 내내 하나님의 심정이나 속성, 그리고 행하신 일들을 말하지 못하고 모든 주제를 성경인물에 대해서만 집중하게 된다.

예를 들면 아브라함은 하나님의 말씀에 순종하여 고향과 친척과 아버지의 집을 떠났다고 한다(창 12:1-3). 그리고 하나님의 말씀에 순종한 아브라함의 위대함을 강조하면서 청중도 그렇게 순종해야 한다고 유도한다. 하지만 이런 설교를 듣는 청중들은 줄곧 아브라함과 자신을 차별화하여 받아들이게 되고 '아브라함이니까 순종할 수 있지 나는 아브라함과 다르기 때문에 순종할 수 없다'고 처음부터 받아들일 생각을 하지 않는다. 하지만 진주어(하나님) 관점에서 이 본문을 본다면, 아브라함이 고향과 친척과 아버지의 집을 떠나야 하는 것은 하늘의 보좌와 영광의 자리에서 낮고 천한 이 땅의 죄인들을 구원하시려고 독생자 예수 그리스도를 떠나보내야 하는 아버지의 심정과 아들이신 예수 그리스도의 순종의 모습에 대한 예표이다. 그것을 발견해 내고 그것을 선포하는 것이 진주어 설교가 되는 것이다. 아브라함의 순종의 정점은 아들 이삭을 번제물로 바친 데 있다(창 22:1-14).

가주어 설교, 즉 성경인물 중심의 설교를 한다면 자식을 죽여서까지 하나님의 말씀에 순종했던 아브라함의 위대함을 증언하려 할 것이다. 그리고 이 위대한 순종을 설교를 듣는 청중들에게서 끌어내려고 할 것이다. 그렇다면 이 세상에서 누가 하나님의 말씀에 순종하여 하나밖에 없는 자식을 갈기갈기 찢어서 불로 태워 번제물로 바칠 수 있겠는가? 그러니 아브라함이니까 가능하고, 난 할 수 없다고 포기하게 된다. 그러나 진주어 설교는 당신의 아들이신 예수 그리스도를 십자가에 못 박히도록 내어주시는 하나님 아버지의 심정과 죄인 된 인간들을 구원하시려는 놀라운 계획을 말씀 속에 감춰 두고 계시다는 사실을 발견하고 그 은혜를 증언한다. 그리고 그 예표로써 한 숫양(예수 그리스도)을 준비하셨다는 사실을 알게 한다. 누가 하나님의 말씀에 순종할 수 있겠는가? 독생자이신 예수 그리스도가 죄인 된 나를 위하여 이 땅에 오시고 십자가에 달려 죽기까지 순종하신 그분의 사랑과 은혜를 아는 자가 순종할 수 있게 되는 것이다.

가주어 설교는 청중들로 하여금 윤리적이거나 도덕적인 사람으로 만들어 갈 위험성이 크다. 신앙은 윤리적이고 도덕적인 착한 사람을 만드는 데 그 목적을 두고 있지 않다. 그렇다고 윤리나 도덕을 무시하고 아무렇게나 되는 대로 살아야 한다는 뜻이 아니다. 누가 윤리적이고 도덕적으로 착하게 살아갈 수 있는가? 영적으로 거듭난 구원받은 성도들이어야 윤리적이고 도덕적으로 살아갈 수도 있다. 타종교는 인간을 윤리적으로 도덕적으로 살아가는 착한 사람을 만들고자 한다면, 기독교는 구원받은 영적 사람을 추구한다. 설교에서 그리스도를 드러내지 못한다면 윤리적인 설교로 흘러갈 위험성이 크다. 하지만 어떤 본문에서든지 예수 그리스도가 드러나고 예수 그리스도를 통해서 하나님을 경험하게 한다면, 영적 각성이 일어나게 되고 영적인 존재로 영적인 삶을 살아가게 되는 것이다. 그러니까 성령의 능력도 예수 그리스도를 드러내는 영적 설교에 강하게 역사하게 된다. 예수 그리스도를 드러내면 성령은 기뻐 춤을 추신다. 예수 그리스도가 성령을 춤추시게 한다.

그렇다면 예수 그리스도는 어떤 분이신가? 감히 설교자에게 예수 그리스도가 어떤 분이냐고 묻는다면 수준 낮은 질문이라고 무시하거나 대꾸도 하지 않을 것이다. 하지만 우리가 너무 잘 알고 있다는 생각으로 자칫 소홀히 하거나 무시하는 경향이 있는 것이 사실이다. 예수님도 자신이 누구냐고 제자들에게 물으셨다.

"예수께서 빌립보 가이사랴 지방에 이르러 제자들에게 물어 이르시되 사람들이 인자를 누구라 하느냐 이르되 더러는 세례요한, 더러는 엘리야, 어떤 이는 예레미야나 선지자 중의 하나라 하나이다 이르시되 너희는 나를 누구라 하느냐 시몬 베드로가 대답하여 이르되 주는 그리스도시오 살아 계신 하나님의 아들이시니이다"(마 16:13-16).

베드로가 이 말을 했을 때 높은 보좌 위에 계신 하나님도 기뻐 웃으셨고, 예수님도 기뻐 만족하셨으며, 성령님도 기뻐 춤을 추셨다. 그러자 예수님은 즉시로 다음과 같이 말씀하시며 축복해 주셨다.

"바요나 시몬아 네게 복이 있도다 이를 네게 알게 한 이는 혈육이 아니요 하늘에 계신 내 아버지시니라 또 내가 네게 이르노니 너는 베드로라 내가 반석 위에 내 교회를 세우리니 음부의 권세가 이기지 못하리라 내가 천국 열쇠를 네게 주리니 네가 땅에서 무엇이든지 매면 하늘에서도 매일 것이요 네가 땅에서 무엇이든지 풀면 하늘에서도 풀리리라"(마 16:17-19).

설교는 어떤 본문을 통해서도 예수 그리스도가 드러나야 한다

얼마 전 교회에서 모세에 관한 설교를 하다가 놀라운 사실을 발견했다. 모세가 태어날 당시 애굽의 바로는 이스라엘 백성들을 학대하며 사내 아이가 태어나면 모두 죽이라고 명령했다. 모세의 아버지 아므람과 어머니 요게벳은 석 달 동안 그를 숨겨 키워왔지만 더이상 숨겨 키울 수 없게 되자 갈대상자를 만들어 그 속에 모세를 담아 나일 강에 띄워 보낸다(출 2:3). 이 말씀을 묵상하면서 갈대상자를 만드는 부모의 심정과 한 올 한 올 엮어가면서 그들이 흘려야 했던 눈물과 괴로움과 탄식을 생각해 보게 되었다. 믿음의 부모만이 할 수 있는 일이라고 생각하며 묵상하다가 하나님 자신이 하나 밖에 없는 독생자 예수 그리스도를 강보에 싸서 세상을 향해 보내야 했던 그 사랑, 그 은혜가 파도처럼 밀려들어 오면서 그 감격에 어찌할 바를 몰라 했던 기억이 지금도 생생하게 남아 있다. 애굽에서 바로에게 종살이 하는 이스라엘 백성들을 구하기 위해 모세가 갈대상자에 싸여 나일 강에 버림을 받아야 했던 것처럼 온갖 죄악으로 물든 이 세상에서 사탄의 종살이를 하는 죄인 된 나를 구원하시기 위해 강보에 싸여 버림 받으셔야 했던 주님의 그 크신 사랑에 난 아무것도 드릴 것이 없다는 사실이 못내 아쉬웠다.

예수님은 부활하신 후 엠마오로 가는 두 제자에게 구약의 모든 일들이 자신을 가르치는 말이라고 일러 주었다.

"미련하고 선지자들의 말한 모든 것을 마음에 더디 믿는 자들이여 그리스도가 이런 고난을 받고 자기의 영광에 들어가야 할 것이 아니냐 하시고 이에 모세와 모든 선지자의 글로 시작하여 모든 성경에 쓴 바 자기에 관한 것을 자세히 설명하시니라"(눅 24:25-27).

또한 초대교회 사도들의 설교의 핵심은 예수 그리스도였다. 베드로의 오순절 설교만 보더라도 구약성경을 인용하여 십자가에 달리셔서 인간을 구원하신 예수 그리스도를 증거하고 있다. "그런즉 이스라엘 온 집은 확실히 알지니 너희가 십자가에 못 박은 이 예수를 하나님이 주와 그리스도가 되게 하셨느니라"(행 2:36). 이 설교를 들은 사람들이 마음에 찔려 회개하고 그날에 세례를 받으니 신도의 수가 삼천이나 더하더라고 말씀하고 있다(행 2:37-41). 율법에 능한 바울도 다메섹 도상에서 예수 그리스도를 경험한 후 전도자의 삶을 살면서 "예수 그리스도와 그가 십자가에 못 박히신 것 외에는 아무것도 알지 아니하기를 작정하였음이라"(고전 2:2)고 했다. 또한 "열심으로는 교회를 박해하고 율법의 의로는 흠이 없는 자라 그러나 무엇이든지 내게 유익하던 것을 내가 그리스도를 위하여 다 해로 여길뿐더러 또한 모든 것을 해로 여김은 내 주 그리스도 예수를 아는 지식이 가장 고상하기 때문이라 내가 그를 위하여 모든 것을 잃어버리고 배설물로 여김은 그리스도를 얻고 그 안에서 발견되려 함이라"(빌 3:6-8)고 했다. 그렇기 때문에 바울은 설교할 때마다 그리스도를 드러냈고 그리스도만을 자랑했던 것을 볼 수 있다. 스데반 역시 이스라엘의 역사를 증언하면서 그의 설교의 핵심은 십자가에 달리신 예수 그리스도를 드러내는 것이었다.

설교자가 설교할 때 예수 그리스도를 드러내면 하나님의 영광만 임하는 것이 이니다. 예수 그리스도를 드러낼 때 성령님을 춤추게 하고 하나님을 기쁘시게 하며, 치유의 능력이나 청중의 문제가 해결된다. 하지만 동시에 사탄으로부터 공격 받을 수가 있다. 스데반은 십자가에 달려 돌아가신 예수 그리스도를 드러내자 성 밖으로 내쳐지고 돌에 맞아 순교를 당했다. 그리고 사울(바울)은 힘을 얻어 예수를 그리스도라 증언하여 다메섹에 사는 유대인들을 당혹스럽게 만들었고(행 9:22), 결국 이 일로 인해 유대인들로부터 살인 위협을 받았다. 그 당시 헤롯은 베드로가 예수 그리스도를 증언하지 못하도록 옥에 가두었고, 바울과 실라는 빌립보에서 귀신들려 점치는 여종을 예수 그리스도의 이름으로 온전케 한 일로 인하여 깊은 감옥에 갇혀 그 발이 차꼬에 든든히 채워지게 되었다(행 16:24). 그럼에도 초대교회 사도들은 날마다 성전에 있든지 집에 있든지 예수가 그리스도라고 가르치기와 전도하기를 그치지 아니하였다(행 5:42).

예수 그리스도는 죄가 하나도 없으신 분으로 이 땅에 오셔서 홀로 친히 인간의 모든 죄를 짊어지시고 죄인의 모습으로 십자가에 달려 돌아가셨다. 죄가 없으신 분이 인간의 모든 죄를 짊어지시고 죽으셨으니 누구든지 저를 믿는 자마다 영생을 얻게 되고 죄에서 해방을 얻는 것이다. 이 놀라운 사실과 더불어 예수님 탄생과 죽으심 그리고 부활과 다시 오실 그리스도를 어떤 본문 속에서도 드러낼 수 있어야 하는 것이 설교의 핵심이다.

"예수 그리스도는 어제나 오늘이나 영원토록 동일하시니라"(히 13:8).

설교의 5대 원리

4. 청중

　설교자에게 있어서 청중을 이해하는 것은 성령의 사역과 예수 그리스도를 이해하는 것만큼 중요하다. 그러니까 설교의 5대 원리는 어느 것 하나 소홀히 다루어서는 안 되는, 서로 유기적인 관계를 가지고 있다. 그런 의미에서 청중이 없는 설교란 상상할 수 없는 일이다. 청중의 범위는 넓고도 다양하다. 교회를 다니는 사람과 교회를 다니지 않는 사람, 교회를 다녀도 예수를 믿는 사람과 친교나 다른 목적과 동기를 가지고 교회를 출석하는 사람, 예수를 믿고 구원을 받았으나 설교를 듣는 자세가 예배자의 모습인지 아니면 습관에 따라서 예배를 드리고 설교를 듣는지에 따라서 전혀 다른 반응과 결과를 가져오게 된다.

　꽤 오래전의 일이다. 섬기던 교회를 사임하고 이제 막 설교에 대한 눈을 뜨고 강의하러 다닐 즈음에 친구 목사에게서 자신의 설교를 분석해 달라는 요청을 받고 얼마나 흥분되었는지 모른다. 마침 섬기는 교회가 없는 터라 잔뜩 부푼 마음과 친구를 진정으로 돕겠다는 마음으로 스톱워치까지 준비해서 주일예배에 참석했다. 나는 설교를 분석한답시고 몸짓 하나에서부터 말 한마디 토씨 하나까지 놓쳐서는 안 되겠다는 일념으로 설교를 들었다. 예배를 마치고 친구 목사와 함께 식사를 나누면서 친구 목사의 설교에서 느낀 점들을 말해 주었다. 물론 설교 향상을 위한 분석이기에 칭찬보다는 단점을 여러 군데 지적해 주었다. 친구는 모든 것을 수용하면서도 몹시 상하고 불쾌한 마음을 드러내는 듯싶었다. 그 후에 다시는 그 친구 교회에 가서 예배를 드릴 수가 없었다.

그 후 한 2년쯤 지났을까 그 친구와 함께 기도원에서 하룻밤을 보낸 적이 있었다. 그때 친구는 2년 전의 사건을 말하면서 몹시 마음이 상하고 불쾌했었다고 말했다. 그리고 그는 이제부터 우리 교회에 와서 예배드려도 되는데 설교 분석자로 오지 말고 예배자로 와 달라고 부탁했다. 그때는 정말 커다란 망치로 뒤통수를 한 대 얻어맞은 기분이었다. 친구를 위해서 열심히 한다고 한 것이 친구의 마음을 상하게 했다는 것이 정말 미안했고, 예배자로서가 아닌 설교 분석자로서 설교를 듣노라면 그 누구의 설교도 은혜가 안 된다는 사실을 알게 되었다. 그런데 머리로는 이해가 되었지만 가슴으로 오기까지는 좀더 오랜 시간이 필요했다. 욥이 귀로만 듣던 하나님을 눈으로 보게 되기까지 얼마나 많은 희생과 시간이 걸렸을까를 생각해 보니 머리에서 가슴까지 간다는 것이 결코 쉽지 않다는 사실을 알았다. 이제부터는 설교 분석자로서 말씀을 들으려 하지 않고 예배자로서 말씀에 은혜 받기를 사모하며 예배를 드리려 한다.

친구는 그 후부터 예배 회복에 목숨을 걸었다. 어떤 말씀을 전하느냐보다 청중들을 예배자로 세웠을 때 설교에 놀라운 능력이 임한다. 얼마 전에는 그 교회에서 초청을 받고 설교하러 간 적이 있다. 말씀을 전하는 내내 수준 높은 성도들의 반응을 느낄 수 있었던 것은 대다수의 성도들이 예배자의 모습으로 말씀을 사모하고 있음을 한눈에 봐도 알아볼 수 있었다. 지금 그 교회는 주변 목회자들로부터 성장하는 교회, 안정적인 교회로 주목받고 있다. 하지만 이런 교회로 바뀌기까지는 목회자 자신의 확고부동한 목회철학을 바탕으로 한 교육과 훈련이 뒷받침되어야 하고 오랜 시간을 거쳐야 한다.

그런 과정 속에서 새신자들이 출석하게 되고 또 다른 성도의 층이 형성될 수 있다. 그렇기 때문에 성도를 굳이 청중으로 말하려고 하는 것은 교회 안에는 예배자의 모습으로 참석하는 사람들과 그렇지 않은 사람들이 함께 어우러져 있기 때문이다. 청중들 중에는 개인의 동기가 있어서 예배보다는 다른 목적으로도 참석할 수도 있고 아내의 기사 노릇하기 위하여 아무생각 없이 예배에 참석한 이들도 있다. 청중은 실로 다양하다. 연령의 차이나 성별, 신앙의 경력이나 신앙의 색깔, 학력의 차이와 헌신도, 문화적인 배경이나 신앙체험 정도에 따라 지극히 달라질 수가 있다. 그러므로 설교자는 무엇보다도 청중을 분석하고 청중에게 눈높이를 맞추어야 한다.

지금의 내가 있기까지는 전적으로 하나님의 은혜다. 신학교를 졸업하는 동시에 중고등학교 교사로 임용되어 학생들을 가르쳤다. 그 후 하늘 아래 첫 동네라고 일컫는 아홉 가구뿐인 첩첩산중에서 처음 목회를 시작했다. 목사 안수를 받고 서울에서도 중심인 역사적인 교회에서 부목사로 섬길 수 있는 기회도 있었고, 빈민촌에 상처 많은 교인들과 부딪치며 단독목회를 경험해 보기도 했다. 그때는 잘 몰랐지만 지금 돌아보면 하나님은 나에게 다양한 계층의 사람들을 통해 청중이 다르고 다른 청중들에 따라 설교의 내용과 눈높이가 달라져야 한다는 사실을 가르쳐 주고 계셨던 것이다. 참 놀랍게도 똑같은 사람이 똑같은 성경 본문으로 똑같은 내용을 설교했는데, 어떤 교회는 은혜를 받고 어떤 교회는 시험이 들었다. 똑같은 성경공부 교재를 가지고 공부하다가 똑같은 문제를 몰라 하기에 이것도 모르냐고 했더니 어떤 교회에서는 "몰라서 죄송합니다. 가르쳐 주세요"라고 반응했던 반면, 어떤 교회에서는 "우리가 못 배워서 그럽니다. 못 배웠다고 무시하시는 겁니까?"라는 식의 반응이 돌아왔다. 어떤 교회에서는 성도를 높이고 나 자신을 낮추면 나를 더 높이 세워 주었지만, 어떤 교회에서는 내가 낮아지면 낮아질수록 나를 밟고 일어서려는 경향을 보였다. 그러니 헷갈릴 수밖에 없었고 시행착오를 거듭하면서 내 안에 커다란 상처만 남게 되었다.

　문제는 나에게 있었다. 청중을 제대로 이해하지 못했고, 설교는 다분히 윤리적인 설교를 하고 있었다. 윤리적 설교는 복음을 말하면서도 결단을 촉구할 때 윤리적인 결단을 요구하기 마련이다. 예를 들면 "우리가 믿음의 사람이라면 구제하는 일에 동참해야 합니다. 믿음으로 동참하십시오"라고 말하면, 어떤 교회에서는 "그래, 우리가 믿음의 사람이니까 구제하는 것은 당연한 거야"라고 말하면서 자신의 주머니를 털어서 헌금을 하고 "우리가 잊고 살던 것을 목사님이 깨닫게 해 주셔서 감사합니다"라는 반응을 보인다. 하지만 어떤 교회에서는 "우리도 없는데 누구를 돕자는 거야"라는 식으로 빈정거리거나 비난하기 일쑤였다. 그럴 때마다 난 성도들에게 책임을 전가해야 했다. 왜냐하면 똑같은 설교를 했는데 지난번 교회에서는 은혜 받았다고 감사했는데, 이 교회에서는 시험거리가 되었으니 당연히 상처받고 있는 성도들이 문제라고 일축해버렸던 것이다. 결국 열정과 열심에도 아랑곳없이 목회는 실패로 끝이 났다. 시간이 흘러 가주어 설교와 진주어 설교, 즉 윤리적인 설교와 영적인 설교가 있다는 사실 앞에 나의 지난날의 부끄러운 수치가 적

나타하게 드러났다.

그렇다면 나의 윤리적인 설교를 똑같이 들었는데 왜 어떤 교회는 은혜를 받고 어떤 교회는 시험을 받았을까? 은혜 받았던 교인들은 윤리적인 설교를 영적으로 이해하고 받아들인 것이고, 시험들은 교인은 윤리적 설교를 윤리 자체로 받아들인 것이다. 그러니까 영적인 교인들은 나의 윤리적 설교를 들으면서 영적으로 진단하며 적용했고, 윤리적인 교인들은 윤리적으로 판단하고 정죄했기 때문이다. 설교자가 청중을 이해하기보다 더 앞서 해결해야 할 것은 윤리적 설교에서 영적인 설교를 전환하는 것이다. 윤리적인 설교(가주어 중심의 설교)에서 영적인 설교(진주어 중심의 설교)로 하는 것은 다음 장에서 다루기로 하고 여기서는 우선 청중을 분석하고 파악하는 것의 중요성을 언급하는 것으로 만족하고자 한다. 청중은 계층이 다양할 뿐만 아니라 욕구 또한 다양하다. 그러므로 설교자가 놓치지 말아야 할 중요한 사실 하나는 청중에 따라 설교의 내용이 달라져야 한다는 것이다.

누구보다도 예수님은 청중을 잘 이해하셨고 청중이 가장 잘 알아들을 수 있는 것들을 사용하시면서 설교하셨다. 목숨을 위하여 무엇을 먹을까 무엇을 마실까 몸을 위하여 무엇을 입을까 염려하는 자들에게 공중의 새들과 들의 백합화를 가지고 설교하셨다. 공중의 새들도 하나님이 먹이시고 들의 백합화도 하나님이 입히신다고 말씀하시며 염려하지 말 것과 함께 그 나라와 그 의를 구하라고 가르쳐 주셨다. 예수님은 지금 청중이 당면한 문제에서부터 시작하여 문제의 해답을 믿음을 통해서 해결하도록 설교하고 계신 것이다.

그렇다고 설교자는 청중을 두려움의 대상으로 생각해서는 안 된다. 사실 청중 가운데는 설교자 자신보다도 월등하게 뛰어난 사람이 있을 수 있다. 사회적인 지위나 명분에서든지 아니면 학문적인 배경에서 설교자 자신보다 더 많이 배운 사람도 있을 수 있는 것이다. 하지만 그렇다고 해서 그들 때문에 두려워할 필요는 없다.

얼마 전의 일이다. 서울 근교에서 목회를 잘하고 계시는 목사님 한 분이 상기된 마음으로 나를 찾아 왔다. 그 목사님이 섬기시는 교회에는 신학교 때 자기를 가르치시던 설교학 교수님을 비롯해서 여러 명의 설교학 교수님들이 출석하시는데, 물론 고마운 일이지만, 설교할 때마다 적지 않은 부담이 있었고 설교 후에는 종종 설교에 대한 지적을 받곤 했다. 그런데 자신의 설교가 툴(Tool)에 의해 변화되면서 설교학 교수님들로부터 전에는 듣지 못했던 칭찬의 소리를 곧잘 듣게 되었다고 했다. 물론 설교의 툴만 바뀌었다고 모든 문제가 해결되는 것은 아니다. 우선 설교의 능력은 목회자의 각성에서 나오는 것이기에 목사님 자신에게 엄청난 변화가 온 것은 사실이다. 그리고 툴에 의해 문제를 제기하고 툴에 의해 문제를 해결할 뿐 아니라 본문을 통해 그리스도를 드러낼 때 이런 칭찬을 받게 되는 것이다.

최근 어느 주일에는 예배를 마치고 성도님들과 인사를 나누는데 그때 현재 신학교에서 설교학을 가르치시는 교수님이 목사님의 손을 꼬옥 잡으시며 "감동이었습니다. 앞으로도 이런 설교를 기대합니다"라고 말씀하시고 가셨다는 것이다. 다양한 청중 가운데서도 설교학 교수님에게 이런 말씀을 듣게 될 줄은 꿈에도 몰랐다 하시며 기쁨과 흥분을 감추지 못하는 것을 본 적이 있다. 청중의 문제를 해결해주지 못하고 청중의 눈물을 닦아줄 수 없는 설교라면 이미 설교 자체의 능력을 상실한 것이다. 그러므로 청중의 문제를 해결해주고 청중의 눈물을 닦아줄 수 있는 설교를 위해서는 반드시 청중을 이해하고 알아야 한다. 이를 해결하기 위해 청중이 요구하는 것만을 설교 목적으로 정해서는 안 된다. 청중이 원하는 것이 하나님이 원하는 것이 아닐 수 있기 때문이다. 그러므로 설교는 청중이 원하는 것을 들려주는 것이 아니고 '청중에게 필요한 것' 인 동시에 '하나님이 원하시는 것' 을 선포해야 한다.

우리 집에 둘째 녀석이 초등학교 3학년 때의 일이다. 학교에서 수업을 마치고 집에 오는 길목에 문방구가 있는데 그 앞에 전시된 야구 글러브가 꽤 갖고 싶었던가 보다. 호기심과 갖고 싶은 욕망에 주인 아저씨한테 값을 물었더니 아저씨는 "13,000원 짜리인데 네가 사면 10,000원에 주겠다"고 했단다. 아들 녀석은 이 말을 듣고 헐레벌떡 집으로 달려와서 그 글러브를 사달라고 했다. 3,000원이나 깎아 준다는 말과 글러브를 갖고 싶어 하는 마음이 일치되었기 때문이다. 아무리 달래고 타일러도 한 번 부린 고집을 꺾을 수가 없었다. 하는 수 없이 아들 녀석을 앞장 세워서 문방구에 갔다. 헌데 문제가 생겼다. 아들 녀석이 원해서 사달라고 조르는 글러브는 초등학생용이 아닌 고등학생용의 커다란 글러브였다. 참으로 황당했다. 그럼에도 아들 녀석은 끝까지 고집을 부리면서 그 글러브만을 원했다. 그때 나는 중요한 사실 하나를 깨달았다. 아들 녀석이 원하는 것은 커다란 글러브였지만 정작 필요한 것은 어린이용 글러브라는 사실이다. 나는 커다란 글러브를 갖겠다고 원하는 녀석을 데리고 동대문 스포츠 전문센터로 갔다. 그곳에서 아들 녀석에게 필요한 글러브를 사주었다. 이처럼 설교는 청중이 원하는 것에 맞추는 것이 아니고 하나님이 원하시고 청중에게 필요한 것을 선포해야 한다.

설교의 5대 원리

5. 하나님

"그러므로 우리가 여호와를 알자 힘써 여호와를 알자 그의 나타나심은 새벽 빛 같이 어김없나니 비와 같이, 땅을 적시는 늦은 비와 같이 우리에게 임하시리라 하니라"(호 6:3).

"나는 인애를 원하고 제사를 원하지 아니하며 번제보다 하나님을 아는 것을 원하노라"(호 6:6).

호세아는 하나님의 말씀을 대언하면서 하나님을 알자고 강력하게 촉구하고 있다. 이스라엘 백성들은 하나님에 대하여 너무나 잘 알고 있는 사람들이다. 저들은 태어날 때부터 선민의식을 가지고 하나님에 대하여 들었고, 하나님에 대하여 배웠기 때문에 그 누구보다도 하나님에 대하여는 잘 알고 있었다. 그런데 왜 호세아는 그들을 향하여 하나님을 알자고 촉구하고 나선 것일까? 저들은 지금까지 하나님에 대하여는 수없이 많이 들어왔다. 그래서 하나님에 대하여는 누구보다도 잘 알고 있었지만, 정작 하나님 자신이 어떤 분이신지를 모르고 있기 때문이다. 자신들의 조상들을 애굽에서 해방시켜 주시고, 홍해를 육지처럼 건너게 해 주신 사건과 광야의 40년 동안 옷이 해지지 않게 하시고, 밤에는 불기둥으로 낮에는 구름기둥으로 인도하시고, 때를 따라 만나와 메추라기로 일용할 양식을 해결해 주셨던 그 하나님에 대하여는 너무나 잘 알고 있었지만, 지금도 살아계셔서 무엇을 원하시고 무엇인가를 계획하고 계시는 하나님 자신에 대하여는 알지 못해서 하나님을 잊고 살아가고 있다는 사실을 책망하고 있다. 그러므로 설교자이든 청중이든 하나님 자신에 대해서 알아야 한다.

모든 사람은 하나님을 만날 때 문제가 해결되고 행복해진다

설교자 자신이 먼저 하나님을 경험해야 하는 이유가 여기에 있다. 앞서 말한 바와 같이 하나님을 경험하지 않고도 얼마든지 설교가 가능하다. 배워서도 할 수 있고, 들어서도 할 수 있으며, 심지어 남의 설교를 카피해서도 설교할 수 있다. 그러나 이런 설교에는 확신이 있을 수 없고 능력이 나갈 수가 없다. 능력이 있는 설교는 설교자 자신이 하나님을 경험한 사건을 통해 그 위에 믿음의 확신을 가지고 선포할 때 나타난다. 때로는 하나님에 대한 경험을 가지고 있으면서도 확신이 없어서 설교에 에너지가 다 빠지는 설교를 하는 목회자들을 보면 정말 답답하고 한심스러울 때가 있다. 설교자는 무엇보다도 하나님의 말씀에 대하여 확신을 가진 사람이어야 한다.

"하나님의 말씀은 살아 있고 활력이 있어 좌우에 날선 어떤 검보다도 예리하여 혼과 영과 및 관절과 골수를 찔러 쪼개기까지 하며 또 마음의 생각과 뜻을 판단하나니"(히 4:12).

설교자는 바로 이 사실을 믿고 선포해야 한다. 샐러리맨이나 약장수들은 자신의 제품에 대하여 확신을 가지고 있다. 얼마나 확신이 높으면 한 번 들으면 안 사고는 견딜 수 없을 정노다. 하시만 여간해서는 실교자의 모습에서 그런 모습을 찾아보기가 어렵다. 약장수들은 가짜를 가지고 진짜처럼 포장해서 확신 있게 말하는데 설교자는 진리이신 하나님의 말씀도 가짜처럼 말하는 경우가 있다.

꽤 오래전의 일이다. 아내와 함께 교인 가정을 심방 갔다가 점심식사를 대접받게 되었다. 홍대 앞에 맛있는 안동찜닭 가게가 있다면서 우리를 그리로 데리고 갔다. 자가용으로 이동하는 데만 30분 이상 걸렸다. 이미 점심시간이 지났는데도 손님들로 인해 가게 안은 발 디딜 틈이 없었다. 결국 길게 늘어선 줄에 초췌한 모습으로 서서 차례를 기다릴 수밖에 없었다. 번호표에 적힌 번호는 36번이었고 우리 차례가 오기까지 40분이 넘게 걸렸다. 절정의 배고픔도 다 지나갔고 은근히 화가 치밀어 올랐다. 주인의 배려로 자리를 잡고 안동찜닭 3인분을 주문했다. 이윽고 우리가 주문한 안동찜닭이 나왔다. 식사기도를 하려는데 갑자기 눈물이 벌컥 쏟아져 내렸다. 안동찜닭은 말 그대로 닭으로 찜을 한 요리다. 세상의 음식점도 그 흔한 닭 요리로 떼돈을 벌고 있는데, 난 성경이라는 진리의 말씀도 요리할 줄 몰라 아무도 내 설교에 주목 하지 않는다는 죄책감에 견딜 수 없어 눈물을 쏟아버린 것이다. 그 일이 있은 이후부터 난 줄곧 하나님의 말씀을 연구하는 데 집중했다. 우리에게 주어진 하나님의 계시된 말씀인 '로고스'(Logos)를 어떻게 하면 이 시대 사람들의 입맛에 맞게 이 시대의 언어로 선포된 말씀, 즉 '레마'(Rhema)로 전할 수 있을까? 레마의 말씀을 통해 청중들에게 하나님을 경험케 할 수 있을 거라고 믿으면서 지금까지 왔다.

그 후 이와 비슷한 사건 하나를 하나님은 환상 가운데 보여주셨다. 2006년 5월 독일 월드컵 경기가 한창일 때이다. 어느 날 기도 중에 환상을 보게 되었는데 브라질의 호나우딩요가 아무도 없는 축구장에 축구공 하나만 달랑 들고 나타나 트리핑(tripping)을 하고 있는데 얼마쯤 지나니까 수많은 사람들이 몰려오더니 그 넓은 스탠드를 가득 메우고 열광하는 그런 환상이었다. 깜짝 놀라 깨어났는데 꿈이었다. 기도하다가 잠이 들어 꾼 꿈이었다. 나는 대수롭지 않게 그냥 꿈이겠거니 생각하고 다시 기도하기 시작했다. 그런데 이번에는 호나우딩요가 놀고 있던 그 자리에 내가 서 있는 것이었다. 얼마 지나지 않아 마찬가지로 수많은 사람들이 구름떼처럼 몰려와서 스탠드를 가득 메웠다. 축구를 열광하는 사람들이 아닌 하나님의 말씀을 사모하는 사람들로 발 디딜 틈도 없어 보였다. 나는 이것이 하나님이 우리에게 향하신 부흥의 열망임을 직감하면서 꿈에서 깨어났다. 부흥은 나의 꿈이 아니라 하나님의 꿈이라는 사실도 이때 알았다. 언젠가는 반드시 이런 날이 올 것이라고 믿고 기다리고 있다. 하나님을 만나면 새로운 꿈을 꾸게 된다. 이제까지 볼 수 없었고 상상할 수도 없는 놀라운 꿈, 이 꿈은 꿈꾸는 자를 흥분시키고 설레게 만든다.

요셉이 꿈을 꾸었다. 요셉의 아버지는 야곱이고 어머니는 라헬이다. 야곱은 레아, 실바, 라헬, 빌하를 통해 열두 명의 아들을 낳았는데 그중에서 열한 번째로 라헬에게서 태어난 자가 요셉이다. 요셉은 어린 시절 어머니 라헬을 잃었다. 배다른 형제들의 틈바구니 속에서 엄마 없이 살아야 하는 요셉은 날마다 엄마를 그리워하며 살아갈 수밖에 없었다. 그는 꿈속에서라도 엄마를 보고 싶었고 그래서 잠꾸러기로 변해가고 있었다. 그러던 어느 날 꿈을 꾸게 되었다. 하루는 밭에서 곡식단을 묶고 있는데 형님들의 단이 자기 단을 둘러서서 절하는 꿈이었다. 요셉은 설렘과 흥분으로 형들에게 자신의 꿈을 말했다. 다음 날에는 해와 달과 열한 별이 요셉을 향하여 절을 하는 꿈이었다. 요셉은 그런 황당무계(荒唐無稽)한 꿈으로 형들의 미움을 받아 미디안의 상인에게 은 20개에 팔려가는 신세가 되었다. 요셉의 꿈은 하나님이 주신 꿈이었다. 세계를 정복할 하나님의 위대한 꿈과 더불어 그는 그날 밤 하나님을 만났고 하나님을 경험할 수 있었다. 그 후 하나님은 요셉과 함께하셨고 그를 범사에 형통케 해 주셨다(창 39:23). 하나님을 만난 사람은 하나님의 꿈을 꾸게 된다. 현실적으로는 전혀 맞지 않는 꿈이지만 언젠가는 반드시 이루어질 그런 꿈을 꾼다.

하나님을 경험하면 문제가 해결된다

'하나님을 아는 것'과 '하나님을 믿는 것'이 눈에는 별 차이가 없어 보이지만 그 결과는 엄청난 차이가 있다. 오래 전에 교회에서 창세기 성경공부를 지도한 적이 있다. 52주 과정으로 매주 목요일 밤에 직장인을 포함한 30여 명이 출석하고 있었다. 그런데 한 20주 과정이 지나갈 무렵인데, 직장에 다니시는 권사님 한 분이 성경공부 전에 날 만나자고 했다. 영문도 모른 채 권사님을 만나러 나갔는데, 권사님은 매우 흥분하여 상기된 어조로 말씀하셨다. "목사님, 창세기 1장 1절이 믿어집니다!" 얼마나 충격적인 말씀인가? 권사님의 눈빛은 불화산처럼 타올랐고 흥분은 쉽게 가라앉을 것 같지 않았다. 신앙생활 30년 이상 해 오면서 창세기 1장 1절 "태초에 하나님이 천지를 창조하시니라"는 말씀을 지금까지 수백 번도 더 읽고 수천 번도 더 들어서 잘 알고 있는 말씀이지만 정작 그 말씀이 믿어지지 않았다는 것이다. 머리로는 이해하고 받아들였지만 가슴과 영과 혼으로는 받아들여지지 않더라는 것이다. 그런 권사님이 하나님을 만났다. 자신의 문제를 놓고 기도하던 중에 하나님을 만났고 하나님은 창세기 1장 1절이 믿어지도록 눈을 뜨게 해 주셨던 것이다.

창세기 1장 1절이 믿어진다면 성경 말씀 어느 것인들 믿지 못할 게 없다는 것이다. 태초에 천지를 창조하신 하나님이시라면 그깟 홍해 바다를 가르시는 게 문제가 되겠느냐는 것이다. 그러니 보리 떡 다섯 개와 물고기 두 마리로 오천 명을 배불리 먹이시고 열두 광주리에 가득 남을 만큼 남기셨다는 말씀도 믿어진다는 것이다. 하나님의 말씀이 믿어지니까 자신의 문제도 다 해결되었다고 했다. 나는 그날 권사님의 손을 꼭 잡아주면서 할렐루야로 하나님께 영광을 돌렸다. 그토록 오래 동안 권사님의 앞길을 막고 있던 인생의 문제가 홍해 갈라지듯 갈라졌고 무엇을 먹을까 염려하던 마음은 그 나라와 그 의를 구하는 삶으로 변화되었다. 그 후 권사님은 신학을 공부해 훌륭한 목사님이 되셨다.

설교자 자신이 먼저 하나님을 경험해야 한다

나는 지금까지 20년 넘게 목회를 하면서 가장 이해가 안 되는 것이 엘리야였다. 엘리야는 사르밧 과부에게 먹을 것을 가져오라고 했다. 이에 사르밧 과부는 가루 통에는 가루가 다 바닥났고 기름병의 기름도 다 떨어져 이제 마지막 남은 것으로 음식을 만들어 먹고 자식과 함께 죽으려고 한다고 했다. 그럼에도 엘리야는 그것을 먼저 자기가 먹을 수 있도록 하라고 했다. 나는 이 말을 이해할 수도 없고 동의할 수도 없었다. 제대로 된 목회자라면 사르밧 과부 같은 가련하고 불쌍한 사람의 집을 심방할 때 어떻게 해야 옳겠는가? 목자는 양을 위해 목숨까지 아끼지 않아야 하기에 자신이 굶더라도 성도는 굶기지 말아야 할 게 아닌가? 또한 능력 있는 목회자라면 쌀 한 되라도 아니면 라면 한 박스라도 사 가지고 가야 옳지 않겠는가? 그것이 섬김의 목회이고 사랑의 목회이고 주님의 방법이 아니겠는가? 그래서 그 말씀만은 동의하고 싶지 않아서 그 말씀에 역행하며 살았다. 조금만 어려운 성도를 만나면 그냥 지나칠 수가 없어 남몰래 도움을 주곤 했다. 그것이 당연히 해야 할 목사의 일이라고 생각했기에 지금 내가 하고 있는 일에 자부심을 갖곤 했다. 그러니 어려운 성도들에게 헌금을 하라는 둥, 뭐든 가져오라는 식의 설교나 권면이나 부탁 같은 것을 해 본 적이 없다. 그런데 결과는 예상 밖이었다. 20여 년을 목회하면서 나의 도움을 받았던 성도들의 가정 형편은 아직도 가난의 틀을 벗어나지 못하고 허덕이고 있고, 나 역시 쪼들리는 삶을 한 번도 벗어난 적이 없다.

한번은 가난한 노(老)권사님이 김치를 담근 후에 와서 가져가라고 하셨다. 난 그때 가난한 권사님의 김치를 얻어먹어서는 안 된다는 결론을 내렸다. 김치가 맛이 없기 때문도 아니고, 더럽게 담근 김치이기 때문도 아니고, 가지러 가기 싫어서도 아니었다. 단지 사르밧 과부 같은 힘든 삶을 살아가는 권사님에게 얻어먹는 것 자체가 목회 윤리에 어긋난다고 생각했고 저런 분들에게는 내게 있는 것을 가져다 드려야 한다는 생각에서였다. 그래서 쌀도, 라면도 갖다드렸지만 그 김치를 받아먹지는 않았다. 그 후 권사님은 우리 교회를 떠났고 지금은 어디에서 살고 계시는지조차 모른다. 훗날 내가 깨달은 가장 큰 진리는 내가 권사님의 마음을 몰랐고, 하나님을 몰랐고, 엘리야를 몰랐다는 것이다.

나와는 정반대로 목회하는 선배 목사님이 있다. 그분은 개업예배에 가서 예배를 마치면 먼저 달라고 했다. 예를 들어 양복점을 개업하는 집사님 댁에 가서는 양복 다섯 벌만 달라고 한다. 언뜻 잘못 이해하면 돈도 안 주고 강제로 빼앗는 것 같다. 신발 가게 개업하는 데 가서는 신발 다섯 켤레를 달라 하고, 피자 가게 개업 집에 가서는 피자 열 판을 달라고 한다. 물론 돈 한 푼 내지도 않으면서…. 이때 교인의 심정은 어떨까? 비록 목사님이라지만 날강도 같지 않겠는가? 나 또한 그런 목사님의 비상식적인 행동을 용납할 수도 없고 이해할 수도 없었다. 목사님은 그렇게 빼앗다시피 한 것으로 농어촌 가난한 목회자들에게 나눠주었다고 했다. 그런데 지금 그 선배 목사님은 감리교회 교인들이면 다 알만한 엄청 큰 교회를 담임하고 있고, 목사님의 말씀에 순종했던 성도들은 지금 큰 부자들이 되어 다 잘 살고 있으며 신앙생활도 아주 잘하고 있다.

한번은 이천에서 목회하고 계시는 형님 되신 목사님을 만난 적이 있다. 그날 목사님은 교회에서 사 준 오피러스 신형 차를 나에게 자랑하고 있었는데, 그때 마침 신혼여행에서 막 돌아온 젊은 부부가 목사님에게 내비게이션을 선물했다. 당시에는 오피러스 차 만큼이나 내비게이션의 인기도 대단할 때이다. 목사님은 그 부부를 위해 기도해 주시더니만 "오늘은 내비게이션을 사왔지만 훗날에는 외제 승용차를 사와야 해"라고 말씀하셨다. 난 놀라 자빠질 뻔했다. 목사님이 어쩌면 눈 하나 깜빡하지 않고 이런 말을 할까? 순간 머리가 쭈뼛거렸다. 그런데 더 놀라운 것은 "아멘!"하고 큰소리로 대답하는 젊은 부부의 황당한 모습에 두 번 놀랐다. 젊은 부부가 돌아간 뒤 어떻게 그렇게 말씀하실 수가 있냐고 물었더니, 그 목사님은 껄껄 웃으면서 내게 말씀하셨다. "내가 외제 차 타고 싶어서 그러는 것 같은가? 저 친구들이 내게 외제 차 사 줄 정도가 되려면 얼마나 큰 부자가 되어야 하겠는가? 난 저들 부부가 부자 되기를 축복해 준 걸세"라고 말씀하셨다. 이 말씀을 듣는 순간 지난날의 나의 20년 목회가 와르르 무너지는 것 같았다.

엘리야가 사르밧 과부에게 먹을 것을 가져 오라고 한 말씀, 개업 집에 가서 그 집의 것을 달라고 하는 선배 목사님, 외제 차를 사달라는 생뚱맞은 형님 목사님의 당찬 목소리에는 하나님의 능력이 실려 있었고, 능력을 베풀어 주실 하나님의 기적과 달라 하시는 하나님을 경험한 것들이 고스란히 목회와 설교에 담겨져 있음을 알게 되었다.

성도는 하나님을 경험하면 변화된다

사람은 절대로 변하지 않는다. 교육을 통해서도, 훈련을 통해서도 변화되지 않고 세월이 흘러 나이가 들고 성숙해져도 변하지 않는다. 고상한 말을 하고 고상한 꿈을 꿔도 변하지 않는다. 치장을 하고 꾸민다고 해도 겉모습은 변할지 몰라도 속사람은 변하지 않는다. 변하기를 원한다면 하나님을 만나야 한다. 하나님을 만나면 전인격적인 삶에 변화가 온다.

오래전에 청년부들을 지도할 때의 일이다. 몇 명 안 되는 청년들과 함께

청평에 있는 기도원으로 겨울 수련회를 간 적이 있다. 집회 둘째 날 밤에 한 자매가 하나님을 만났다. 하나님을 만난 그 자매는 어제와는 완전히 다른 사람이 되었다. 그날 밤, 그 자매는 내게 와서 한 없이 울면서 고백하기를 무슨 죄가 그렇게도 많았는지 친구들도, 부모님도, 교회도, 하나님도 날 용서하지 않을 거라고 생각했는데, 하나님을 만나는 순간 모든 것이 용서받았다고 하면서 새 삶을 다짐했다. 그런 다짐이 며칠이나 가겠는가 싶었지만, 그 후 그 자매는 매일 큐티를 하기 시작했고 그때마다 하나님을 만나는 경험을 하고 있다고 말했다. 가방끈이 짧아 아무도 그 자매의 변화에 주목하지 않았지만 자매의 삶은 매일매일 달라졌다. 어느 날 내 생일에 피자 두 판을 만들어서 우리 집으로 왔다. 케이크 살 돈이 모자라서 직접 피자를 만들었는데 다음에는 더 좋은 것으로 목사님을 대접할 것이라며 눈물을 글썽였다. 나는 마치 사르밧 과부가 만들어 온 눈물의 떡을 먹는 엘리야의 심정으로 받아 먹었다. 청년들과 함께 사역하려면 밑 빠진 독처럼 한없이 쏟아 부어야 한다. 청년들에게는 투자가 곧 비전이기 때문이다. 그러니까 청년들은 청년 담당 목사에게 혹은 교회에서 얻어 먹는 것이 당연하다고 생각하는데, 이 자매는 자신의 마지막 남은 것을 털어서 목사인 나에게 대접하고 싶은 마음이 앞섰던 것이다. 하나님을 만나니 삶의 우선순위가 바뀌었다. 그 후 그 자매의 삶의 질이 엄청나게 달라졌다. 신앙의 성숙은 말할 것도 없지만 아직 결혼도 하지 않은 젊은 자매가 20여 명의 직원을 둔 중소기업 사장님이 되어 하나님께 영광 돌리는 삶을 영위하고 있다. 이처럼 성도의 자발적인 헌신은 강요에 의해 되는 것이 아니고 하나님을 경험할 때 일어난다.

하나님을 경험한 설교자라야 살아있는 설교를 한다

이제 청중들은 설교 듣기를 원하지 않고 설교를 보여 달라고 아우성친다. 다시 말해서 청중은 설교자의 화려한 말솜씨를 감상하는 데는 이골이 났다는 뜻이다. 그래서 이제는 '듣는 설교'가 아니라 '보여주는 설교'를 원한다. 보여주는 설교는 설교자의 믿음에서 나와야 하고, 이 믿음은 설교자 자신이 하나님을 경험하는 데서부터 출발하는 것이다. 이 믿음은 강단에서 '확신지수'로 나타나고 확신지수가 청중을 감동시키고 변화를 시킨다.

말에는 '살아있는 말'이 있고 '죽은 말'이 있다. 자신이 경험한 것을 확신을 가지고 선포할 때 살아 움직이는 말이 되고, 자신의 경험보다는 일반적인 상식을 확신 없이 전할 때 그 소리는 죽은 소리로 들릴 수밖에 없다. 지난 5년 동안 사역지가 없어서 이 교회 저 교회를 돌아다니며 예배에 참석한 적이 있다. 이 기간이 내게는 가장 힘든 시간이었지만 모순되게도 가장 유익한 시간이기도 했다. 그런데 주일 오후예배, 수요예배, 새벽기도회를 가보면 부담임 목사님들이 설교하는 경우가 종종 있었다. 그런데 부목사님들의 설교는 잘 들리지 않았다. 준비기간도 충분했기에 설교의 내용은 풍성한데, 설교 내용에 비해 전달이 잘 되지 않는다는 공통점이 있었다. 그것이 바로 확신지수가 떨어지기 때문이라는 사실을 뒤늦게 알게 되었다. 청중에게 들리는 설교는 설교의 내용이 아니다. 설교자의 믿음에서 뿜어져 나오는 확신 있는 말, 살아있는 말이 청중을 변화시키는 것이다.

내가 잘 알고 지내는 친구 목사는 인물도 잘생겼고, 성품도 좋고, 설교도 철저하게 준비하여 풍성한 내용으로 한다. 그런데 개척한 지 십 수 년이 지났는데도 교회가 성장할 기미를 보이지 않았다. 원인을 분석해 보니 목소리에 문제가 있었다. 목소리가 너무 작은데다가 확신지수 마저 없으니 믿음과 신뢰를 주지 못하고 있었던 것이다. 하루는 힘들게 말해 주었다. 설교할 때 목소리가 다 죽어간다고 했더니 그 친구가 깜짝 놀랐다. 그리고 자신을 변호하려고만 하고 내 말을 인정하려 하지 않았다. 물론 자존심에 관한 것이기에 더 심했는지도 모른다. 그래서 다시 조용하게 설명했다. 설교의 내용은 기막힐 정도로 풍성하고 표현력도 뛰어나지만 목소리에 확신지수가 없어 보인다고 했다. 그리고 들어가는 소리로 설교하지 말고 뻗어 나가는 소리로 과감하게 설교하라고 했다. 그 후 그 친구 목사의 설교가 달라졌고 청중들은 변화되기 시작했다. 지금은 교회 부지를 구입하고 새 성전을 준비하고 있다.

이처럼 말에도 산 말과 죽은 말이 있듯이 설교에도 살아있는 설교가 있고 죽은 설교가 있다. 투수가 공을 던질 때 공 끝이 살아 있다는 말을 종종 듣는다. 일반인들은 알 수 없지만 전문가들은 공 끝이 살아있는 게 보인다고 한다. 살아있는 말, 살아있는 설교는 설교자 자신이 하나님을 경험했을 때 나오는 소리다. 그러므로 설교자는 풍성한 내용을 만드는 것도 중요하지만 그보다 앞서 하나님을 경험해야 한다.

이사야는 하나님을 경험했을 때 자신의 죄악을 인정했다.

"그 때에 내가 말하되 화로다 나여 망하게 되었도다 나는 입술이 부정한 사람이요 나는 입술이 부정한 백성 중에 거주하면서 만군의 여호와이신 왕을 뵈었음이로다 하였더라"(사 6:5).

예레미야는 하나님을 경험했을 때 자신의 무능함을 인정했다.

"내가 이르되 슬프도소이다 주 여호와여 보소서 나는 아이라 말할 줄을 알지 못하나이다"(렘 1:6).

이사야가 자신의 죄를 고백했을 때 하나님은 이사야의 죄를 사하여 주셨을 뿐만 아니라 사명을 주셨다.

"그 때에 스랍 중에 하나가 부젓가락으로 제단에서 집은 바 핀 숯을 손에 가지고 내게로 날아와서 그것을 내 입술에 대며 이르되 보라 이것이 네 입에 닿았으니 네 악이 제하여졌고 네 죄가 사하여졌느니라"(사 6:6-7).

예레미야가 자신의 무능력을 인정할 때 하나님은 그에게 능력을 주셨다.

"여호와께서 내게 이르시되 너는 아이라 말하지 말고 내가 너를 누구에게 보내든지 너는 가며 내가 네게 무엇을 명령하든지 너는 말할지니라"(렘 1:7).

그러므로 설교의 중심은 하나님이어야 하고, 설교의 능력은 예수 그리스도를 통해 하나님을 경험할 때 나타나는 것이다.

지금까지 설교의 정의, 즉 설교의 5대 원리를 나 자신의 목회 경험을 토대로 설명해 보았다. 설교란 성령의 사역을 통해 설교자가 예수 그리스도를 드러냄으로 청중에게 하나님을 경험하게 하는 것이라고 했다. 설교를 통해 하나님을 경험하게 되면, 설교자는 물론 청중에게도 그때가 바로 행복의 시작이요 축복의 시작인 것이다.

이제부터는 설교의 스킬, 즉 설교의 레시피(recipe)를 공개하려고 한다. 이것을 공개하기에 앞서 이 툴(Tool)을 가지고 말장난하려는 설교자가 하나라도 나오지 않기를 간절히 소원한다. 그러기 위해서는 우선 설교자 자신이 각성되어야 하고 하나님에 대한 경험이 반드시 이루어져야 한다. 설교자는 말쟁이가 아니라 청중을 변화시키는 자여야 함을 명심하자. 탁월한 설교자는 자신의 동기와 목적을 이루기 위한 성장의 도구로 이 툴을 사용하지 않는다. 오직 하나님의 부흥을 기대하며 그리스도를 드러내는 데 사력을 다할 뿐이다.

IAM설교
감동에서 변화로

II
툴TOOL을 통한 설교 레시피

설교의 오류

완전하신 하나님의 말씀이 누군가에 의해서 재해석 되었다면 이미 오류는 발생한 것이다. 목회자 자신이 불완전한 사람이므로 설교에 실수도 있을 수 있고, 모순이나 오류가 생겨날 수도 있다. 그렇다고 모순이나 오류 같은 실수를 범하지 않으려고 목회자가 설교를 그만 둘 수는 없는 노릇이다. 사람은 누구나 실수나 오류를 범할 수 있다. 연기자들도 연기하다 보면 실수할 수도 있고, 프로 운동선수들도 실수할 때가 있기 마련이다. 연기자가 무대에서 실수했다고 해서 무대를 접을 수 없는 것이고, 운동선수가 실수를 했다고 해서 경기장 밖으로 쫓겨나는 것은 아니다. 물론 목회자가 성경을 제멋대로 해석해서 설교하거나 실수를 난발하는 것은 기독교 정신에 어긋나는 일이며, 무지와 게으름의 소치라고 밖에 볼 수 없다. 그러므로 설교자는 가능한 한 실수를 줄이고 설교의 오류가 발생하지 않도록 각별히 주의해야 한다.

설교란 '신학적인 관점에서' 성경을 재해석하는 것이 아니고, 설교자가 신학적인 배경을 토대로 '목회적인 관점으로' 성경을 재해석하기 때문에 서로 다른 견해로서의 성경해석이 나올 수 있다. 이때 발생하는 오류들에 대해서는 옳고 그름을 분별하는 논쟁은 피하는 것이 바람직하다. 왜냐하면 성경에 접근하는 관점이 다르기 때문이다.

창세기 12장 1~5절 말씀으로 설교할 때, 아브람이 언제 고향과 친척과 아버지의 집을 떠났는지 의견이 분분하다. 특히 아버지 데라가 아직 살아있는지 아니면 죽은 후에 떠났는 지에 대해서 서로 다른 견해를 가질 수 있다. 자연스러운 이야기의 흐름을 생각해 보면 창세기 11장 32절에서 데라가 하란에서 죽은 후 창세기 12장 1절에서 여호와께서 아브람에게 고향과 친척과 아버지의 집을 떠나라고 했기 때문에 아브라함은 당연히 데라가 죽은 후에 떠났다고 해야 할 것이다. 또한 사도행전 7장 4절은 스데반이 성령 충만하여 설교한 내용인데, 아브람이 하란에 거하다가 아버지 데라가 죽은 후에 떠났다고 했다. 그러므로 아브라함은 데라가 죽은 후에 하란을 떠났다는 것에 대해 의심할 여지가 없다. 하지만 데라는 205세까지 살다가 죽었는데, 창세기 11장 26절에는 "데라는 칠십 세에 아브람과 나홀과 하란을 낳았더라"고 기록되어 있다. 아브람을 70세에 낳았고 아브람이 75세에 하란을 떠났다면, 떠날 당시 데라의 나이는 145세에 불과하고 그 후 60년 이상을 더 살았다는 이야기가 된다.

그렇다면 누구의 의견이 옳은 것일까? 여기서 옳고 그름을 가리려면 역사학적으로나 고고학적으로 혹은 신학적으로 도움을 받아야 한다. 혹 역사학자나 고고학자 또는 신학자에게 도움을 받는다면 어느 것이 맞는 것일까? 둘 중 하나는 틀려야 한다. 그렇다면 성경 말씀 자체에 오류가 있음을 드러내는 꼴이 된다. 하지만 성경은 한 치의 오류도 있을 수 없다. 그러므로 이것은 옳고 그름의 문제가 아니라 관점의 차이라고 보아야 할 것이다.

이와 같은 예가 또 있다. 출애굽기 2장에서 모세는 '바로가 두려워' 그의 낯을 피해 미디안 광야로 도망간 것처럼 되어 있다. 하지만 히브리서 11장에서 모세는 '믿음으로' 바로 공주의 아들이라 칭함을 거절하였다고 했는데,

여기에서는 그 어디에도 모세가 바로를 두려워했다는 언급이 없다. 그렇다면 출애굽기의 내용이 맞는 이야기인가, 아니면 히브리서의 내용이 맞는 이야기인가? 이것 역시 논쟁할 이유가 없다. 왜냐하면 성경의 원저자는 하나님이시기 때문이다. 히브리서는 믿음이라는 '목회적 관점에서' 모세를 설명하고 있기 때문이다.

설교자가 창세기에 있는 말씀이 옳으냐 사도행전의 말씀이 옳으냐, 혹은 출애굽기의 말씀이 옳으냐 히브리서의 말씀이 옳으냐 하는 문제를 가지고 논쟁하는 것은 옳지 않다. 왜냐하면 하나님의 말씀에는 실수도 오류도 없기 때문이다. 단지 설교자의 관점에 따라 다르게 표현할 뿐이고, 여기에 설교자의 오류가 발생할 수 있는 가능성이 있다. 설교자의 관심은 어떤 것이 옳고 어떤 것이 틀렸느냐를 따질 것이 아니라 왜 하나님은 떠나라고 했는지 그리고 성경인물이 어떻게 응답했는지에 집중해야 한다. 그리고 그 내용을 설명하고, 그것을 통해 예수 그리스도를 드러냄으로써 하나님을 경험하는 데 목숨을 걸어야 한다.

설교에 있어서 오류는 배제할 수 없다. 그러므로 목회자는 설교하기에 앞서 반드시 성령의 도우심을 간구해야 한다. 무엇보다도 목회자 자신이 각성되어 있어야 한다. 그러므로 설교의 능력은 각성된 목회자에게 주어지는 하나님의 선물이다.

설교자의 고민

설교란 목회사역의 중심이고 핵심이다. 그러므로 설교가 없는 목회자의 사역은 상상할 수 없다. 심하게 말하면 목회자가 심방을 미룰 수는 있고 심방 전도사에게 맡길 수도 있다. 전도는 전도에 은사가 있는 사람들을 보내면 되고, 행정은 행정 잘 하는 사람을 고용하면 된다. 하지만 목회자가 누군가에게 설교를 대신 시킬 수는 없다. 물론 한두 번 쯤이야 설교를 부탁할 수 있겠지만, 번번이 남에게 설교를 부탁한다면 목회가 어떻게 되겠는가?

미국에서 목회하시는 목사님이 지나온 목회생활을 간증삼아 말씀하시는 것을 들은 적이 있다. 늦깎이 신학을 공부해서 목사는 되었는데 설교만큼은 절대로 안 되더라는 것이다. 그러니까 미국에서 목회하는 내내 머슴으로만 살았다고 했다. 설교가 안 되니까 심방이랍시고 매일매일 성도님들 집을 찾아가서 수다나 떨다가 오던지 그 집에서 수리할 것 있으면 수리해 주고, 교통이 불편한 성도들을 위해서는 쇼핑도 같이 가주고, 그리고 공항에 손님 모시러 수백 번도 더 다녔다고 했다. 혹시 주일날 한국에서 목사님들이 교회를 다니러 오시면 이유를 불문하고 교파를 초월하여 그날 예배의 설교자로 세웠다고 하면서 이것은 목회가 아니고 '머슴살이'라고 했다.

그런데 설교가 되면서, 아니 청중들에게 들리는 설교를 하게 되면서 이제는 공항에도 갈 필요가 없고, 심방도 안 가도 된다고 했다. 심방은 심방 전도사들을 보내고, 전도는 전도대원들이 나가서 사람들을 데리고 온다고 했다.

설교가 안 될 때에는 목회가 더없이 커다란 짐이었는데, 설교가 되니까 이보다 더 행복한 목회가 없다고 솔직한 심정을 털어 놓았다. 이처럼 목회자에게 있어서 설교란 커다란 짐이 될 수도 있고 가장 큰 축복이 될 수도 있다.

하지만 목회자는 설교하기에 앞서 반드시 두 가지 고민은 해야 한다.

첫째는 '무엇'(What)을 전할 것인가에 대한 고민을 해야 한다

대다수의 설교자들은 어떤 본문으로 설교할까를 고민한다. 하지만 이제부터는 어떤 본문이냐를 정하기 전에 무엇을 전할까를 고민해야 한다. 그것이 설교의 목적이 되기도 하고 설교의 목표가 되기도 한다.

오늘 내가 무엇을 전해야 하는지 분명한 목적이 없기 때문에 좋은 내용이나 인사이트(insight)가 없으면 설교 작성하기가 너무 어렵다. 그러다 보니 자연히 남의 설교집을 뒤져야 하고 인터넷을 뒤져서라도 내용을 찾기에 혈안이 되곤 한다. 그 뿐만 아니라 예화집을 찾아서 동분서주 하다가 한 주간을 다 보내고 정작 토요일이 되었는데도 본문조차도 정하지 못하는 경우가 허다하다. 혹 운이 좋아서 좋은 내용을 찾기라도 하면 마치 노다지를 만난 사람처럼 잠시 흥분했다가, 이것 또한 내 것이 아니고 남의 것을 훔친 것 같은 양심에 괴로워해야 할 때도 적지 않다. 이제 더이상 설교의 내용 때문에 고민할 필요는 없다. 더이상 예화집이나 인터넷을 의지할 필요도 없다. 어쩌다 좋은 내용의 글을 소개받았다고 해도 글의 전 문을 그대로 인용할 필요가 없고 내용에서 주는 인사이트만 얻어서 내 것으로 만들면 된다. 물론 좋은 예화꺼리도 내가 전하고자 하는 설교의 목적에 맞는 것으로 필요한 부분만 강조하면 된다. 좋은 예화는 우리의 일상에 널려 있다. 관점을 가지고 주변을 돌아보면 천지에 널려져 있는 게 예화라는 것을 금세 알게 된다.

그러므로 설교의 내용은 '관점'(view)을 통해서 만들어지는 것이다. 관점으로 기발하고도 풍성한 나만의 설교내용을 만드는 방법은 다음 장에서 '툴'(Tool, 이하에서는 영문으로 표기)이라는 레시피를 통해 알아가기로 하고, 우선 설교자가 고민해야 할 '무엇'(What)에 대하여 말하고자 한다. 설교의 목적은 하나님의 '원하시는 것'(Want)을 전달해야 하고 청중의 '필요'(Need)를 채워줄 수 있는 것이라야 한다. 청중이 원하는 것과 하나님이 원하시는 것은 같을 수도 있지만 대부분은 다르다. 그렇기 때문에 청중이 원하는 것에다 초점을 맞추다 보면 하나님이 원하시고 하나님이 의도하는 것과 전혀 다른 것을 전할 수 있다. 이스라엘 백성들은 하나님의 뜻과는 상반된 삶을 살았고 하나님이 원치 않는 것들만 골라서 구했다. 이때 거짓 선지자들은 백성들이 원하는 것을 들려 주었고, 백성들은 거짓 선지자들의 말을 경청하다가 결국에는 하나님의 진노를 피해갈 수가 없었다. 그렇다면 청중이 원하는 것이 아니라 청중에게 필요한 것과 동시에 하나님이 원하시는 것은 무엇인가?

설교자는 설교의 목적을 한 단어로 설명할 수 있어야 하는데, 그것을 '목적단어'(Aim Word, 이하에서는 영문으로 표기)라고 임의로 정의해보았다. 뒤에서 자세하게 설명하겠지만 AW는 '설교의 내용을 만들어 주는 관점'이며, '문제를 해결하는 키워드'인 동시에 '설교의 목적'이 된다. AW는 '목회의 전략적 단어'인 동시에 '복음의 핵심요소'다. 청중은 AW가 없을 때 문제가 생기며, 동시에 AW로 문제를 해결 받게 된다. 그러므로 설교자는 하나님이 원하시는 것인 AW를 놓고 죽을 때까지 고민하고 씨름해야 한다.

둘째는 '어떻게'(How) 전할 것인가에 대한 고민이다

하나님이 원하시는 것이 예수 그리스도를 드러내는 것이고, 청중의 필요를 채워 주고 문제를 해결하는 것도 오직 예수 그리스도 뿐이다. 청중의 문제는 한 마디로 하나님을 떠났기 때문이다. 그러므로 청중의 문제는 하나님을 만날 때 해결 받게 되는 것이다. 그런데 죄인인 청중이 어떻게 하나님을 만날 수 있을까? 하나님께서 이 문제를 해결하기 위해 독생자 예수 그리스도를 이 땅에 보내주셨다. 그러므로 설교자는 어느 본문에서든지 예수 그리스도를 드러내야 한다.

청중의 근본적인 문제를 무엇으로 채워줄 수 있겠는가? 돈이 많으면 청중의 문제는 사라질까? 좋은 집, 좋은 차를 사서 떵떵거리며 살면 문제는 없는 것일까? 건강하면 문제가 사라질까? 그렇다면 젊고 건강한 사람에게는 아무 문제가 없어야 할 텐데 과연 그럴까? 공부를 많이 하고 높은 지위와 명예를 얻으면 문제가 없어질까? 그렇지 않다. 이 세상에서 문제가 없는 곳, 문제가 없는 사람은 공동묘지에 누워있는 시체 밖에 없다. 그러므로 청중에게 가장 시급하고 가장 필요한 것은 바로 예수 그리스도다. 예수 그리스도는 모든 문제의 해결자시다. 사람마다 문제는 다 다를 수가 있다. 어떤 사람은 경제적인 문제일 것이고, 어떤 사람은 건강이 문제일 수도 있다. 이처럼 처해있는 환경에 따라 다 다를 수는 있지만 해결은 오직 예수 그리스도 뿐이다. 그렇다면 예수 그리스도를 어떻게 전할 것인가를 설교자는 죽을 때까지 고민해야 한다.

아무리 좋은 것을 알고 있고, 가지고 있어도 그것이 제대로 전달되지 못하면 효과를 기대하기 어렵다. 신학교에 다닐 적에 존경하는 교수님 한 분이 계셨다. 이 분의 취미는 오직 연구하는 것이 전부였다. 이름만 들어도 누구나 부러워하는 그런 대학에서 박사학위를 받으셨고 성품도 너무 훌륭하신 교수님이셨다. 그런데 수업시간만 되면 도대체 무슨 말씀을 하시는지 알아들을 수가 없었다. 머리 속에는 어마어마한 지식이 있는 분이셨다. 뜨거운 가슴과 열정도 남달랐다. 하지만 존경하는 것과 가르침을 받는 것은 별개이다. 내용전달 방법이 잘못되어 있으니 학생들에게는 별 도움이 되지 못했다.

얼마 전에 유명한 모 여자고등학교에서 평생을 수학 선생님으로 재직하시다가 은퇴하신 선생님 한 분과 많은 대화를 나눈 적이 있었는데, 자신한테 수학을 배우는 학생들은 무조건 1등급을 받게 할 수 있다고 말씀하셨다. 처음에는 자기자랑 하는 것 같아서 심기가 조금 불편했지만 이야기를 나누다 보니 그럴만한 이유가 있다는 사실을 알게 되었다. 다른 선생님들은 수학의 공식을 가지고 학생들을 가르치지만, 자기는 공식을 넘어서 원리를 가르친다고 했다. 원리를 가르쳐 준다는 말이 내 가슴에 와 닿았다. 난 수학의 원리는 모르지만 분명한 것은 설교에도 원리가 있다는 사실이다.

하나님께서 목회자들에게 주신 최고의 선물은 설교일 것이다. 하지만 대다수의 목회자들은 설교 때문에 힘들어 하고 설교로 인해 심한 스트레스를 받고 있는 것을 보게 된다. 그 이유가 내용의 빈곤 때문이라고 생각한다. 그럴 수밖에 없는 것이 매일 드리는 새벽기도회에서부터 주일 낮 예배, 주일 오후예배, 수요예배, 구역예배, 금요기도회, 심방예배, 경조사예배 등 한 주간에도 열 번 이상을 설교해야 하는 목회자가 매일 새로운 것을 설교하려니 내용이 빈곤해 질 수밖에 없다. 한정된 설교 본문을 가지고 두 번 하면 재탕이라 하고, 세 번이라도 하게 되면 삼탕 한다는 뒷소리를 듣게 되니 목회 자체가 버거운 짐이 될 수밖에 없는 것이다.

하지만 설교사가 설교의 원리를 알게 된다면 한 본문을 가지고도 수십 편의 설교문을 작성할 수 있을 뿐 아니라 한 편 한 편의 설교에서 지금까지 경험하지 못했던 가공할 만한 에너지가 쏟아져 나오는 설교를 경험하게 될 것이다. 그렇게 되면 이제 더이상 인터넷을 의존하여 설교의 내용이나 인사이트를 찾을 필요가 없고 남의 설교집을 훔쳐보지 않고도 풍성한 내용들을 만들 수가 있다. 그러므로 설교자의 고민은 무엇을 가르쳐야 할 것인가를 넘어서 어떻게 가르쳐야 할 것인가를 가지고 고민해야 한다.

세상의 모든 이치가 일정한 법칙에 의해서 움직이고 있다. 우리는 그 법칙을 다 알 수는 없지만 모든 분야에서 나름대로 일정한 규칙을 가지고 발전하기도 하고 즐기기도 한다. 스포츠 경기만 보더라도 일정한 '규칙'을 정해서 그 안에서 경기를 진행하고, 선수들은 규칙을 벗어나지 않는 범위 내에서 연습을 하고 시합을 한다. 만약 선수가 이 규칙을 어기게 되면 반칙이라는 경고를 받게 되고 규칙을 무시하면 곧바로 퇴장을 당하게 된다. 그 뿐만 아니라 우리가 매일 접하는 텔레비전 뉴스 시간만 보더라도 알 수 있다. 방송사마다 약간의 차이는 있을 수 있지만, 뉴스가 시작되면 정치, 경제, 사회, 문화, 스포츠, 일기예보 순으로 진행한다. 이처럼 매일 똑같은 방식으로 뉴스를 보면서도 늘 호감을 가지고 그 시간이 기다려지는 것은 일정한 규칙 속에서도 뉴스의 내용이 매일매일 새롭기 때문이다. 마찬가지로 설교를 향상시키려면 우선 일정한 규칙이 있어야 하는데, 그것을 'Tool'이라고 부른다. 그러므로 설교자는 성령의 사역을 통해 'Tool'이라는 도구를 사용하여 예수 그리스도를 드러냄으로 청중이 하나님을 경험하는 설교를 해야 할 것이다.

Tool을 통한 설교 레시피

TOOL의 정의

'Tool'이란 설교자가 의도한 목적을 가지고 자신이 말하고자 하는 내용을 가장 쉽고 가장 명확하게 전달하기 위한 논리적 체계이며 관점이다. 똑같은 사물도 어떤 색깔의 안경을 쓰고 보느냐에 따라 전혀 다르게 보인다. 빨간 안경을 쓰고 보면 세상의 모든 것이 다 빨갛게 보일 것이고, 파란 안경을 쓰고 보면 모든 것이 다 파랗게 보일 것이다. 뿐만 아니라 너무 작아서 잘 보이지 않을 때 돋보기 안경을 쓰고 보면 선명하고 더 크게 보이는 것이다.

Tool이란 마치 안경과도 같다. 성경을 '문제'의 관점으로 보면 모든 것이 다 문제로 보이고, 해답이 반드시 있다고 가정하고 성경을 보면 반드시 해답이 보인다. 또한 '복'이라는 관점으로 성경을 보면 성경 안에는 온통 축복으로 도배해 놓았다는 사실도 알게 될 것이다. 요즘은 찾아보기 힘든 광경이 되었지만, 얼마 전까지만 해도 손에 차고 다니던 손목시계가 고장이 나면 시계방으로 고치러 갔다. 그때 시계 수리공은 시계의 뚜껑을 열고 한쪽 눈에다가 이상하게 생긴 안경을 끼고 시계 안을 들여다보며 눈에는 보이지도 않을 것 같은데 부속 하나하나를 핀셋으로 집어 낸다. 그리고 닦기도 하고 기름도 칠하고 망가진 부속들을 교체한 후에 다시 조립하면, 고장 났던 시계가 원래대로 잘 돌아간다. 이처럼 Tool이라는 안경을 쓰고 보면 없는 내용도, 보이지 않던 내용도 찾아낼 수 있다.

Tool은 설교의 내용을 쉽고 풍성하게 만들 수 있으며, 설교자가 목적하는 바를 쉽고 정확하게 전달할 수 있다. 이때 청중들은 설교의 내용을 쉽게 이해할 수 있으며 설교가 들린다고 한다. Tool이라는 관점을 가지고 있으면 원고 없이도 얼마든지 설교가 가능하다.

가끔씩 목회자들에게서 이런 질문을 받는다. '설교란 성령의 역사를 통해서 이루어지는 것이지 어떻게 훈련을 통해서 설교를 작성한다고 하느냐, 만약 그렇다면 그 설교는 인본주의적인 설교가 아니냐' 는 것이다. 옳은 말씀이다. 하지만 모든 설교자가 그동안 수많은 훈련을 통해서 여기까지 온 것이다. 지금까지의 신앙생활은 말할 것도 없고 신학교에서 배운 모든 학문들이 다 설교를 위한 훈련과정이었을 것이고 한편의 설교를 위해 주석을 참고하고 자료집을 뒤지고 남의 설교집을 보는 것도 훈련의 과정이다. 성령의 역사로만 설교해야 한다면 목회자는 오직 성경 읽는 것과 기도하는 것 외에는 아무것도 하지 말아야 할 것이다. 탁월한 설교자들은 모두가 한결같이 설교 훈련에 목숨을 걸었던 분들이다. 그러므로 Tool이란 설교 향상을 위한 최고의 훈련도구이다.

Tool의 발전단계를 보면 처음에는 기초단계로써 Tool의 형태를 접하게 되고, 그다음에는 Tool의 역할과 기능을 이해하는 단계에 이르게 된다. 그리고 Tool을 이해하고 아는 단계가 되면, Tool을 가지고 비로소 설교를 할 수 있게 된다. 여기서 멈추지 말고 계속 훈련을 한다면 Tool을 가지고 자신의 개성에 맞게끔 응용하거나 변형해서 자기에게 맞는 자신만의 설교를 할 수 있게 된다.

Tool이란 예수 그리스도를 드러내는 가장 완벽한 도구이며, 성령이 사역할 수 있는 최고의 공간이다. 하지만 Tool이 예수 그리스도를 대신할 수도 없고, 성령을 Tool 안에 가둘 수도 없다. 그래서 유일한 Tool(the Tool)이 아니라 하나의 Tool(a Tool)이다. 어느 날 Tool의 관점을 가지고 Tool의 형식으로 기도하는데 갑자기 Tool이 깨지고 성령에 이끌리어 전혀 상상하지도 못했던 기도를 한 적이 있었다. 똑같은 경험으로 Tool로 설교를 하던 중에 Tool이 깨어지고 전하려고 했던 말씀들은 하나도 생각이 나지 않았다. 나도 무엇을 설교했는지 왜 그래야 하는지 몰랐지만 성령에 의해 강하게 이끌려가는 것을 느낄 수가 있었다. 예배가 마치자 성도들은 예상 외로 큰 은혜를 받았다고 한다.

그러므로 Tool이 아무리 완벽하고 예수 그리스도를 잘 드러내는 완벽한 도구라 할지라도 성령을 Tool 속에 가두려고 하면 안 될 것이다. 이런 전제 하에 설교자 자신은 설교의 향상을 위해서 반드시 Tool이 견고해지도록 훈련을 반복해야 하고 동시에 성령의 사역에도 민감하게 반응하여 성령의 사역 안에서 Tool을 최대한으로 활용하도록 해야 할 것이다. Tool은 설교 향상을 위한 최고의 훈련도구이지만 설교의 능력은 아니다. 설교의 능력은 성령의 사역을 통해 각성된 목회자에게서 나타난다. 목회자가 설교하기 앞서서 Tool을 통해 예수 그리스도를 드러내기 위해 열심히 훈련하다 보면 자신도 모르는 사이에 하나님을 경험하고 변화된 자신을 발견하게 된다. 그러니까 탁월한 설교는 각성된 목회자에게 들을 수 있다. "목회자의 각성은 설교의 능력이다."

지금까지 Tool에 대해 간략하게 정의를 내려보았다. 이제부터 Tool의 형식과 내용에 대하여 알아보기로 하자.

Tool을 통한 설교 레시피

TOOL의 형식

AW(Aim Word): 설교의 목적이며 문제해결의 키워드다.

CT(Character): 본문에 나오는 성경인물을 가리킨다.

Open Mind	유머/예화(시사성, 감동적, 따뜻한 것)	적용	사건
Matter (문제제기)	MB(Matter Background) 문제의 배경 MC(Matter Cause) 문제의 직접적인 원인 MS(Matter State) 문제의 현상	사물 예화 간증 청중을 향한 직간접적인 적용	문제의 발단과 사건의 전개
Answer (문제해결)	CTA(Charcter's Answer) 문제해결을 위한 성경인물의 헌신 GA(God's Answer) 하나님의 주권적인 해결이나 하나님의 일하심(심정, 방법, 생각)		사건의 절정과 문제의 해결
Fruit (복)	F1 육체적인 복 F2 정신적인 복 F3 영적인 복		
Act (결단)	AC(Act Content) 결단에 대한 설명 AA(Act Action) 결단에 대한 구체적인 행동지침 AF(Act Fruit) 결단에 따른 복		

Tool을 통한 설교 레시피

1. TOOL의 활용 - AW(Aim Word) 정하기

설교자가 설교를 구상하고 작성하기 위해 가장 먼저 해야 할 것은 청중의 상태를 분석한 후 무엇을 설교해야 하는지 목적을 정하는 일이다. 이것을 'AW 정하기'라고 한다. 이것에 대하여는 뒤에서 자세히 설명할 것이다.

Tool을 통한 설교 레시피

2. TOOL의 활용 - CT(Character) 정하기

설교의 목적이 정해졌으면 성경 본문을 통해서 등장하는 성경인물(Character)을 정해야 하는데 이것을 'CT 정하기'라고 한다.

설교하고자 하는 본문에는 여러 인물들이 등장하는 경우가 있다. 예를 들면 창세기 22장에는 아브라함이 아들 이삭을 모리아 산으로 데리고 가서 번제로 드리는 내용이 나온다. 이때 CT를 아브라함으로 정하느냐 이삭으로 정하느냐에 따라 전혀 다른 설교가 나올 수 있다. 룻기를 보면 나오미와 룻에 대한 기록뿐만 아니라 보아스와 그 외 여러 인물들이 등장한다. 이때에도

CT를 한 사람으로 정해야 한다. 왜냐하면 CT를 누구로 정하느냐에 따라 설교 내용은 완전히 달라지기 때문이다. 사도행전 3상에는 베드로와 요한이 성전 미문에서 구걸하던 나면서부터 걷지 못하는 장애우를 고쳐 준 사건이 나온다. 이때에도 CT를 베드로와 요한으로 정하느냐 아니면 이 장애우로 정하느냐에 따라 설교의 내용은 전혀 달라진다.

그러므로 한 편의 설교에서는 반드시 CT를 하나로 정해야 한다. 그런데 그 하나가 한 사람일 경우가 있고, 한 무리나 한 민족이 될 수도 있다. 예를 들어 "이스라엘아 들으라" 할 때 CT는 이스라엘이 될 수 있고, 물을 포도주로 변화시킬 때 함께 있었던 하인들을 CT로 잡으면 CT는 한 사람이 아니고 다수가 되는 것이다. 그 뿐만 아니라 청중이 CT가 될 수도 있다. 그러므로 어떻게 설교할 것인가를 구상하기 앞서 CT를 정하는 것이 중요한 일이다.

Tool을 통한 설교 레시피

3. TOOL의 활용 - Open Mind(마음 열기)

설교자라면 무엇보다도 청중을 이해하는 것이 시급하고 중요하다. 왜냐하면 대다수의 청중들은 설교에 대한 별다른 기대와 흥미 없이 예배에 임하는 경우가 많기 때문이다. 이런 청중들에게 흥미를 유발하고 마음을 열 수 있도록 유머나 예화를 사용하는 것이 좋다. 사람의 마음을 여는 것으로는 웃음보다 더 좋은 것은 없는데, 설교자는 설교에 앞서 상큼한 유머를 통해 청중들로 하여금 마음을 열게 하고 호기심을 갖도록 유도하는 것이 좋다.

혹은 근래에 핫이슈가 되는 시사적인 문제나 감동적인 예화, 간증 등을 통해 설교란 딱딱하고 지루하다고 생각하는 고정관념을 깨뜨려 주는 것이 좋다. 이때 주의해야 할 것이 있는데 유머나 예화는 단지 청중들의 닫힌 마음을 열기 위한 것이지 그 이상이나 그 이하가 되어서는 안 된다.

어느 날 모 교회 장로님 한 분이 나를 찾아와서 너무 속상하다고 하면서 속내를 털어놓는데 듣고 보니 기막힐 노릇이었다. 자기가 섬기는 교회 담임 목사님은 설교하기 전에 유머나 예화를 꼭 하나씩 하시는데, 유머는 누구나 다 알고 있는 식상한 얘기로 분위기를 썰렁하게 만들고 예화라고 들어보면 아무런 감동도 없는 그런 예화를 하는데 미치겠다는 것이다. 차라리 유머나 예화가 없으면 훨씬 설교가 잘 들릴 것 같다는 하소연을 했다. 처음에는 장로님에게 문제가 있을 것이라 생각했다. 그런데 장로님 말씀은, 목사님이 설교 할 때마다 반드시 유머나 예화를 하는데 저것이 오늘 설교와 무슨 연관이 있는지를 생각하다가 예배를 마치게 되는 경우가 한두 번이 아니라고 했다. 그러니 설교에서 무슨 은혜를 받을 수 있겠느냐고 반문했다. 그때서야 장로님 말씀이 의미하는 바를 알 것 같았다. 청중들은 왜 유머나 예화를 설교와 구별하지 못하는 것일까? 그것은 설교자가 유머나 예화로 영적 교훈을 주고 마음열기로만 끝내야 하는데 내용전달에 의미를 부여하기 때문이다. 그러니 청중들은 유머나 예화를 그날 설교와 연결시켜보려고 애쓰다가 결국은 짜증을 내게 된다.

0에서 9까지 숫자만 사는 이상한 나라가 있었습니다. 그중에는 8.8도 있었는데, 이 8.8은 늘 기가 숙어 살았습니다. 그 이유는 9 때문이었습니다. 그는 늘 9에게 놀림을 당했고 무시를 당하고 괴롭힘을 당했습니다. 그러던 어느 날 8.8은 예전과는 달리 자신감에 넘쳐 있었고 생기가 발랄한 모습으로 해맑게 웃고 있었습니다. 이것을 이상하게 본 9는 예전과 같이 8.8을 한 대 쥐어박으려고 하자 이번엔 8.8이 9의 손목을 비틀었습니다. 너무 놀란 9가 외쳤습니다. "너 이 자식, 미쳤어!" 그러자 8.8은 점잖게 대답했습니다. "나, 어젯밤에 점 뺐다."

이것은 유머다. 그런데 이 내용으로만 끝나면 청중은 한 번 웃어줄지도 모르지만 점 빼는 것과 오늘 설교가 무슨 상관이 있는지를 고민하게 되고 결국 설교에서 받아야 할 은혜를 다 쏟아버리고 만다. 하지만 아래 내용과 같이 몇 마디만 덧붙이면 유머가 '마음열기'(Open Mind)가 될 수 있다.

하나님은 우리 모두에게 다 점 하나를 찍어 두셨습니다. 그것이 약점이라는 것입니다. 옆 사람과 인사합시다. "나, 점 뺐다." 그렇습니다. 우리는 약점으로 사는 것이 아니라 하나님의 능력으로 사는 것입니다.

이것은 오늘 설교 본문 말씀과 관계가 될 수도 있고 아무 관계가 없을 수도 있다. 하지만 유머는 영적 교훈을 통해 유머로 끝내야 한다. 이처럼 우리 주변에 수많은 유머나 예화들이 널려 있다. 이것을 잘 활용할 수만 있다면 청중의 마음을 열고 설교의 에너지를 극대화시킬 수 있다.

한 가지 더 염두에 두어야 할 것은 유머를 사용할 때는 반드시 청중의 수준을 고려해야 한다는 것이다. 시골에서 목회하는 친구 목사가 어느 날 내게 찾아와서는 자기는 유머에 은사가 없다고 했다. 자기가 유머만 하면 갑자기 분위기가 썰렁해진단다. 설교자가 청중의 마음을 열기 위해 유머를 했는데 청중의 반응이 썰렁하면 그날 설교는 처음부터 맥이 빠진다. 웃겼으면 웃어줘야 하고 울렸으면 울어야 하는데, 반응이 없으면 벽 보고 설교하는 것과 같아진다. 그래서 무슨 예화를 했기에 반응이 없었느냐고 물었더니 과자시리즈를 했다고 했다. '과자 나라에서는 초코파이가 대장입니다. 초코파이는 시커멓게 생긴데다가 근육질이고 속이 꽉 찼습니다. 그래서 누구도 초코파이의 상대가 되지 못합니다. 그런데 초코파이는 칸쵸만 보면 기가 죽고 벌벌 떱니다. 이런 모습을 지켜보던 새우깡이 초코파이에게 물었습니다. "형님, 형님은 과자나라에서 왕초인데 왜 저 조그마한 칸쵸 녀석들만 보면 벌벌 떱니까?" 그러자 초코파이가 대답했습니다. "너가 몰라서 그렇지, 그 녀석들은 옷만 벗으면 온 몸에 문신 있어"' 라고 했답니다. 이게 얼마나 웃기는 얘기인데 교인들은 눈만 껌벅껌벅거릴뿐 아무런 반응이 없어서 썰렁해 죽을 뻔했다는 것이다.

시골 목회의 90퍼센트 이상이 다 70세 이상 어른들인데 그분들이 초코파이를 어떻게 알겠는가? 혹 초코파이야 국민과자라서 안다고 해도 칸쵸를 아는 사람은 거의 없을 것이다. 따라서 그분들이 칸쵸에 새겨진 동물 그림들을 모르는 게 당연하니 어찌 웃을 수 있겠는가? 이것은 유머 사용에 재능이 없는 것이 아니고 청중에게 맞지 않는 유머를 사용한 결과이다. 만약 이 유머를 중고생들이나 청년들이 모인 곳에서 했다면 배꼽 잡고 웃었을 게다.

자신의 문제를 알고 다시 한 번 유머를 했다. 미국 LA에 사시는 장로님 한 분이 사극 드라마를 너무너무 좋아하셔서 비디오 가게에서 사극 드라마를 빌려와서 금요일 밤부터 시작해서 주일날 새벽까지 꼼짝도 하지 않고 다 보았다고 한다. 주일 아침에 부시시한 모습으로 예배드리러 갔는데, 마침 그 날 대표기도가 그 장로님이었다. 장로님은 하는 수 없이 강대상에 올라가서 기도했는데, 끝에 해야 하는 "예수님의 이름으로 기도합니다"라는 말이 도무지 떠오르지 않았다고 한다. 그래서 땀을 뻘뻘 흘리며 얼떨결에 마무리를 했는데 "성은이 망극하옵니다"라고 했다는 것이다. 이 얘기를 들은 청중들은 배꼽 잡고 박장대소를 하더라고 했다. 자기는 유머에 소질이 없는 줄 알았는데 그제야 자신이 유머 감각이 있다는 것을 발견했노라 하면서 아주 흥분했던 적이 있다. 이것은 단순히 내용만의 문제가 아니고 유머를 듣는 청중들의 수준도 아주 중요하다는 것을 보여준다. "성은이 망극하옵나이다"는 시골 어른들에게는 너무나 익숙한 말이고 공감하는 내용이다. 만약에 이런 유머들을 초등학생에게 사용했다고 해 보자. 당연히 썰렁한 유머가 되었을 것이다.

감동을 주는 이야기나 유머는 청중의 마음을 여는 데 아주 중요한 요소가 된다. 그렇기 때문에 설교자라면 누구나 이런 감동을 주는 이야기 소재나 유머를 찾기 위해 많은 시간을 할애한다. 하지만 이제부터는 그런 것으로 인해 분주할 필요가 없다. 왜냐하면 우리 주변에 널려 있는 것들이 예화나 유머들이기 때문이다. 일상에서 매일 접하는 신문에서도 수없이 많은 예화나 유머로 쓸 수 있는 이야깃거리가 있지만 관점이 없기 때문에 그냥 지나쳐 버리는 것들이 얼마나 많은지 모른다. 설교자는 감동을 주는 예화나 유머를 찾아다니는 사람들이 아니라 관점을 가지고 예화나 유머를 만들어 낼 수 있어야 한다. 청산 속에 묻힌 옥은 단순히 돌덩어리에 지나지 않는다. 하지만 그 돌덩어리를 캐내어 갈고 닦으면 찬란한 광채를 발하는 옥으로 탄생하게 된다. 이처럼 단순한 사건, 단순한 이야깃거리들을 가지고도 청중에게 감동을 주고 청중을 웃기게 하는 것이 설교자의 능력인데, 이 능력은 관점을 통해서 가능해진다.

청중을 감동시키고 청중을 웃기는 것은 내용이 좋기 때문이 아니다. 내용보다 더 중요한 것은 그것을 어떻게 표현하느냐에 달려 있다. 어떤 설교자는 아주 좋은 내용을 가지고도 청중을 썰렁하게 만드는 별난 재주가 있는가 하면, 어떤 설교자는 아주 단순한 일상적인 얘기를 가지고도 감동을 주거나 청중들로 하여금 박장대소로 웃게 하기도 한다. 그 차이가 바로 표현력의 차이이다. 얼굴 표정이나 몸짓, 말투의 높낮이나 가슴에서 나오는 진지함이 내용보다 더 중요하다. 지금은 고인이 되었지만 당대의 최고 코미디언이었던 이주일 씨는 "못생겨서 죄송합니다"라는 말로 일약 스타가 되었다. "못생겨서 죄송합니다"는 말이 뭐가 그리 웃기고 무슨 심오한 내용이 있다고 사람들은 그 말에 웃고 울었는가? 하지만 그는 어설픈 몸짓과 독특한 말투로 하루하루 지치고 힘들게 살아가는 전 국민에게 웃음과 감동을 주었다.

설교에서 감동을 주는 예화나 청중을 웃길 수 있는 유머는 호기심을 유발시켜 청중의 마음을 열게 하고 설교에 대한 기대감을 높이는 데 아주 중요한 요소임에는 틀림없다. 하지만 이런 면에 전혀 은사나 재능이 없는 설교자라면 가급적 유머는 사용 안 하는 것이 더 좋을 수 있다. 자칫 유머가 예배 분위기를 썰렁하게 만들 수 있고 그것 때문에 똑똑한 청중은 저 말이 오늘 설교와 무슨 연관이 있는지 연결시키려다 정작 들어야 하는 설교의 핵심을 놓칠 수 있기 때문이다. 반면에 유머에 타고난 은사와 재능이 있으면서도 교단의 특성상 혹은 신학교 교육을 통해 전혀 유머를 사용하지 않는 설교자들도 주변에 많이 볼 수 있다. 참으로 안타까운 일이다. 유머는 유머일 뿐이고 청중의 마음을 여는 에너지원인데, 그것을 경박스러운 것으로만 취급하고 사용하지 않는 것은 장수의 칼날을 무디게 하는 것과 마찬가지다.

가까운 친구 중에 굉장히 보수적인 교단에서 사역하는 목사가 있다. 이 친구는 신학교 교육도 그렇게 받았지만, 교단의 특성상 반드시 설교 원고를 토씨 하나 빼놓지 않고 다 적어서 강단에 가지고 올라가서 설교해야 하기 때문에 유머는 상상도 못한다고 했다. 원고 없는 설교는 성령의 인도를 받는 것이 아니고, 게으름의 소치로 배웠고, 게으름이 도리어 성령의 사역을 방해한다고 알고 있었기 때문에 지금까지 원고에 매인 설교를 하고 있었다. 또한 유머는 아주 경박스러운 목회자들이 하는 유치한 것으로만 알고 있었기 때문에 한 번도 설교시간에 유머를 해 본적이 없다고 했다. 이 친구에게 유머의 사용 목적과 유익한 점에 대해 가르쳐 주고 설교시간에 해 보라고 권장해 주었다. 얼마쯤 지나서 다시 그 친구를 만났더니 예배의 분위기가 확 달라졌고 교인들이 달라져서 전도해 오기 시작하면서 교회가 부흥되더라고 했다. 이 친구에게는 유머의 잠재적 능력과 은사가 있었음에도 교단의 특성상, 설교에 대한 고정관념 때문에 한쪽 날개를 꺾고 날아보려고 했던 것이다.

유머는 설교자에게 아주 좋고 필요한 것이지만 설교자의 재능에 따라 해도 되고 안 해도 된다. 그렇다면 유머를 할 것인가 말 것인가를 어떻게 정할 수 있을까? 그것 역시 훈련을 통해서 알 수 있다. 유머를 계속해서 훈련해 보고 청중의 반응을 보면 쉽게 결정할 수 있다. 성격적으로나 성품적으로 도저히 유머 할 체질이 아닌 분인데 설교학에서 배운 Open Mind라고 해서 반드시 유머를 해야 할 필요는 없다. 강박관념으로 유머를 계속하다가 예배를 썰렁하게 만들어서는 안 되기 때문이다. 반면에 좋은 은사를 가지고 있음에도 한 번도 시도해 보지 않았기 때문에 묻어 둔 재능이라면 꺼내서 활용하는 것이 더 바람직할 것이다. 나를 가장 멋지게 해 주는 옷은 비싼 옷이 아니라 내 몸에 맞는 옷이다. 유머 자체가 좋고 나쁨이 있는 것이 아니고 설교자 자신에게 맞는지 맞지 않는지를 분별하는 것이 더 중요하다.

"탁월한 설교자는 태어나는 것이 아니고 훈련을 통해서 만들어지는 것이다."

Tool을 통한 설교 레시피

4. TOOL의 활용 - Matter(문제제기)

탁월한 설교자는 문제제기에 있어서도 탁월한 능력을 가지고 있다. 설교자가 성경에서 문제를 제기하는 것은 청중의 문제를 해결하기 위함이다. 청중은 오늘도 문제를 껴안고 예배드리러 온다. 그러므로 성경의 문제를 제기함으로 청중은 자기의 문제와 동일시하게 되고 설교에 공감을 느끼며 경청하게 된다. 청중의 문제를 눈물로 표출시키는 것도 문제제기를 통해서 가능하고, 울고 있는 청중의 눈물을 닦아 줄 수 있는 것도 문제제기를 통해서 가능하다.

모든 성경은 "하나님의 감동으로 된 것으로"(딤후 3:16) 약간의 오류나 문제가 있을 수 없다. 성경은 완전하고 완벽한 하나님의 말씀이다. 그럼에도 예수님은 문제를 만드는 데 탁월하신 분이셨다. 병자를 고치되 꼭 안식일에 고치셨다. 다른 날에도 얼마든지 병을 고칠 수 있는 분이신데 하필이면 안식일에 병을 고쳐 주심으로 문제를 증폭시키셨다. 성전 안에서 소와 양과 비둘기 파는 사람들과 돈 바꾸는 사람들이 앉아 있는 것을 보시고, 노끈으로 채찍을 만들어서 양이나 소를 다 성전에서 내어 쫓으시고, 돈 바꾸는 사람들의 돈을 쏟으시며, 상을 엎으시므로 엄청나게 큰 문제를 일으켰다. 이처럼 예수님은 가는 곳곳마다 문제를 일으켰다. 그러니까 예수님이야말로 문제를 제기하는 데 탁월하신 분이셨다. 왜 예수님은 문제가 안 될 일을 굳이 문제로 만드시고 어려움을 겪으셔야 했을까? 그것은 문제제기를 통해 청중의 근본적인 문제를 해결해주기 위함이었다.

안식일에 병을 고쳐 주심으로 문제가 생겼지만 인자가 안식일의 주인 되심을 증언하기 위함이었고, 성전에서 장사하는 이들의 상을 엎으시고 문제를 만드신 것은 성전은 만민이 기도하는 곳이며 동시에 자신의 몸이 됨을 증거하기 위함이었다. 청중의 문제는 질병이 아니라 안식일의 주인이신 주님을 모르는 것이고, 안식일의 주인 되시는 예수님을 만나면 어떤 질병에서도 고침을 받을 수 있다는 사실을 문제제기를 통해서 알려주셨다. 그러므로 문제제기는 청중들로 하여금 마음을 열게 하고 말씀에 공감을 느끼고 경청하도록 만든다. 문제제기를 잘하면 그때 청중들은 목사님의 설교가 들린다고 고백한다.

사순절 기간 동안 교회와 집이 너무 멀리 떨어져 있어서 교회에서 잠을 주무시면서 40일 연속 새벽기도회에 하루도 빠지지 않고 40일을 다 채우신 노 권사님이 마지막 날 교회에서 새벽기도회를 마치고 소천하셨다. 이때 목사가 장례식장에 가서 "할렐루야! 권사님은 새벽기도 하시다가 돌아가셨으니 천국에 가셨습니다. 그러니 위로받고 기뻐하십시오"라고 설교했다면 가족들의 마음은 어떠하겠는가? "아멘, 할렐루야!" 그럴 수 있겠는가? 물론 목사님의 말씀이 하나도 틀리지 않고 믿음으로 하신 말씀인 것은 분명하다. 하지만 가족들의 슬픈 마음을 위로하기란 역부족이다. 그 가운데 믿지 않는 가족이라도 있다면, 그들은 어떻게 받아들이겠는가? 그러므로 문제제기를 통해 가족들의 입장을 대변해 주어야 한다. 죽음을 받아들일 수 없고 새벽기도 했으면 건강하고 더 오래 살게 하셔야지 이렇게 무정하게 사랑하는 사람을 데리고 가시면 어떻게 하시냐고 하나님께 따져야 한다. 그리고 나서 이 모든 사실들을 믿음으로 받아들이자고 해야 가족들은 위로를 받고 문제를 해결 받게 된다.

얼마 전에 후배 목사에게서 전화가 걸려 왔다. 친형님이 갑자기 돌아가셨는데 날 보고 와서 장례예배를 드려달라는 부탁이었다. 연락을 받고 한 걸음에 병원으로 달려가서 원인을 알아보고 깜짝 놀랐다. 멀쩡하던 형님이 건강진단 받으러 병원에 갔는데 암 초기라는 진단을 받고 간단한 수술만 받으면 될 것이라는 의사의 말에 몸을 맡겼다가 3일 만에 싸늘한 시신이 되어 가족들 품에 안기게 된 것이다. 이것은 누가 봐도 의료 사고였다. 하지만 가족들 중에는 아무도 병원에 이의를 제기하지 않았고 모든 것을 다 믿음으로 받아들이겠다고 했다. 그러니 병원에서도 보상은커녕 장례비 지원도 없었고, 수술비에서 입원비까지 싹 다 받았다. 군대에서 막 제대한 하나 밖에 없는 아들은 앞날에 대한 두려움에 아무 말도 하지 못하고 넋나간 바보처럼 서 있었고, 싸늘한 시신 뒤에는 넋이 나간 노모가 하염없이 눈물만 흘리며 흐느끼고 있었다.

이럴 때 뭐라고 설교해야 하나? 가족들의 믿음이 대단하다고 칭찬하고 위로해 줘야 하나? 가족들의 믿음으로 형님이 천국에 갔을 것이라고 격려해야 하나? 난 그럴 수가 없었다. 지금이라도 당장 병원 측과 한 판 싸워봐야 되는 것 아니냐, 그리고 형님을 수술했던 의사에게 달려가서 옷을 찢고 따귀라도 때리며 이런 의사는 다시는 수술하지 못하도록 의사 직을 박탈해야 하는 것이 아니냐고 말했다. 그리고 가족들의 믿음도 이해할 수가 없고 하나님도 너무하다고 항변을 늘어놓았다.

문제를 제기함에 있어 물론 문제를 더 심화시키고 나서 그리고 이 모든 문제를 믿음으로 바라보자고 했다. 그리고 천국은 어떤 곳이며 어떤 사람이 가는 곳인지를 해결을 통해 증언하고 이 일을 통해 이루실 하나님의 놀라운 계획과 비밀을 말씀드리면서 장례 설교를 마쳤다. 가족들은 자신들이 할 수 없었던 가슴앓이를 내가 대신해 주는 것을 보며 더 큰 믿음이 생기게 되었다고 고마워했다. 장례식에 참석했던 친척 중에 절에 다니는 보살이 있었는데 예배를 마치고 내 곁에 오더니 내 손을 꼬옥 잡고 이런 설교는 처음 들었다고 하면서 이제부터 자기도 예수 믿고 교회에 다니겠다고 약속했다. 문제제기는 청중으로 하여금 문제에 공감하게 하며 인간의 연약함을 인정하게 하는 동시에 하나님의 위대함을 드러내는 것이다.

창세기 12장은 하나님께서 아브라함을 부르시고 축복하시겠다고 약속하신 말씀이다.

> "여호와께서 아브람에게 이르시되 너는 너의 고향과 친척과 아버지의 집을 떠나 내가 네게 보여 줄 땅으로 가라 내가 너로 큰 민족을 이루고 네게 복을 주어 네 이름을 창대하게 하리니 너는 복이 될지라 너를 축복하는 자에게는 내가 복을 내리고 너를 저주하는 자에게는 내가 저주하리니 땅의 모든 족속이 너로 말미암아 복을 얻을 것이라 하신지라 이에 아브람이 여호와의 말씀을 따라갔고 롯도 그와 함께 갔으며 아브람이 하란을 떠날 때에 칠십오 세였더라"(창 12:1-4).

이 말씀은 교회에 다니는 사람들이라면 누구나 잘 알고 있는 성경 말씀이다. 아브람은 하나님의 말씀을 듣고 믿음으로 하란을 떠났다. 그러므로 관점 없이 본문을 읽으면 문제될 것이 하나도 없다. 그러니까 대다수의 목사님들은 이 본문으로 이렇게 설교한다.

아브라함의 나이가 75세 되던 어느 날, 하나님께서는 아브라함을 찾아오셨다. 하나님은 아브라함에게 너는 너의 고향과 친척과 아버지의 집을 떠나 내가 네게 보여줄 땅으로 가라고 명령하셨다. 아브라함은 이 말씀을 듣고 즉시로 하란을 떠났다. 아브라함이 즉시로 떠날 수 있었던 것은 축복에 대한 약속을 믿었기 때문이요, 하나님을 바라보았기 때문이다. 물론 떠날 때는 아픔이 있고 포기가 있다. 떠남은 희생을 요구한다. 그러나 축복을 위한 떠남이기에 우리도 축복을 향해 떠나야 한다.

그다음에 설교의 유형이나 설교자의 스타일에 따라 설교의 내용이 달라지는데 대개의 경우 첫째, 둘째, 셋째로 나누어서 설교한다.

첫째, 하나님을 만나야 한다.
아브라함은 하나님을 만났을 때 인생의 새로운 전환점을 맞았다. 그래서 고향과 친척들을 떠날 수가 있었다. 우리가 떠나지 못하는 것은 하나님을 만나는 경험이 없기 때문이다. 하나님을 만나면 세상의 은금보화가 부럽지 않고 그 어떤 것도 포기할 수 있다.

둘째, 하나님의 음성을 들어야 한다.
세상에는 너무나 많은 소리들이 있다. 출세를 위한 소리, 건강을 위한 유익한 소리, 돈 버는 비결을 가르쳐주는 소리, 자녀의 입시에 대한 정보를 주는 소리, 남을 비난하는 소리, 전쟁과 기근 그리고 쓰나미와 같은 자연재해에 대한 소리들이 만연해 있기 때문에 하나님의 음성을 듣지를 못한다. 하지만 아브라함은 하나님의 음성을 골라 들었다. 하나님의 음성을 듣는 자는 누구든지 지금 이 자리에서 떠날 수 있다.

셋째, 하나님의 계획을 알았다.

하나님은 인간의 생각이나 계획, 인간의 방법이나 경험을 뛰어 넘는 상상도 할 수 없는 어마어마한 축복을 가지고 계신다. 아브라함은 이 하나님의 계획을 믿었고 순종했다. 여러분이 하나님의 계획을 알았다면 머뭇거릴 이유가 없다. 지금 이 시간부터라도 하나님의 계획을 믿고 받아들이기 바란다.

아마도 여러분은 이런 설교에 공감을 한 것이다. 또 다른 형태로는, 이와 비슷하기는 하지만 한 단어를 가지고 집중적으로 설교하는 설교도 있다. 예를 들면 '떠나야 한다' 는 것을 가지고 첫째, 둘째, 셋째로 설교한다.

첫째, 저주의 자리에서 떠나야 한다.

아브라함이 살고 있던 하란은 문화적으로나 경제적으로는 아주 살기 좋은 곳이지만 아브라함의 아버지 데라의 직업이 우상을 만들어 팔아서 부자가 된 것을 보면, 그 땅은 우상의 도시였고 저주 받아 마땅한 도시였다. 그렇기 때문에 그곳에 머물러 있으면 안 된다. 하나님은 아브라함을 구원하시기 위해서 갈대아 우르에서 불러내셨다. 아브라함은 이 사실이 믿어지자 즉시로 조카 롯을 데리고 저주의 자리에서 도망쳐 나왔다. 여러분의 자리는 어떤 자리인가? 믿음의 자리가 아니라면 머뭇거리지 말고 빨리 떠나야 한다.

둘째, 욕망의 자리에서 떠나야 한다.

철새 이야기를 알 것이다. 철새들은 겨울이 되면 남쪽나라로 날아간다. 그런데 철새 무리 중 한 마리가 먹이에 너무 욕심을 부리다가 뚱뚱해져서 날아가지 못하고 그만 죽고 말았다는 우화다. 아브라함은 더이상 하란에 대해 집착하지 않았다. 부유함과 편리함 같은 것에도 집착하지 않았고, 더 많이 가지려고 더 높은 자리를 차지하려고 머뭇거리지도 않았다. 아브라함은 자신을 유혹하는 수많은 욕망의 자리에서 떠났다. 그가 욕망의 자리에서 떠날 수 있었던 것은 하나님을 믿었기 때문이다. 그런 아브라함을 하나님이 축복하셔서 믿음의 조상이 되었다. 그러므로 믿음의 사람이라면 욕망의 자리에서 떠나야 한다. 욕심의 자리에서 빨리 떠나야 한다. 그래야 하나님의 축복을 받을 수 있다.

셋째, 상처의 자리에서 떠나야 한다.

아브라함에게 있어서 갈대아 우르는 상처가 있는 곳이다. 형님 하란이 아버지보다 먼저 그곳에서 죽었다. 형님의 죽음은 가족 모두에게 큰 상처가 되었을 것이다. 상처를 가지고 있으면 발전할 수 없고 행복해질 수 없다. 그러므로 행복하기를 원한다면 하루라도 빨리 상처가 있는 자리에서 떠나야 한다. 상처는 다른 사람을 원망하게 되고 자신을 비하하고 환경에 대해서 잘 인정하지 않기 때문이다. 아브라함은 하나님께서 떠나라고 하실 때 비록 갈 바를 알지 못했지만 조카 롯을 데리고 고향과 친척과 아버지의 집을 떠났다. 그것이 바로 상처의 자리에서 떠나는 것이다. 여러분에게 상처가 있다면 그 상처 때문에 괴로워하지 말고 지금 당장 믿음으로 그 상처의 자리를 떠나라. 그러면 하나님은 상처 났던 자리를 꿰매어 주실 뿐 아니라 축복의 자리로 인도해 주실 것이다.

이 설교 역시 '해결의 관점에서' 설교했다. 문제를 제기하지 않고 해결만 말하는 것은 문제를 읽어보지도 않고 참고서 뒤쪽에 있는 답안지를 보고 읽어주는 것과 다를 바가 없다. 즉 떠나라고만 강조했지 떠날 수 없는 아브라함의 입장을 그 어느 곳에서도 변호해주지 않고 있다. 다시 말해서 해결과 촉구만 있을 뿐 문제제기가 없다. 앞의 두 편의 설교에서 신학적인 오류나 내용상의 문제를 찾아볼 수 없다. 하지만 청중들은 이런 설교에 식상해 있다. 왜냐하면 청중들은 자신도 떠나야 하는 것을 알고 있고 떠나야만 살 수 있다는 것도 알고 있다. 하지만 떠날 수 없음에 갈등하고 고민하고 괴로워하고 있는데 그 갈등에 대해서는 아무도 이해해주지 못하고 있다.

이처럼 앞에서 말한 두 편의 설교에서는 아브라함의 연약함이나 갈등, 고민이나 괴로움을 전혀 찾아볼 수가 없다. 그러니 청중들은 아브라함을 부러워하면서도 '아브라함은 우리와 다른 사람이니까 그럴 수 있지'라고 머리로만 이해할 뿐 삶에는 적용하지 않는다. 이런 설교는 청중을 감동시키거나 공감을 주지 못할 뿐만 아니라 청중의 변화를 기대할 수 없다. 아브라함이 고향과 친척과 아버지의 집을 떠나 지시하는 땅으로 가라고 하신 하나님의 말씀을 처음 듣고 갈등도 고민도 없이 떠났다는 것은 문제를 보는 눈이 없기 때문이다. 아브라함을 '믿음의 조상' 혹은 '믿음의 원조'라고 말한다. 아브라함이 믿음의 원조가 될 수 있었던 것은 갈등하지 않고 하나님의 말씀에 순종했기 때문이 아니라 갈등을 극복하고 하나님의 말씀에 순종했기 때문이다. 믿음이란 갈등하지도 않고 아파하지도 않는 것이 아니라 아픔과 갈등을 극복하고 나아가는 것이다.

현대인의 특징은 너무 바쁘다는 것이다. 이렇게 바쁜 사람들이 예배의 자리로 나오기 위해서는 지금 하고 있는 일의 자리에서 떠나야 하는데 그게 정말 가능한 일일까? 관광지에서 영업하는 청중이 주일날 영업하지 않고 예배드리러 나오는 것이 믿음으로 떠나는 것인데, 이게 정말 가능한 일일까? 24시간 가동하는 공장에 다니는 사람이 주일날 근무하러 가야 하는데 예배의 자리로 나아가기 위해 출근을 거부하는 것이 믿음으로 떠나는 것인데 정말 갈등이 없을 수 있을까?

얼마 전에 안중에서 탈북한 여성을 만났다. 고등학교 1학년에 재학중인 아들과 함께 탈북해서 교회 관리 집사로 일하고 있었다. 나라에서 지원금을 받아 내 집도 마련하고 열심히 일한 덕분에 사는 데는 별 문제가 없어 보였다. 그래서 탈북할 때 문제는 없었느냐고 물었더니 그녀의 눈에는 금세 눈망울이 맺혀서 말을 잊지 못했다. 몰래 남한 방송을 듣다가 남쪽으로 내려가면 이보다는 더 잘 살 것이라는 결심이 섰지만, 그 어느 것 하나 내려놓기가 쉽지 않았다는 것이다. 고향과 친척 그리고 이웃의 친구들과 영영 이별을 해야 한다는 생각에 몇 날 며칠을 밥을 먹을 수가 없었고 잠을 제대로 잘 수가 없었다는 것이다.

탈북하는 것도 쉽지 않지만 가다가 붙잡히면 죽게 될 수도 있고, 설사 탈북에 성공했다 하더라도 자기처럼 별 볼 일 없는 여자를 남한에서 받아들여 줄지도 몰라 걱정을 하다 보니 나중에는 우울증이 오고 말까지 막히는 반벙어리가 되더라고 고백했다. 그중에서도 제일 힘들었던 것은 이웃집에 사는 친구들과의 이별이라고 했다. 먹을 것이 없어서 나무뿌리로 굶주린 배를 채우며 살았지만 이웃 친구들과의 정감어린 추억들과 그들의 환한 웃음이 지금도 제일 그립다고 했다.

그래서 지금의 삶을 후회하느냐고 물었더니 그렇지는 않다고 했다. 다시 북한으로 데려다 주면 가겠느냐고 했더니 그런 것도 아니라고 했다. 지금의 삶이 너무 행복하고 만족스럽지만 고향과 친척과 아버지의 집을 떠나려고 했을 때 얼마나 힘이 들었는지를 말해주려는 것이었다고 했다. 더이상 버틸 힘이 없었고 자식마저 굶겨 죽일 수도 있겠다 싶어 탈북을 결심했지만 막상 떠나려고 하니 포기해야 할 것들이 너무 많아 괴로웠다는 것이다. 그런데 아브라함은 뭐 하나 부족한 것이 없었고 뭐 하나 아쉬울 것이 없는 사람이었다. 그런 사람이 고향과 친척과 아버지의 집을 떠난다는 것이 얼마나 힘들었겠는가?

농촌에서 한 평생 농사만 짓던 사람에게 서울 강남에 아파트를 사 주고 거기서 살라고 하면 며칠을 살 것 같은가? 생각 같아서는 시골집을 버리고 서울 그것도 강남에다 집을 사 주는데 이게 웬 떡이냐 싶겠지만, 한두 달을 살기가 힘들 것이다.

나의 어머니는 아버지의 연이은 사업 실패로 고향을 떠나 속초에 살면서 남의 집 처마 밑에서 30년이 넘도록 떡 장사를 하셨다. 비바람이 몰아쳐도, 눈보라에 살을 도려내는 강추위에도, 몸이 아파 끙끙거리면서도 하루도 빠짐없이 떡을 만들어 파셨다. 쉬는 날이라고는 설날, 정월 대보름날, 그리고 추석이 전부였다. 그 덕분에 4남 1녀를 다 잘 키우셨다.

자식들이 커서는 어머니가 떡 장사하는 모습이 부끄러웠다. 일흔이 다 되신 노모가 시장 통에 쪼그리고 앉아서 장사하는 모습이 너무 초라하고 안쓰러워서 떡 장사를 그만 두시라고 권유해 보았지만 어머니는 죽을 때까지 힘이 닿는 동안 떡 장사를 하시겠다고 하셨다.

아버지께서는 궁여지책으로 그동안 모아 두었던 전 재산을 털어서 서울 면목동에 우리 식구들이 함께 모여 살만한 집을 하나 마련하셨다. 그리고 떡 집은 큰형님께 맡기고 어머니를 모시고 서울로 올라왔다. 어머니는 끝까지 당신의 뜻을 꺾고 싶지 않으셨지만 자식들을 위해 당신의 마지막 남은 희망까지 포기하고 서울로 오셨다. 서울로 올라오신 그날 이후부터 어머니의 해맑은 웃음을 볼 수가 없었다. 어머니는 단골손님들을 그리워하셨고, 떡 파는 재미도 이제 없다고 말씀하셨다.

하루는 대문 밖을 나섰다가 길을 잃으셔서 경찰들의 도움으로 어머니를 겨우 찾았다. 어머니는 남몰래 외로움을 삼켜야 했고 우울증에 백내장까지 겹치셨다. 그리고 얼마 못 사시고 세상을 떠나셨다. 결국 자식들이 '효'(孝)라는 이름하에 어머니를 돌아가시게 만든 것이다.

노인네가 고향을 떠나면 죽을 수밖에 없다. 말동무가 없어지면 숨통이 막혀 죽는다. 그런데 75세 된 아브라함 보고 떠나라고 하는데 아브라함인들 괴롭지 않고, 아브라함인들 갈등하지 않았겠는가?

그뿐이 아니다. 설령 아브라함이 하나님의 말씀을 듣고 떠나기로 마음먹었다고 하자. 그렇다고 무작정 떠날 수 있겠는가? 아내 사라는 어떻게 하고. 사라가 남편 말 듣고 고분고분 따라나설 것 같은가? 젊을 때는 남자 마음대로 할 수 있을는지 몰라도 나이가 들면 아내 눈치를 봐야 여생을 편안하게 살 수 있다.

장안에 화제가 되었던 유머 가운데 남자가 50 넘어서 아내보고 어디 가느냐고 물으면 맞아서 병원에 입원해야 하고, 60이 넘어서 아내 보고 밥상 차려 달라고 하면 즉시로 병원신세를 져야 하고, 70이 넘어서 아침에 눈을 떴다가 아내 눈과 마주치면 아직도 살아 있다는 죄로 맞아서 병원으로 실려 간다는 웃지 못할 유머가 유행한 적이 있다. 아브라함은 그 정도까지는 아니라 해도 일방적인 결정으로 사라를 무작정 데려갈 수는 없는 노릇이다.

내가 섬기는 교회를 사임할 때 정말 힘들고 어려운 결정이었지만, 그중에서도 제일 힘들고 무거웠던 것은 가족들을 설득하는 일이었다. 아내와 자식들 보기가 민망하고 무슨 말을 어디서부터 어떻게 해야 할지 몰랐다. 나야 하나님의 음성을 듣고 사임하기로 결정한다지만 '아닌 밤중에 홍두깨'라고 아내가 갑자기 내 말을 들으면 어떤 반응을 보이겠는가? 여태까지 고생하다 이제 좀 대접받고 안정적인 삶을 사는가 싶었는데 아무런 대안도 대책도 없이 교회를 사임한다고 하면 아내의 반응이 뻔하지 않겠는가? 아무것도 모르고 이제 막 사춘기에 들어선 녀석들과 대학 수능을 열흘 앞둔 아들 녀석에게 아빠의 체면은 뭐가 되겠는가? 그래서 몇 날 며칠을 제대로 먹지도 못하고 잠을 이룰 수가 없어서 까칠해질 대로 까칠해졌다. 아브라함도 사라 앞에만 서면 왠지 죄스럽고, 자신의 상식 이하의 행동에 사라가 어떻게 반응할지를 생각하면 숨이 멎는 것 같았을 것이다.

이것 말고도 주변 사람들은 아브라함의 이런 행동을 보면 뭐라고 하겠는가? 바보, 천치, 얼간이, 멍청이라고 하지 않겠는가? 아무런 이유도 없이 어느 날 갑자기 고향과 친척과 아버지의 집을 떠나겠다고 나서는 아브라함에게 정상적이라고 말하겠는가? 겉으로는 태연한 척 해도 돌아서서는 손가락질 하고 비아냥거릴 것이 뻔한 일이다. 내가 교회를 사임하고 나서 가장 힘들었던 것은 주변 사람들의 곱지 않은 시선과 근거 없이 난무한 소문들 때문이었다. 내 뜻과 내 생각과 상관없이 좋지 않은 소문만 무성하게 퍼져나갔다. 아브라함은 이런 것도 생각하지 못하는 바보였을까? 아브라함이 바보가 아니라면 하나님께서 고향과 친척과 아버지의 집을 떠나 내가 네게 지시하는 땅으로 가라는 말씀은 받아들일 수도 없고 순종해서도 안 된다.

성경을 문자적으로 보면 본문 어디에서도 아브라함이 고민하고 갈등했다는 언급이 없다. 그럼에도 굳이 문제를 제기하려는 의도가 무엇이겠는가? 청중들이 지금 이런 문제들로 갈등하고 괴로워하면서 지금 이 자리에 앉아 있기 때문이다. 지금 설교하고 있는 설교자 자신에게는 이런 갈등이 없는가? 자녀문제로 인해 고민하고, 건강상의 이유로 인해, 성전건축으로 인해, 교회가 부흥되지 않는 것으로 인해, 밀린 임대료로 인해, 당장의 설교 때문에 갈등하고 있지 않는가? 그러면서도 말로는 아무런 문제가 없다는 듯이 염려하고 걱정하고 갈등하는 청중을 향해 믿음 없음을 탓한다면, 그리고 무조건 믿음으로 떠나라고 다그친다면, 어떻게 되겠는가? 청중들은 불신의 자리에서 떠나 믿음의 자리로 나오는 것이 아니고 그나마 너무 힘들어서 위로 받으려고 예배 자리에 나왔다가 아예 교회를 떠나고 말 것이다.

Matter(문제제기)는 청중이 안고 있는 문제를 오늘 성경인물(Character)도 갈등하고 있음을 제시함으로써 믿음의 사람들조차도 청중들과 똑같은 아픔과 갈등을 가지고 있음에 청중들의 공감을 불러일으켜 주어야 한다. 이럴 때 청중들의 마음이 열리고 위로를 받기 시작한다.

오래전에 지하실 교회를 임대해서 개척교회를 할 때의 일이다. 밤 10시가 넘어서 금요기도회 설교를 막 시작하려는데 한 아주머니가 어린 아이를 등에 업고 초췌한 모습으로 교회 문을 열고 들어섰다. 한눈에 봐도 그 여인의 삶이 어떠한지를 직감적으로 느낄 수 있었다. 하지만 동냥하러 온 것 같지는 않았다. 그날 밤 설교 본문은 모세가 하나님의 말씀대로 홍해 앞바다에 장막을 쳤는데, 이 일을 알게 된 바로는 애굽의 전 군대를 동원하여 이스라엘을 완전히 멸하기 위해 달려온다는 말씀이었다.

나는 설교를 시작하면서 도무지 하나님을 이해할 수가 없다고 했다. 가나안을 향해 아무런 문제도 없이 행군하던 모세에게 느닷없이 이스라엘 백성들을 돌이켜서 "바다와 믹돌 사이의 비하히롯 앞 곧 바알스본 맞은편 바닷가"(출 14:2)에 장막을 치게 하라는 명령이었다. 이게 말이 됩니까? 아니 장막을 칠 때가 없어서 바닷가에 장막을 칩니까? 지금 이스라엘 백성들이 야유회를 나온 것이 아니잖습니까? 그럼에도 불구하고 모세가 하나님의 말씀에 순종했다면 당연히 그곳이 제일 안전한 곳이 되어야 하지 않겠습니까? 그런데 이게 뭡니까? 애굽의 바로가 이 소식을 듣고 전 군대를 데리고 이스라엘 백성들을 칼로 죽이든지 바다에 수장시킬 기세로 눈앞에까지 달려오지 않았는가 말입니다.

이런 상황에서 "모세는 믿음으로 하나님을 바라보았습니다"라고 말하지 않고 모세가 겪었던 갈등과 두려움들에 대해서 신랄하게 말했다. 자신의 연약함은 물론 하나님의 배신과 백성들에 대한 섭섭함까지 … . 그러자 그 아주머니는 소리 내어 울기 시작했다. 참다못해 자신의 가슴을 쥐어뜯고 있었다. 그러면서도 어딘지 모르게 시원하고 후련한 것 같은 묘한 감정을 드러냈다. 그날 나는 설교를 통해서 개척교회 하는 게 너무 힘들다고 말했다. 하나님의 뜻에 어긋나는 일이 없도록 늘 기도하면서 최선을 다해 열정을 가지고 믿음으로 목회했는데, 지금 독촉 받는 것은 임대료에 시달려야 한다고 생각하니 하나님이 원망스럽다고 했다. 그러자 아주머니의 눈빛이 영롱하게 빛나기 시작했다. 자신의 처지와 어쩌면 그리도 똑같을까라고 생각했기 때문일 것이다.

그리고 모세의 헌신을 통해서 어떻게 문제를 해결하게 되었는지, 하나님은 왜 이런 일을 통해 자신을 드러내시고 문제를 어떻게 해결해 주셨는지를 말하자 상거지 차림으로 교회 문을 들어설 때와는 달리 아주머니의 얼굴은 해같이 밝게 빛나고 있었다. 무엇이 그 아주머니의 삶을 바꾸어 놓았을까? 주일날 아주머니는 엊그제와 같이 아이를 데리고 교회에 왔다. 하지만 엊그제의 모습과는 사뭇 달라 보였고 처음부터 밝은 웃음을 지어 보였다. 예배를 마치고 잠깐 상담을 했다. 얼마 전까지만 해도 자신의 남편은 서울에서 제일 큰 쇼파 사업을 했고 자기는 명동에서 커피숍과 액세서리 전문점을 운영했는데, 하루아침에 부도가 나서 남편은 빚 때문에 유치장에 갇혀 있고 자기가 경영하던 커피숍과 액세서리 전문점도 다 남의 손에 넘어갔다고 했다. 그 후에 아무것도 할 수 있는 일이 없어 며칠째 굶고 다니다가 내일은 아들하고 죽어야겠다는 심정으로 수면제를 잔뜩 사서 가방에 넣고 가던 길에 마침 우리 교회에 불이 켜 있어서 오늘까지만 교회에 가보고 죽어야겠다고 다짐하고 예배를 참석했다는 것이다. 그런데 어쩌면 모세의 갈등과 목사님의 갈등하는 모습이 자신의 모습과도 같은지 눈물이 펑펑 쏟아지더라는 것이다. 지금까지 자기네가 무엇 때문에 이런 일을 당해야 했는지 도무지 이해할 수가 없어서 하나님을 원망하고 있었는데, 가는 교회마다 하나님을 원망해서는 안 된다고만 하고 성경의 인물은 전혀 갈등하지 않기에 자기 같은 사람은 살 필요가 없다고 생각했다고 한다. 그런데 모세도 목사님도 갈등을 말하고 하나님을 원망하고 있는 모습을 보면서 살아볼 용기가 생겼다고 했다. 그 후 집사님 가정은 완전히 회복되어 지금은 그 부부가 교도소 선교에 많은 헌신을 하고 있다.

문제제기를 하는 것은 청중들을 수렁에 빠뜨리려고 하는 것이 아니라 성경인물의 연약함과 동시에 그의 믿음의 행위를 드러내고, 마침내 하나님의 위대함을 드러내기 위함이다. 그러므로 탁월한 설교자가 되려면 반드시 문제를 제기하는 능력이 있어야 한다.

그리고 문제를 제기할 때는 반드시 상식적인 사고에서 합리적인 방법으로 해야 한다. 일반적으로는 상식이 맞는 법이다. 이 세상이 법과 질서가 통하고 사람 사는 세상이 되려면, 우선 상식이 통해야 되지 않겠는가? 만약 상식이 무너지고 비(非)상식이 판을 치는 세상이 된다면, 세상은 걷잡을 수 없는 무질서로 파괴되고 말 것이다. 하지만 신앙의 세계는 상식만 가지고는 이해할 수도 상상할 수도 없는 일들이 얼마든지 일어날 수 있다. 믿음의 반대가 '불신'이라는 사실을 모르는 사람은 없다. 하지만 신앙 세계에서의 믿음의 반대는 '상식'이다. 사람들이 안 믿는 것은 이성적으로 상식에 맞지 않기 때문이다. 상식을 말하는데 믿지 못하면 그 사람은 비상식적인 사람이다. 하지만 믿음의 세계는 상식으로 설명할 수 있는 것이 아니다. 그러므로 믿음은 상식을 뛰어 넘는 '초(超)상식'이다. 비상식이나 비과학이 아니라 초상식이고 초과학이다. 그러므로 문제제기(Matter)는 믿음이 흔들리거나 약해졌을 때 혹은 믿음이 없을 때를 가정해서 문제를 제기하는 것이다.

성경에는 이성적으로는 도저히 이해할 수 없는 기사와 이적들이 즐비하다. 믿음의 눈으로 보고 믿음의 눈으로 받아들이면 문제될 것이 하나도 없고 다 축복된 말씀이지만, 믿음이 없는 사람들은 이런 말씀 자체를 읽지도 않겠거니와 만약 읽었다고 한들 이성적으로 이해가 안 되는 상식 이하의 말씀을 받아들일 수 있겠는가?

봄철 대심방 기간 중에 권사님 가정을 심방했는데 남편이 출근하지 않고 나를 기다리고 계셨다. 한 눈에 봐도 점잖아 보이셨고 품위와 품격이 줄줄 흐르는 엘리트였다. 명문대학을 졸업하고 미국에서 유학까지 하고 오신 유학파이셨고, 일취월장 성장하는 회사의 사장님이셨다. 부인이 교회 다니는 것은 허락했지만 자신은 교회를 안 다닌다고 했다. 그러면서도 신구약 성경을 1년에 1독 정도는 하는데 벌써 3독 이상을 했다는 것이다. 말씀을 나누다 보니 성경에 대해서도 웬만한 목회자들보다 훨씬 더 많이 알고 있고, 박식해 보였다. 그런데 문제는 성경 말씀을 믿지 않는다는 것이었다. 성경을 읽으면 재미있고 좋은 글들이 많이 있어서 습관적으로 매일 조금씩 읽다 1년에 1독은 하는데 세월이 벌써 3년이 넘었노라고 입에 침이 마르도록 자랑했다. 하지만 성경에서 이성적으로 이해가 안 되는 것은 절대 받아들일 수가 없고 믿을 수가 없다고 했다.

우선 창조설화를 믿지 않는다고 했다. 어떻게 인간을 흙으로 만들어 그 코에 생기를 불어서 만들 수 있느냐. 그뿐 아니라 홍해가 갈라져서 바다를 육지처럼 건너간 사건, 여리고 성이 무너진 이야기로 시작해서 이적과 기사들은 하나도 믿지 못하겠다고 했다. 그러면서도 3년에 3독을 하셨다니 그것이 기적이었다. 이런 분들에게 성경의 말씀은 다 사실이니까 무조건 믿어야 한다고 하면 그들이 과연 "아멘!" 하고 목사의 말에 순종하고 믿겠는가? 그럴수록 그들의 마음은 더욱 굳게 닫히게 될 것이다. 이럴 때일수록 문제를 제기해야 한다. 문제를 제기할 때는 상식으로 접근하면 공감대를 형성하게 되고 접촉점을 찾게 된다. 그 후에 어떻게 비상식적인 사건이 가능한 것인지 믿음으로 궁금증을 풀어주어야 한다. 이런 것은 전도설교에서 나타나는 두드러진 현상들이다.

내가 잘 아는 형님 중에 돈 밖에 모르는 형님이 있다. 그래서 그런지 돈을 많이 벌어서 집도 여러 채 있고, 빌딩도 가지고 있어서 그곳에서 나오는 임대료만 받아도 노후가 완전히 보장되어 있는 형님이었다. 그러니 그 형님 눈에 내가 불쌍해 보이고 한심스럽게 보이는 것은 당연했다. 그러나 반대로 나는 그런 형님이 너무 불쌍하고 안쓰럽게 보인다. '예수도 안 믿고 돈 밖에 모르는 형님이 저렇게 사시다가 죽으면 즉시로 지옥행일 텐데'라고 생각하면 가슴이 저려온다. 그래서 가끔씩 전도의 사명인 양 다가가서 "세상엔 돈보다 더 소중한 것이 많습니다. 돈의 노예가 되지 말고 좀 자유하십시오"라고 하면 "그럴까 동생, 이제부터는 그렇게 살아야겠지"라고 대답한 적이 한 번도 없다. 도리어 흥분해서 열변을 토하는데 돈을 모르는 사람들을 '바보 천치' 취급하면서 자신을 합리화시키고 정당화시킨다. 그래서 만나기만 하면 다투다가 헤어지기 일쑤다.

한번은 형님을 만나서 형님 말씀이 옳았습니다. 세상엔 돈이 최고입니다. 돈이 없으니 사람 구실도 못하고 사람 취급도 안 해 줍디다. 그랬더니 형님의 얼굴이 해같이 환해지더니만 마음의 문까지 활짝 열어 주었다. 자신을 인정해 주는 것이 좋았던 게다. 믿음보다 돈이 좋은 것이 아니라 돈이 좋다는 것이 문제를 제기하는 것이다. 이럴 때 청중들의 마음이 열리게 되고 공감대가 형성되며 접촉점을 찾게 된다. 그리고 돈으로 할 수 없는 것들에 대해서, 돈으로 살 수 없는 것들에 대해서, 눈에 보이지 않는 것들 중에서도 돈으로 가치를 따질 수 없는 것으로 돈 밖에 모르는 형님의 문제를 해결해 드렸더니, 그제야 마음을 열고 예수 믿기 시작했다. 돈은 소중한 것이지만 돈 밖에 모르던 삶에서 한 발자국 물러섰다.

이런 관점으로 성경을 보면 성경은 온통 문제로 도배되어 있다. 그런데 '문제를 문제로 보지 못하는 것'이 문제다. 이제 IAM에서 말하는 문제제기(Matter)의 관점에서 창세기 12장 1~4절 말씀을 살펴보자.

> ¹여호와께서 아브람에게 이르시되 너는 너의 고향과 친척과 아버지의 집을 떠나 내가 네게 보여 줄 땅으로 가라 ²내가 너로 큰 민족을 이루고 네게 복을 주어 네 이름을 창대하게 하리니 너는 복이 될지라 ³너를 축복하는 자에게는 내가 복을 내리고 너를 저주하는 자에게는 내가 저주하리니 땅의 모

든 족속이 너로 말미암아 복을 얻을 것이라 하신지라 ⁴이에 아브람이 여호와의 말씀을 따라갔고 롯도 그와 함께 갔으며 아브람이 하란을 떠날 때에 칠십오 세였더라(창 12:1-4).

창세기 12장 1~3절까지는 하나님이 아브라함에게 하신 말씀이고 창세기 12장 4절은 아브라함이 하나님의 말씀에 순종했다는 내용이다. 우리는 이 말씀을 수도 없이 읽었고, 수십 번도 넘을 만큼 설교도 들었고 또 이 본문을 가지고 설교하기도 했다. 그렇기 때문에 이 본문 속에는 아무 문제도 없다고 간주한다. 혹 문제를 만들어 이의를 제기 한다면 불경스러운 일이고, 불신앙적이라고 간주하고 정죄한다. 물론 하나님의 말씀은 완전하시고 그 말씀을 믿고 따르는 자는 반드시 축복을 받는다. 하지만 아무리 하나님의 말씀이라고 해도 모든 사람이 다 믿지는 않는다. 그리고 믿음이란 시시각각으로 바뀌는 변화무쌍한 것이다. 그러므로 본문을 불신앙의 눈으로 이성적이고 합리적인 방법으로 문제를 제기해야 한다. 그리고 그것으로 발생한 문제를 가지고 성경인물이 겪어야 하는 심리적 갈등을 심화시켜야 탁월한 설교가 된다.

문제를 제기할 때도 여러 가지 관점으로 접근할 수 있다. 우선 하나님 하신 말씀을 가지고도 문제를 제기할 수도 있고, 아브라함의 행동을 가지고도 문제를 제기할 수도 있다. 그 외에도 주변 사람들 혹은 사건사고를 가지고도 문제를 제기할 수 있다.

창세기 12장 1~3절은 전적으로 하나님의 말씀이다. 이 말씀을 믿음이 없는 아브라함의 입장에서 생각해 보면 엄청난 충격이고 문제였을 것이다. 이것을 상식적인 관점에서 아브라함이 겪어야 하는 갈등과 내석인 심리석 갈등을 함께 묘사하면 다음과 같이 문제를 심화시킬 수가 있다.

문제제기(Matter) 1

아브라함은 하나님의 음성을 처음 들었을 때 정말 황당하고 기가 막혔을 것입니다. 난데없이 무조건 '고향과 친척과 아버지의 집을 떠나라' 고 했으니 말입니다. 게다가 '내가 네게 보여줄 땅으로 가라' 는 것입니다. 미래가 확고하게 보장되고 지금 살고 있는 데 보다 훨씬 좋은 환경이라 해도 쉽게 떠날 수 없는 게 인생사 아닙니까? 그런데 아무것도 보여주지 않고 무조건 가라는 것이 말이나 되겠습니까? 그 뿐만 아니라 '내가 너로 큰 민족을 이루고 네게 복을 주어 네 이름을 창대케 하리니 너는 복이 될지라' 얼마나 웃기는 말씀입니까? 지금 아브라함의 나이는 75세요 자식도 없는 사람에게 큰 민족을 이루겠다는 말을 어떻게 이해하고 받아들여야 하겠습니까?

'너를 축복하는 자에게 내가 복을 내리고 너를 저주하는 자에게는 내가 저주하리니 땅의 모든 족속이 너로 말미암아 복을 얻을 것이라' 자신의 몸 하나도 간수하기 어려운데 모든 족속이 자신을 통해 복을 얻게 될 것이라는 게 믿어지지가 않습니다.

아브라함은 처음 이 말씀을 들었을 때 심장이 멎는 것 같았을 것입니다. 마치 커다란 방망이로 뒤통수를 한 대 얻어맞은 것 같이 눈앞이 캄캄해지지 않았겠습니까? 지금 말씀하시는 분이 정말 하나님이 맞으신지 의심도 생겼을 것입니다. 왜냐하면 아브라함은 고향과 친척과 아버지의 집을 떠나야 할 이유가 전혀 없기 때문입니다. 아브라함이 당시 얼마나 부유한 사람이었는지는 성경의 문맥을 보면 알 수가 있습니다. 그의 아버지 데라는 우상을 만들어 파는 사람으로 큰돈을 벌었습니다. 아브라함이 롯과 함께 하란을 떠날 때 많은 종들을 데리고 떠난 것만 봐도 알 수 있습니다. 전쟁의 위협이 있는 것도 아니고, 물난리 같은 재난이나 재해가 있었던 것도 아닙니다. 그렇다고 동네에서 인심을 잃은 것도 아닙니다. 그런데 아무런 문제도 없이 평화롭고 행복하게 살 수 있는 곳에서 떠나라고 하시는 하나님의 말씀을 도무지 이해할 수가 없습니다.

문제제기(Matter) 2

아브라함은 처음 하나님의 말씀을 듣고는 도무지 이해할 수가 없었습니다. 고향과 친척과 아버지의 집을 떠나야 한다는 것이 너무 무섭고 두려웠기 때문입니다. 앞으로 어떤 일을 만날지 아무도 장담 못합니다. 아브라함은 태어나서 지금까지 줄곧 갈대아 우르와 하란에서만 살았습니다. 그런데 어디로 가야 할지 알지도 못하는 상황에서 길을 떠났다가는 사나운 짐승들의 공격을 받을 수도 있고, 흉년을 만날 수도 있습니다. 게다가 다른 부족들이 자신의 영토를 지키기 위해서 전쟁을 불사하면 모두 다 죽을 수도 있습니다. 아브라함에게는 고향을 떠나라는 하나님의 말씀이 최고의 복병이었습니다. 그러니 웃음도 잃었고 다리 한 번 쭉 펴고 잠을 잘 수도 없습니다. 두려움에 입맛도 없고 까칠해졌습니다. 게다가 아브라함은 혼자의 몸이 아닙니다. 아내 사라와 조카 롯을 비롯해서 많은 식솔들을 데리고 떠난다는 것은 거의 불가능한 일입니다. 그러니 당연히 고향과 친척과 아버지의 집을 떠나라고 하시는 하나님이 야속하기도 하고 원망스럽기도 했습니다. 떠난다는 것은 엄청난 변화를 가져오고 그 일로 어떠한 불행이 닥

쳐올지도 모르는 일입니다.

지금 아브라함의 나이는 75세이고 사라의 나이는 65세입니다. 이런 나이라면 안정적인 삶을 원하지 절대로 모험이나 변화를 원하지 않을 때입니다. 이런 아브라함에게 고향과 친척과 아버지의 집을 떠나라고 하는 것은 아브라함을 사랑하는 것이 아니고 피를 말려 죽이겠다는 심사와 다를 바가 없습니다.

지금까지는 하나님의 말씀에 이의를 제기하며 CT(성경인물)의 심리적 갈등과 함께 문제를 제기해 보았다.

다음은 창세기 12장 4절 '이에 아브람이 여호와의 말씀을 따라갔고'라는 말씀의 의미는 아브라함의 신앙적 헌신의 행동이고 문제를 해결하는 키워드임은 분명하다. 하지만 이것도 문제를 극대화시켜야 문제를 해결할 때 감동을 크게 받고, 성경인물의 헌신을 말할 것도 없지만 하나님이 더 크고 위대하게 드러나게 된다.

문제제기(Matter) 3

아브라함은 참으로 어리석은 사람입니다. 조금만 합리적이고 이성적으로 생각했다면 이러한 무모한 결심을 하지 않았을 것입니다. 비록 하나님의 말씀이라고는 하지만 너무 무리하고 황당하지 않습니까? 나이 75세에 무슨 영광을 보겠다고 고향과 친척과 아버지의 집을 포기하고 떠난단 말입니까? 이런 아브라함의 어리석은 행동에 이웃 사람들은 어떻게 반응했을까요? 용기있는 사람이라고 박수치며 격려하며 부러워했을까요? 아마도 나이가 들어서 망령이 들었다고 비아냥거리면서 여기저기서 쑥덕거렸을 것입니다. 또 아브라함을 진심으로 아끼는 이웃사람들은 어떻게 해서든지 아브라함의 잘못된 선택과 행동을 저지하려고 했을 것입니다. 한순간의 잘못된 선택이 남은 인생을 불행하게 만들 수도 있습니다. 집 떠나면 개고생이라고 기약 없이 떠나야 하는 길인데, 어느 하늘아래서, 어느 골짜기에서, 어느 광야 사막 가운데서 개죽음을 당할지도 모르는데 거기에다가 남은 인생을 올인하는 아브라함이 상식적으로 이해가 되지 않습니다. 그렇다고 지금 살고 있는 곳이 불편하거나 부족해서가 아니지 않습니까? 노후가 얼마든지 보장되어 있고 편안히 안식하며 살 수 있는 가장 완벽하고 익숙한 곳 아닙니까?

내가 너로 큰 민족을 이루겠다고 하신 하나님의 말씀을 이해하고 그것을 바라고 모든 것을 포기하고 떠나는 것일까요? 이해하는 것도 어느 정도 상식적인 수준에 맞아야 이해가 되는 것입니다. 하지만 지금 아브라함의 나이가 칠십오 세인데다가 아직까지 자식하나 없습니다. 게다가 사라는 이미 여성으로서의 생리가 끝난 상태입니다. 그런 자가 큰 민족을 이루어 보겠다고 정든 고향 땅과 친척을 버려두고 정처 없이 나그네의 길을 떠난다는 게 어디 온전한 사람의 행동이란 말입니까? 떠나지 않고는 다른 방법은 없었을까요?

문제제기(Matter) 4

아브라함에게는 갈등이나 두려움 같은 것이 정말 하나도 없었을까요? 고향과 친척과 아버지의 집을 포기하고 떠나는 것이 즐겁고 행복한 여행일 것이라고 믿었을까요? 그가 하란을 떠나고자 할때는 근심 · 걱정 · 염려가 썰물처럼 밀려들어왔습니다.

처음 하나님의 말씀을 들었을 때는 자신의 귀를 의심했을 것이고, 하나님의 말씀이 야속하게도 들렸을 것입니다. 도무지 이해할 수 없고 받아들일 수 없는 횡당한 말씀에 아무 말도 변명하지 못한 자신의 모습이 초라하게 여겨졌을 것입니다.

아내인 사라를 설득하는 일도 결코 쉽지만은 않다는 사실을 누구보다도 아브라함은 잘 알고 있습니다. 젊은 날에는 이사하는 것도 별로 힘든 것을 모르고 모험에도 스릴이 있기 때문에 떠난다는 것에 두려움을 별로 느끼지 못합니다. 하지만 육십이 훌쩍 넘어버린 아내에게 갈 곳도 머무를 곳도 정하지 못한 채 정처 없는 나그네의 길을 떠나야 한다고 말해야 하는 것은 심장을 도려내야 하는 아픔이 따르는 것입니다. 게다가 사라를 통해 큰 민족을 이룰 것이라고 말한다면 사라의 반응이 어떻게 나올지 뻔하지 않습니까? 이 말은 애기 못 낳는 아내를 두 번 죽이려는 심사요, 사라의 가슴에 커다란 대못을 박는 것과 같습니다. 그러니 아내 사라조차 설득하기 쉽지 않은 상황에서 무작정 고향과 친척과 아버지의 집을 떠난다는 것은 너무나 비상식적이고 몰상식적인 행동입니다. 아브라함은 하루에도 수십 번, 수백 번 마음이 바뀌었습니다. 하란을 떠나기 전에는 한 번도 이런 일로 고민하거나 갈등해 본 적이 없이 그저 행복하게만 살았습니다.

하지만 그날 이후 인생이 폭풍을 만난 것 같고, 날마다 쓰나미 같은 강력한 충격으로 치를 떨어야 했습니다. 이렇게까지 하면서도 고향과 친척과 아버지의 집을 떠나야 하는 아브라함을 이해할 수가 없습니다.

독자들은 본문 속에서 한 번도 예상해 보지 못했던 문제제기를 통해 의구심을 드러내며 갈등할 수도 있을 것이다. 지금까지 강의하면서 가장 많은 질문이 여기서 쏟아져 나왔기 때문이다. 이것은 페러다임(관점)이 바뀌지 않으면 도무지 이해가 되지 않고 받아들여지지 않는다.

문제를 심화시키고 내면에서 일어나는 심리적 갈등과 변화를 잘 표현하면 청중들은 눈물을 흘린다. 청중들은 눈물을 흘리면서 문제를 공감하게 되고 문제가 해결될 때 웃음을 짓게 된다.

'고향과 친척과 아버지의 집을 떠나라' 는 하나님의 말씀이 문제가 되기도 하고 그 말씀이 하나님의 약속이며 해결이고 축복이기도 하다. 또한 '이에 아브람이 여호와의 말씀을 따라갔고' 가 아브라함의 문제이기도 하지만 신앙의 헌신적 행동으로써의 해결이고 은혜이기도 하다. 이것을 '관점의 차이' 라고도 하고 '관점의 이동' 이라고도 한다.

이제부터는 독자들의 갈등을 해소시키기 위해 해결의 관점에서 본문을 접근해 보려고 한다. 이때 사용하는 단어가 AW(Aim Word, 목적단어)다. 이것이 해결의 키워드가 된다.

Tool을 통한 설교 레시피

5. TOOL의 활용 - Aim Word(목적단어)

성경은 문제와 해결을 동시에 말해주고 있다. 인간의 문제는 하나님의 절대적인 주권에 의해서 해결하는 경우도 있지만, 하나님은 성경인물의 헌신을 통해서도 문제를 해결해 주신다. 이때 성경인물은 AW를 가지고 헌신을 하게 되고, 설교는 청중들로 하여금 AW를 붙들 수 있도록 돕는 것이다. 그러므로 AW는 설교의 목적인 동시에 문제해결의 키워드라고 할 수 있다.

문제가 있는데 해답이 없을 수 없고, 해답은 있는데 문제가 없을 수 없다. 설교자가 성경인물에 대하여 문제를 제기하고 문제를 더 크게 심화시키게 되면 청중들은 지금 자신이 겪고 있는 문제는 별 것이 아니라는 생각으로 설교에 귀 기울이게 된다. 그러므로 "AW는 설교자에게 반드시 필요한 관점인 동시 청중을 변화시키는 에너지다."

얼마 전에 아내와 단둘이서 가평에 있는 기도원에 간 적이 있다. 기도하는 것은 물론이지만 쉼터로서도 어디 하나 손색이 없을 정도로 화려하고 웅장한 기도원이었다. 확 트인 시야와 도서관, 그리고 카페까지 예전의 기도원과는 사뭇 다른 분위기가 우리를 압도했다. 기도원 입실 둘째 날, 점심을 먹고 아내와 함께 카페를 찾았다. 커피 대신 핫초코를 주문했고 자그마한 케이크 한 조각을 함께 사서 먹었다. 그런데 아내가 핫초코를 먹으면서 맛이 없다고 투정을 부렸다. 나 역시 입맛에 맞을 리가 없었다. 하지만 뜨거운 핫초코를 호호 불면서 맛있게 먹고 있는 내 모습을 아내는 도저히 이해할 수가 없었나 보다. 결국 2,000원 짜리 핫초코로 인하여 아내와 말다툼까지 하게 되었다. 누가 먹어도 맛이 없는 것을 모두가 맛이 없다고 하면 문제될 것도 없다. 그런데 모두가 맛이 없다는데 혼자만 맛있다고 한다거나 모두가 맛있다고 하는데 혼자만 맛이 없다고 하면 그것은 분명 문제가 있는 것이다.

분명 핫초코의 맛에는 문제가 있었다. 물을 너무 많이 부어서 이 맛도 저 맛도 아니었던 것이다. 입맛을 버려 놓은 핫초코 때문에 아내의 기분이 엉망이 되었다. 순간 기도원의 아름다운 정취도 편안한 안식도, 기도원을 찾은 목적도 새까맣게 잊은 채 불평을 늘어놓기 시작했다. 게다가 맛도 없는 것을 맛있다고 우기는 내가 아내의 화를 더 부추긴 셈이 되었다. 아마 그 날 그 핫초코는 누가 먹어도 맛이 없다고 했을 것이다. 그런데 왜 나만 유독 맛있다고 우겼을까? 그 이유는 한 가지 뿐이었다. 핫초코를 주문할 때 여기서 나오는 모든 수익은 장애우를 돕는데 쓴다는 작은 팻말이 눈에 들어왔고, 케이크도 장애우들이 직접 손으로 만든 것이라고 적혀 있었다. 그런 문구를 보지 못한 아내는 핫초코와 케이크 그 자체를 먹고 있었고, 난 사랑을 먹고 있었던 게다. 사랑은 그 어떤 것도 수용할 수 있고, 사랑은 그 어떤 것도 양보할 수 있다. 지금은 무엇을 먹느냐보다 누구와 함께 먹느냐가 중요하다. 사랑하는 아내와 함께 멋진 기도원에서 핫초코를 마시는 기분은 2,000원의 값으로는 가치를 평가할 수가 없다. 난 이 사실을 아내에게 말해 주었고, 아내는 금세 내 말의 의미를 알게 되었다. 아내의 불평은 감사로 바뀌었고, 맛없는 핫초코를 맛있게 먹고 있었다. 나는 아내에게 다 식은 핫초코가 왜 맛있느냐고 물었더니 아내는 겸연쩍은 모습으로 생각을 바꾸었다고 했다. 상황은 아무것도 바뀐 것이 없는데 생각이 바뀌니 핫초코의 맛도 기분도 바뀐 것이다. 환경을 변화시키고 나를 변화시키는 것은 AW가 가지고 있는 위력이다. 아내와 내가 맛 없는 핫초코를 맛있게 먹을 수 있었던 것은, 아내는 생각을 바꾸었고 나는 사랑으로 받아들였기 때문이다. 아내는 문제를 해결하기 위해 생각을 바꾸었고, 나는 문제가 될 뻔한 것을 사랑으로 막았다. 이처럼 환경을 바꾸지 않고도 문제를 해결할 수 있는 키워드를 AW라고 한다. 그러니까 아내는 AW가 '생각'이고, 나는 AW가 '사랑'인 셈이다.

AW는 설교자에게 있어서 설교의 목적이다

설교자가 설교하기에 앞서 무엇을 어떻게 왜 해야 하는지를 결정하는 목적단어이다. 한심한 설교자들의 설교에서는 그 어디에서도 설교의 목적을 찾아볼 수가 없다. 그러니 설교시간 내내 횡설수설하고, 마무리도 제대로 안 되고, 설교가 길어질 수밖에 없다. 물론 설교시간이 길다고 다 한심한 설교라고 할 수 없다. 2시간, 3시간씩 설교를 들어도 2~30분처럼 들리는 설교도 있으니 말이다. 반면에 감동을 주는 설교자들에게는 설교의 목적인 AW가 분명히 들어 있다.

그럼에도 AW가 너무 여러 개 있으면 목적이 헷갈릴 때가 있다. 예를 들면 '아브라함은 하나님의 말씀을 듣고 곧바로 고향과 친척과 아버지의 집을 떠났습니다. 그러므로 우리도 아브라함처럼 하나님의 말씀을 들으면 떠나야 합니다. 그럼 어떻게 떠나야 합니까? 첫째, 믿음으로 떠나야 합니다. 둘째 순종으로 떠나야 합니다. 셋째 기도로 떠나야 합니다.' 이런 식의 설교에서는 AW가 무려 세 개나 나온다. '믿음, 순종, 기도' 이렇게 되니 설교의 내용은 풍성해지지만 청중은 자신의 문제를 무엇으로 해결해야 할지 헷갈린다. 이런 설교를 듣고 있는 청중들은 교회에 뿌리를 내리지 못하고 언제든지 교회를 옮길 준비를 하고 있다. 한국교회가 마이너스 성장인데도 부흥하는 교회가 있다면 바로 이런 교인들의 수평 이동 때문일 것이다.

탁월한 설교자들에게는 설교의 분명한 목적이 있다. 그리고 그 분명한 목적은 하나뿐이다. 그러니까 그날의 설교에서도 AW는 하나뿐이다. 믿음이면 믿음, 사랑이면 사랑, 순종이면 순종 하나만을 집중적으로 설교해야 한다. 물론 믿음의 주제를 가지고 설교할 때 사랑이나 순종, 기도나 전도 같은 단어가 한 번도 안 나오는 것은 아니다. 그러나 이 모든 단어들은 단지 믿음을 받쳐주는 단어로 사용할 뿐 그날 설교의 목적이 아니라는 것을 금세 알 수 있다. 탁월한 설교자들은 AW를 단지 추상적인 단어로 사용하지 않고 그 의미를 분명하게 전달해 준다. 일반적으로 설교자들은 믿음을 말하고자 할 때 무조건 믿으라고 한다. 믿음은 좋은 것이니까 의심하지 말고 믿으라고 강요한다. 도대체 뭘 믿으라고 하는지 어떻게 믿으라고 하는지 방법도 안 가르쳐 주고 믿기만 하라고 한다.

　믿음의 정의는 실로 다양하고 풍성하다. 히브리서 11장을 믿음의 장이라고도 하는데 "믿음은 바라는 것들의 실상이요 보이지 않는 것들의 증거"라고 했다. 믿음으로 아벨은 가인보다 더 나은 제사를 드렸고, 믿음으로 노아는 방주를 준비하였고, 믿음으로 아브라함은 순종함으로 나아갔고, 믿음으로 모세는 바로의 공주의 아들이라 칭함 받기를 거절했고, 믿음으로 기생 라합은 정탐꾼을 평안히 영접했다. 그리고 히브리서 12장에서는 "믿음의 주요 또 온전하게 하시는 이인 예수를 바라보자"고 했다. 이처럼 믿음은 다양하고도 구체적으로 표현하고 있는데, 대다수의 설교자들은 그냥 무조건 믿으라고만 한다. 아벨의 믿음은 피의 제사를 드리는 것이고, 노아의 믿음은 방주를 만드는 것이고, 아브라함의 믿음은 고향과 친척과 아버지의 집을 떠나는 것이고, 모세의 믿음은 부귀 명예를 거절하는 것이고, 기생 라합의 믿음은 정탐꾼을 받아들이는 것이었다. 이처럼 믿음은 추상적인 단어가 아니고 구체적인 행동이며 헌신적 행위다.

여의도순복음교회의 조용기 원로목사님은 믿음이란 번지점프와 같다고 정의했다. 까마득히 높은 곳에서 뛰어내릴 수 있는 것은 자신을 붙잡고 있는 밧줄을 믿기 때문이다. 믿음의 사람들도 세상을 살아가는 데 두려움이 있지만 그래도 하나님이 자신을 붙잡고 있다는 사실 때문에 인생에 모험을 건다고 했다. 이처럼 탁월한 설교자들은 믿음의 정의를 내리고 그 믿음으로 문제를 이길 것을 결단시킨다.

나 역시 하나님의 신실하심을 믿는다. 그러기에 신실하신 하나님은 우리가 넘어졌어도 반드시 일으켜주심을 믿는다. 그러므로 믿음은 오뚝이와 같다. 오뚝이는 넘어졌다가도 금방 일어난다. 손으로 때려도 일어나 방긋 웃고 발로 차도 넘어졌다가 벌떡 일어나 방긋 웃는다. 오뚝이가 일어날 수 있는 것은 중심을 잡아주는 묵직한 쇠뭉치가 있기 때문이다. 우리의 믿음도 이런 것이다. 믿음의 사람은 넘어지지 않는 사람이 아니라 넘어졌다가도 금방 일어나는 사람이다. 그것은 하나님이 그 사람의 중심에 계시기 때문이다. 나의 나 됨은 한 번도 넘어지지 않고 달려온 까닭이 아니고 수도 없이 넘어졌지만 그럴 때마다 오뚝이처럼 믿음으로 일어났기 때문이다.

AW는 청중에게 있어서 문제해결의 키워드이다

성장통이라는 게 있다. 성장을 하려면 반드시 아픔이 있는데 이때 겪게 되는 아픔을 성장통이라고 한다. 아이들을 키워 보니 아이들이 자라면서 몇 번의 홍역을 치루는 것을 경험했다. 걸음마를 배울 때쯤 한 번, 말을 배울 때쯤 한 번, 신체적으로 변화가 올 때쯤 한 번, 사춘기 때 또 한 번의 큰 아픔을 치른다. 첫째 아이를 키울 때는 이런 사실을 몰라서 조금만 아프고 열이 나면 호들갑을 떨었다. 그러나 둘째, 셋째, 넷째를 키우면서는 당연한 일로 받아들였고 하나님의 은혜로 아무 문제없이 건강하게 잘 자랐다.

사람들은 남녀노소를 막론하고 문제를 안고 살아간다. 이 세상에 문제없는 사람은 아무도 없다. 만약 문제가 없다면 이미 성장이 멈춘 상태이거나 죽은 상태일 것이다. 그러므로 지금 청중들이 겪고 있는 모든 문제는 신앙의 성숙을 위한 과정이고 반드시 해결해야 할 과제이다. 이처럼 신앙생활이란 일정하지 않다. 굴곡이 심한 것이 신앙생활이다. 어떤 때는 굉장히 믿음이 좋은 사람처럼 행동하다가도 어느 순간에는 전혀 믿음이 없는 사람처럼 절망하고 좌절할 때가 있다. 그러면서 신앙은 자라게 된다. 그렇다면 언제 인생의 문제가 찾아오는가? 믿음이 없을 때라든지 믿음이 흔들리고 약해졌을 때 문제가 찾아온다. 하지만 다시 믿음을 회복하면 이 문제는 해결된다. 이때 말하는 믿음이라는 단어가 AW에 속한다.

AW는 믿음만 있는 것이 아니다. 청중의 문제를 해결할 수 있는 모든 단어를 통틀어서 AW라고 한다. 예를 들면 믿음, 소망, 사랑, 순종, 기도, 비전, 열정, 인내, 경건, 온유, 기쁨, 전도, 제자훈련 등 청중들이 추구할 수 있는 단어라든지, 청중들이 헌신할 수 있는 긍정적인 단어이면 된다. 이런 단어는 궁극적으로 예수 그리스도를 추구하고 있으며 예수 그리스도의 성품을 그대로 담고 있다.

사람들은 자신이 처한 환경이 문제라고 생각하고 환경으로 말미암아 두려워한다. 하지만 엄밀한 의미에서 환경이 문제가 아니고 AW가 없는 것이 문제다. 다시 말해 내 안에 예수 그리스도가 계시지 않기 때문에 문제가 되는 것이다. 상식적으로만 본다면 돈이 없는 것이 문제가 될 수 있다. 돈만 있으면 행복할 것 같은데 돈이 없으니 불행하다고들 생각한다. 물론 돈은 많이 가질수록 좋다. 하지만 돈을 얼마나 많이 가지면 만족하고 행복할까? 돈이란 인간을 편리하게는 하지만 참 행복을 줄 수는 없다. 하지만 온전한 믿음 안에서 예수 그리스도가 함께함을 믿는 사람은 돈이 없어도 얼마든지 행복하게 살아갈 수 있다. 믿음 안에는 꿈이 있고 희망이 있다. 믿음은 불가능을 가능케 하는 가능성이기 때문이다. 두려운 환경을 극복하는 것은 돈이 아니고 믿음이다.

요즘 사람들은 건강을 최우선 순위로 여긴다. 물론 건강을 잃는다면 그 무엇인들 좋은 게 있을 수 있겠는가? 그래서 사람들은 건강을 유지하고 장수하기 위해서는 무엇이든지 한다. 그러므로 건강은 행복의 조건임에는 틀림이 없다. 하지만 온전한 믿음 안에서 예수 그리스도가 함께함을 믿는 사람은 비록 불치의 병에 걸렸어도 감사하는 것을 경험하게 된다. 건강은 우리의 행복을 가져다 줄 수는 있지만 행복을 영원토록 보장해 줄 수는 없다. 행복을 영원토록 보장해 주는 것이 믿음이고 예수 그리스도다. 아브라함이 믿음의 조상이 되고 믿음의 원조라는 칭호를 얻기까지는 수많은 이중적 갈등 속에서 환경을 선택한 것이 아니고 믿음으로 선택했기 때문이다. 믿음(AW)은 나를 살릴 뿐만 아니라 다른 사람들까지도 살리는 문제해결의 키워드다.

요나는 하나님의 부르심을 받은 선지자였다. 하지만 니느웨에 가서 외치라는 하나님의 말씀을 어기고 다시스로 가는 배를 타고 도망가려고 했다. 요나에게는 당연히 그럴만한 이유가 있었다. 그에게 다시스는 철천지원수(徹天之怨讐)의 나라이기 때문이다. 그런 니느웨에 가서 구원을 선포하라는 것이 요나로서는 도저히 이해할 수도 없고 용납할 수도 없었다. 그가 하나님의 낯을 피하여 배 밑창에 내려가 깊은 잠을 자고 있는데 큰 폭풍을 만나게 되었다. 폭풍의 원인이 요나에게 있다는 사실을 인식한 선장은 그래도 요나를 살리려고 하지만, 요나는 자신을 바다에 던지라고 했다. 왜냐하면 니느웨에 가서 하나님의 말씀을 순종하고 구원을 선포하는 것보다는 차라리 죽는 게 낫다고 판단했기 때문이다. 실로 무서운 생각이다. 하나님의 부르심을 받은 선지자가 지금 왜 갈등하고 괴로워하면서까지 하나님께 저항하는 것일까? 그 이유는 오직 하나 AW가 없기 때문이다. AW가 없으면 갈등하는 것이 당연한 일이다. AW가 없으면 하나님의 명령이라 할지라도 따를 수 없다. 그것은 상식으로 이해가 되지 않기 때문이다.

결국 요나는 폭풍이 일어나는 바다 속으로 던져졌고 이때 하나님께서는 큰 물고기를 예비하셨다가 요나를 삼키게 하셨다. 요나는 밤낮 삼일 동안 물고기 속에 갇혀 있으면서 하나님께 기도했다. 이때 요나가 한 기도를 AW라 하고, 이 기도가 문제를 해결하는 키워드가 되었다. 요나는 고통이 계속되자 하나님께 기도할 수밖에 없었다. 이에 요나는 자신의 생각과 자신의 계획과 자신의 뜻을 포기했다. 그리고 하나님의 말씀에 순종하여 니느웨로 가서 니느웨 백성들이 회개하고 하나님께 돌아올 것을 외쳤다.

AW(기도)는 자신의 모든 생각을 포기하고 하나님의 생각을 받아들이는 것이다. AW(기도)는 하나님의 계획 앞에 자신의 고집을 내려놓는 것이다.

AW(기도)는 자신의 뜻을 관철시키려 하는 것이 아니고 하나님의 뜻을 따르는 것이다.

모세는 이스라엘 백성들과 함께 출애굽한 후 홍해를 건너 광야에 이르게 되었다. 하나님께서 약속하신 가나안 땅을 눈앞에 두고 바란 광야에 진을 친 후에 각 지파의 지휘관 한 사람씩을 뽑아 모두 열두 명에게 가나안 땅을 정탐하고 돌아오라고 했다. 저들이 가나안 땅을 정탐하고 온 뒤에 열 명의 정탐꾼들은 "악평하여 이르되 우리가 두루 다니며 정탐한 땅은 그 거주민을 삼키는 땅이요 거기서 본 모든 백성은 신장이 장대한 자들이며 거기 네피림 후손인 아낙 자손의 거민들을 보았나니 우리는 스스로 보기에도 메뚜기와 같다"고 했다(민 13:32-33). 반면에 갈렙과 여호수아는 이 말을 듣고 옷을 찢으며 "정탐한 땅은 심히 아름다운 땅이라 여호와께서 우리를 기뻐하시면 우리를 그 땅으로 인도하여 들이시고 그 땅을 우리에게 주시리라 … 다만 여호와를 거역하지 말라 또 그 땅 백성을 두려워하지 말라 그들은 우리의 먹이라"고 했다(민 14:6-9).

무엇이 이들을 둘로 갈리게 했는가? 왜 똑같은 시간에 똑같은 장소에서 똑같은 것을 보았음에도 불구하고 서로 다른 보고를 한 것일까? 그 차이가 바로 AW의 유무에 있다. 한 쪽은 AW가 없었고, 다른 한 쪽은 AW가 있었다. AW가 없음에 '문제' 자체만 보고하고, AW가 있음에 '해결책'을 내놓았다. AW가 없었던 열 명의 보고가 틀린 것일까? 아니다. 그들은 '상식'을 말했고 '사실'을 보고했을 뿐이다. 그런데 그 보고는 문제만 제기했고 갈등만 증폭시킬 뿐이었다. 이 사실을 들은 이스라엘 백성들은 모세의 지도력을 의심했고 심지어는 돌을 들어 쳐 죽이려고까지 했다. 하지만 갈렙과 여호수아는 달랐다. 그들의 보고는 상식도 사실도 아니었다. 그러나 그들의 보고는 '상식을 뛰어넘는 해결책'을 가지고 있었다. 그것이 바로 AW였는데 그것을 믿음이라고 한다. 저들은 하나님을 믿었고, 믿음의 관점에서 바라보니 해답이 보였고 불가능한 것도 가능한 것으로 보고했던 것이다.

문제가 발생하는 것(Matter)은 상식으로 보기 때문이고, 문제를 해결하는 것(Answer)은 AW가 있기 때문이다. 엄밀한 의미에서 믿음의 반대는 두려움이나 염려 같은 불신앙이 아니라 상식이다. 믿지 못하는 것은 배운 것이 짧아서가 아니라 상식에 맞지 않기 때문이다.

십수 년 동안 종로구 옥인아파트에서 살던 우리가 2년 전 상암동 월드컵 임대아파트로 이사를 했다. 도시재개발 사업으로 인해 쫓겨나다시피 하여 이곳으로 처음 이사 왔을 때는 정말 황량하고 썰렁했다. 물론 한겨울에 이사하는 바람에 더 차디차게 느껴졌지만, 왜 우리가 그동안의 삶의 자리였던 문화 일번지, 정치 일번지, 역사 일번지이며 살기 좋은 교통중심지인 광화문에서 이곳으로 와야 하는지 도무지 이해할 수가 없었다. 그런데 어느 날 우리 아파트에서 얼마 떨어지지 않은 널따란 공터 위에 서울시가 우리나라에서 제일 높은 133층짜리 건물을 짓겠다는 계획안을 발표하면서 사람들의 관심이 상암동으로 쏠렸고, 나 또한 상암동에 사는 주민으로서 흥분을 감추지 못했다. 그날 이후부터 지금까지 줄곧 그 넓은 공터를 매일같이 한 바퀴씩 돌고 있다. 처음에는 그냥 운동 삼아 돌았는데, 언제부터인가 133층 가운데 67층은 우리 IAM 센터가 되었으면 좋겠다는 생각을 가지고 땅밟기기도를 했다. 어느 날 아내도 운동한답시고 나를 따라나섰다. 아내는 한참을 돌다가 혼자 중얼거리는 나에게 뭘 그렇게 중얼거리느냐고 물었다. 나는 지체 없이 이곳에 들어설 133층 건물 중에 67층 전 층이 IAM 센터가 되기 위해서 기도한다고 했더니, 아내가 갑자기 배를 잡고 깔깔대고 웃는 통에 얼마나 무안했는지 모른다. "말이 되는 얘기를 해야지 당신은 좀 뻥이 심한 것 같아요"라는 빈축(嚬蹙)을 샀다. 아내에게 나의 허황된 꿈같은 얘기가 뻥처럼 들리는 것은 당연한 일이다 싶었지만, 내 믿음의 고백을 이해하지 못하는 것에 대해서는 여간 섭섭한 게 아니었다.

나는 아내와 비전을 공유하기 위하여 아내를 설득했다. 물론 지금의 우리 형편으로서는 정말 말도 안 되는 황당한 일이다. 매월 월세를 내면서 임대아파트에 살고 있고 아직도 작디작은 방 한 칸이 없이 이 교회, 저 교회 전전긍긍하면서 설교 아카데미를 하고 있는 주제에 133층 중 67층의 전 층이라니! 상식적으로 생각할 때, 미치지 않고서는 그런 말을 입 밖으로도 꺼내면 안 되는 것인지를 나도 잘 알고 있다. 하지만 우리가 믿고 있는 하나님, 아니 내가 믿고 있는 하나님에게는 133층짜리 건물도 아무것이 아닐 것이라는 생각을 말해 주었다. 하나님은 창조의 하나님이요 기적의 하나님이시다. 하나님은 홍해를 가르시기도 하셨고 여리 성을 무너뜨리기도 하셨다. 비 신앙적이었던 이스라엘 백성들이었지만, 그들에게는 40년 동안 먹을 것을 공급해 주시고, 옷이 해지지 않게 하셨고, 신발이 떨어지지 않도록 보호해 주셨으며, 결국 아무도 갈 수 없다던 가나안 땅까지 정복하게 하신 하나님이셨다. 바로 그분이 지금도 살아서 역사하고 계시다는 걸 믿는다면 그 하나님이 홍해를 다시 한 번 가르시는 게 쉽겠느냐 아니면 133층 중 67층 전 층을 나에게 맡기는 것이 쉽겠느냐고 물었다. 그랬더니 아내는 아무 말도 하지 않고 피식 웃었다. 우리는 눈앞에 있는 한강도 가를 수 없지만, 하나님은 홍해를 다시 가르시는 것도 133층짜리 건물 중에 67층 한 층 전체를 내게 맡기시는 것도 다 똑같이 쉽게 하실 수 있는 일일 것이다.

우리가 개미집에 밥 한 숟갈 퍼 주면 개미들은 기적이 일어났다고 아우성치고 난리법석을 떨겠지만 우리에게는 아무 일도 아니다. 마찬가지로 저곳에 IAM 센터가 들어서면 사람들은 놀라 자빠지겠지만 하나님에게는 아무 일도 아닌 것이다. 그런데 왜 아내와 나의 생각이 달랐을까? 아내는 상식적인 수준에서 생각하고 있었고, 나는 믿음으로 말을 하고 있었던 것이다. 그렇다고 아내는 믿음이 없고 나만 믿음이 있다는 뜻이 아니다. 내가 아내를 설득하자 아내는 가슴이 설렌다고 했다. 믿음의 눈으로 바라보고 IAM 사역이 하나님이 정말 기뻐하는 사역이라면 그깟 67층쯤은 아무것도 아니라며, 그날 이후 아내는 종이 위의 내부구조를 어떻게 할 것인지 수도 없이 그렸다 지웠다 하면서 즐겁고 행복한 꿈을 꾸며 살아가고 있다. 문제는 건물이 아니었고 상식이었다. 그리고 문제를 해결할 수 있는 키워드는 돈이 아니라 믿음이다.

엘리야가 갈멜산에서 바알 선지자 450명과 아세라 선지자 400명과 더불어 싸울 때 불로써 응답하신 하나님의 이름으로 저들을 다 죽였지만, 왕후 이세벨이 이 소식을 듣고 엘리야를 죽이겠다고 하자 엘리야는 즉시 이세벨의 눈을 피해 광야로 도망쳤다. 그는 로뎀나무 아래서 처량한 자신의 신세를 한탄하며 죽기를 바라고 있을 때, 하나님은 다시 그에게 찾아오셔서 사명을 주시며 말씀하셨다. "그러나 내가 이스라엘 가운데에 칠천 명을 남기리니 다 바알에게 무릎을 꿇지 아니하고 다 바알에게 입맞추지 아니한 자니라"(왕상 19:18). 이 땅에 목회자들이 각성하고 무너진 강단에서 말씀의 회복이 일어나고 하나님이 원하시고 기뻐하시는 부흥을 꿈꾸는 자 칠천 명이 남아 있을 터 언젠가는 반드시 믿음으로 선포한 꿈은 이루어지리라고 믿는다.

가나안 땅을 정탐하고 돌아온 열 명은 그곳은 우리가 살 곳이 아니라고 으름장을 놓았다. 그곳은 우리의 힘과 능으로는 도저히 정복할 수 없는 땅이라고 말했다. 그러면서 다시 애굽으로 돌아가야 한다고 했다. 하지만 갈렙과 여호수아는 하나님이 함께 하시니 반드시 들어가서 깃발을 꽂게 될 것이라고 말했다. 웃기는 얘기다. 뻥을 쳐도 너무 크게 쳤다. 아무도 그들의 말에 귀를 기울이지 않았다. 하도 같잖은 말이었기 때문이다. 하지만 40년이 걸려서 그 땅은 믿음의 사람 갈렙과 여호수아에 의해 정복되고야 말았다.

이처럼 AW가 있으면 생각이 달라지고, 말이 달라지고, 행동이 달라진다. 아브라함이 고향과 친척과 아버지의 집을 떠날 수 있었던 것은 그에게 지금까지 볼 수 없었던 AW가 생겨났기 때문이다. AW가 없으면 두렵고 갈등하게 된다. AW가 없으면 예상하지 못한 일로 당황하게 되고 결국에는 하나님까지도 원망하게 된다. AW가 없으면 하나님의 계획이 보이지 않고 하나님의 음성을 제대로 들을 수도 없고 분별할 수도 없다. 그래서 환경을 바라보며 환경을 바꾸려고 시도하지만, 환경은 변하지도 않고 환경이 변한다 해도 또 다시 문제가 발생하게 된다.

도대체 Matter에서 아브라함은 고향과 친척과 아버지의 집을 그렇게도 떠날 수 없다고 했는데 어떻게 그렇게 갑자기 떠날 수 있었겠느냐고 반문할 수 있을 것이다. 믿음은 하루에도 수십 번, 수백 번 달라질 수 있다. 믿음이 생길 때는 무엇이든지 다 할 수 있고 두려움이나 염려, 갈등 같은 것도 다 사라진다. 그러다가 믿음이 떨어지면 똑같은 것 가지고 염려하고 걱정하고 두려워한다. 이런 마음들이 하루에도 수십 번, 수백 번 폈다 뒤집혔다 하는 것을 당신도 경험했을 것이다. 목사인 나 자신도 그렇다. 믿음으로 결정하고 결단하기까지는 얼마나 많은 갈등과 두려움 속에서 결정을 내리지 못하고 방황하는가. 그러다가 믿음의 결단으로 결론을 내리면 그때부터는 갈등이나 두려움 같은 것들은 사라진다. 그리고 모든 것을 다 하나님께 맡기게 된다. 믿음이 없어 갈등할 때와 믿음으로 결단하는 것은 순간에 일어나기도 한다. 그래서 우리는 전혀 믿음 없는 사람처럼 보이다가도 믿음의 사람이 되기도 하고, 굉장한 믿음의 소유자인 것처럼 행동하다가도 믿음이 없어 두려워하는 모습을 보일 때도 왕왕 생겨난다. 이처럼 AW를 사이에 놓고 갈등하기도 하고 괴로워하기도 하지만 결국 문제를 해결하는 키워드는 AW다.

아브라함이 고향과 친척과 아버지의 집을 떠날 수 있었던 것은 바로 믿음이 있었기 때문이다. 아브라함의 생각과 아브라함의 말과 아브라함의 행동을 한 순간에 바꾸어 놓았던 것은 믿음이다. 이 믿음을 AW라고 한다. 하지만 AW 자체만 가지고는 해결할 수 없다. 왜냐하면 AW는 추상적 명사이기 때문이다. 그러므로 성경의 인물이나 청중이 AW를 붙잡고 헌신의 행동을 하게 되는데 이것을 CTA(Character's Answer)라고 한다.

한국에서 신앙생활 하던 집사님이 미국으로 이민을 가서 그곳에서 신앙생활을 하는데 가끔 전화를 해서 하소연을 털어놓곤 한다. 미국생활이라는 게 그렇듯이 외롭기도 하고 허전해서 목사님을 가까이에서 섬기다 보니 목사님의 사생활이 다 공개되고 그러다 보니 실망이 커서 국제전화로 넋두리를 하는 것이다. 그럴 때마다 그러지 말라고 타일렀지만 전혀 변하는 기색이 없고 도리어 가재는 게 편이라는 식으로 시큰둥하게 전화를 끊고 나면 며칠 동안 찝찝했다. 한 번은 집사님이 전화를 했는데 무려 두 시간 넘게 국제통화를 했다. 집사님은 억울하고 속상한 속내를 말하면서 펑펑 울었다. 나는 두 시간이 넘는 시간 동안 집사님의 넋두리를 다 들어주고 맞장구를 쳐 주었다. 도대체 이상한 목사님이시라고 어떻게 그런 생각을 가지고 목회를 하시는지 모르겠다고 한참을 집사님 편이 되어 함께 목사님의 흉을 보았다. 그렇다고 문제가 해결되는 것은 아무것도 없지 않느냐고 질문했더니 속은 후련하지만 변한 게 아무것도 없고 단지 목사님이 좀 변했으면 한다고 했다. 하지만 목사님을 변화시켜 줄 사람은 아무도 없다. 아무리 속상하고 분해서 한풀이를 한들 달라질 것은 하나도 없다. 그 목사님을 변화시킬 수 있는 분은 오직 하나님 한 분뿐이다. 이럴 때 집사님이 할 수 있는 일이란 하나 밖에 없다. AW를 붙잡고 기다리는 방법 밖에는 없다. 하나님이 하시기를 기다려야 한다. 내가 나서서 제재한다거나 바른 말을 한다고 해서 목사님이 바뀔 것이라 생각하면 큰 오산이다. 이때 '기도'는 AW이고 '기다림'은 헌신의 행동이 되는 것이다.

기다림에는 고통이 따른다. 하지만 기다림의 고통을 견딜 수 있게 하는 것이 바로 기도이다. 한참 동안 집사님과 함께 목사님의 넋두리에 흉을 덧붙여주고 AW를 설명해 드렸더니 그제야 집사님이 그렇게 하겠다고 하면서 환한 미소를 머금고 "파이팅!"하며 장장 두 시간이 넘는 국제전화를 끊었다. 며칠 후에 집사님이 다시 전화를 걸어 왔다. 그 어느 때보다도 활기차고 생기 넘쳐 보였다. 무슨 좋은 일이 생겼느냐고 물었다. 생글생글 웃으며 대답하기를 문제를 놓고 기도했더니 목사님은 변하지 않고 자기가 변하더라는 것이다. 자기가 변하니 속상한 것도 없어지고 잘못된 길을 가고 계시는 목사님이 그저 안쓰럽고 하루라도 빨리 돌아왔으면 하고 여유를 가지고 기다리다 보니 괜히 기쁨이 충만해지더라는 것이다. 그렇다! AW는 환경을 바꾸는 것이 아니고 자신을 바꾸어 문제를 해결해 주는 키워드가 된다.

집사님을 그토록 힘들게 했던 것은 잘못된 방향으로 가는 목사님이 아니다. 그 집사님에게 AW가 없었기 때문이다. AW가 생기니 문제가 기도의 제목이 되었고 기다림이 기쁨으로 바뀌게 된 것이다. Tool 속에서 Matter는 문제를 만들고, AW는 문제해결을 위한 키워드이며, Answer는 문제를 해결하는 헌신적 행동이나 방법을 말하는 것이다.

Tool을 통한 설교 레시피

6. TOOL의 활용 - Answer(문제해결)

성경은 인간의 문제를 다루는 동시에 인간의 문제를 해결한 하나님의 말씀이다. Matter가 문제를 제기하기 위한 관점이라면, Answer는 그 문제를 해결하기 위한 또 다른 관점이다.

아무리 문제가 많은 곳이라도 해결의 관점으로 바라보면 반드시 해결점을 찾게 된다. 어떤 사건이든 문제가 없다고 생각하고 판단하고 나면 아무 문제도 찾을 수가 없다. 사건사고들을 수사하는 형사들이 아무런 단서가 없는 곳에서도 쉽게 포기하지 않고 사건의 실마리를 찾아서 문제를 해결하는 것을 볼 수 있다. 그들은 모두가 문제가 없다고 덮으려 해도 '여기에는 반드시 문제가 있다' 라는 가정 속에서 문제를 찾기 때문에 남들이 찾지 못하는 문제를 찾아내서 해결하는 것이다.

이와 마찬가지로 사방팔방으로 꽉 막혀서 아무것도 보이지 않는 문제 앞에서 해결방법이 없다고 생각하면 해결할 수 있는 방법이 하나도 떠오르지 않는다. 하지만 아무리 심각한 문제라도 해결할 수 있다고 생각하고 해결하려는 눈으로 사건을 바라보면 그곳에는 반드시 해결점이 보인다. 쉬운 예로써 나쁜 사람과 좋은 사람을 어떻게 구분하는가? 나쁜 사람은 나쁜 행동을 통해서 나쁜 사람이 된다. 그런데 대다수의 사람들은 나쁜 사람으로 낙인찍힌 사람을 대할 때 그 사람의 좋은 점은 아예 찾아보려고도 하지 않는다. 그리고 무조건 나쁜 사람으로만 취급해버리기 때문에 나쁜 사람은 영원히 나쁜 사람으로 남게 된다. 반면에 좋은 사람은 좋은 성격이나 좋은 행동 때문에 좋은 사람이 된다. 그래서 좋은 사람이 어쩌다 실수를 해도 그럴 수 있다고 쉽게 넘어간다. 하지만 아무리 나쁜 사람일지라도 그 사람에게서 좋은 점을 찾으려 하고 또 좋은 점이 있다고 가정하고 찾는다면 반드시 좋은 점을 찾을 수 있다. 반대로 아무리 좋은 사람도 문제의 안경을 쓰고 반드시 문제가 있다는 생각하고 찾아보면 엄청난 문제들을 들춰낼 수 있다.

요즘 흔히 볼 수 있는 청문회에서도 그 좋은 명성과 존경의 대상이 되었던 분들이 하루아침에 불명예스럽게 퇴진하게 되는 경우들만 봐도 그렇다. 일반인으로서는 전혀 알지 못했던 사실들을 어쩌면 그렇게도 잘 들추어내서 문제를 삼는지 정말 대단하지 않는가? 문제를 들춰내고 문제라고 말하는 것도 좋은 세상으로 가는 길목이지만 문제 속에서도 해결점을 함께 찾아내서 함께 해결해 나가는 것 또한 좋은 세상으로 가는 길목은 아닐런지!

아무 문제도 보이지 않는데 반드시 문제가 있다고 전제하고 문제를 찾아내는 것과 심각한 문제, 도저히 해결될 것 같지 않은 문제 앞에서도 반드시 해결점이 있다는 전제하에 문제를 볼 때 우리는 어떤 '관점'을 가지게 된다. Answer는 성경인물이 문제에 있을 때 사건 해결을 위한 관점이다. 여기에는 두 가지 해결의 관점이 있다. 하나는 'CTA(Character's Answer)의 관점'이고, 다른 하나는 'GA(God's Answer)의 관점'이다. 후자는 하나님의 절대적인 주권 속에서 이루어지는 하나님의 해결방법이고, 전자는 성경인물의 헌신을 통해서 문제가 해결되는 것을 가리킨다. 이때 CT는 AW를 붙잡고 헌신하게 된다.

CTA(Character's Answer, 문제해결을 위한 성경인물의 헌신적 행동)

앞서 말한 바와 같이 맛없는 핫초코를 아내가 맛있게 먹을 수 있게 된 것은 환경이 바뀌었거나 핫초코를 다시 주문했기 때문이 아니라 생각이 바뀌었기 때문이라고 했다. 그리고 맛없는 핫초코를 처음부터 맛있게 먹을 수 있었던 나는 원래부터 맛있었기 때문이 아니라 사랑으로 이해하고 받아들였기 때문이라고 했다. 이때 아내에게 있어서 생각을 바꾸는 것이 문제해결이었다면, 나는 사랑으로 받아들인 것이 문제해결이다. 여기서 아내에게 있어서 '생각'은 AW이고 헌신은 '바꾸다'이며, 나에게는 '사랑'이 AW이고 '받아들이다'는 헌신이 되는 것이다. 다시 말해서 맛없는 핫초코로 인해 생길 수 있는 문제를 환경을 바꾸지 않아도 깔끔하게 해결할 수 있었던 것은 아내는 생각을 바꾸었고, 나는 사랑으로 받아들이는 헌신의 노력이 있었기 때문이다.

맛없는 핫초코를 맛있게 먹기 위해 생각을 바꾸고 장애우들을 돕는 마음으로 사랑으로 받아들인 것이 뭐가 그리 대단하냐고 핀잔을 줄 수도 있겠지만, 이것이 핫초코의 사건이 아니고 사람을 살리고 죽이는 문제라면 어떨까? 이 세상에 가장 어려운 일이 생각을 바꾸는 것이고, 이 세상에서 가장 하기 싫은 것이 원수를 사랑하고 받아들이는 것이 아닐까? 그러므로 성경인물이 문제를 해결하기 위해서는 반드시 엄청난 희생의 대가를 치러야 한다. 하나님도 성경인물의 헌신을 요구하신다.

창세기 12장에서 하나님께서 아브라함에게 고향과 친척과 아버지의 집을 떠나라고 한 것은 결코 쉬운 일이 아니다. 아브라함이 고향과 친척과 아버지의 집을 떠나기 위해서는 반드시 헌신의 대가를 치러야 하고 하나님은 아브라함의 헌신을 통해 AW를 보고 싶어하신다. 아브라함의 믿음의 절정은 창세기 22장에서 나온다. 그런데 이 본문 말씀을 잘 보면 하나님이 아브라함을 시험하시려고 그를 부르셨다고 했다. 그리고 하신 말씀이 "네 아들 독자 이삭을 데리고 모리아 산으로 가서 번제를 드리라"고 하셨다. 이것을 상식적으로 이해할 수 있겠는가? 그런데 아브라함은 아들 이삭을 데리고 번제에 쓸

나무를 쪼개어 가지고 이삭에게 지우고 모리아 산까지 가서 번제로 드리려고까지 했다. 우리가 이것을 성경 말씀이니까 받아들이고 믿고 이해하는 것이지 이런 비정한 아비가 어디 있으며 자기를 태울 만큼의 나무를 짊어지고 사흘 길을 갈 만큼의 건장한 아들 녀석이 늙은 아비의 말을 듣고 순순히 번제단에 올라갈 녀석이 세상에 어디 있겠는가?

이 말씀을 좀더 자세히 보면 하나님은 문제없는 가정에 찾아오셔서 문제를 만드셨다. 그런데 창세기 22장 1절에 보면 하나님이 아브라함을 시험하시려고 문제를 만들었다. 그리고 이 문제를 어떻게 풀어가는지를 보고 싶으셨다. 그리고 아브라함의 행동을 보시고는 창세기 22장 12절에 "이제야 네가 하나님을 경외하는 줄 아노라"는 말씀을 하신다. 하나님은 아브라함에게 자신보다 더 소중한 아들을 번제로 드리라는 헌신을 요구하셨고, 아브라함의 헌신을 통해 하나님을 경외하는 것을 기대하셨던 것이다. 이처럼 문제해결을 위해서는 반드시 '헌신의 행동'이 수반되어야 한다.

이제 다시 창세기 12장으로 돌아가서 하나님이 아브라함에게 고향과 친척과 아버지의 집을 떠나라고 했을 때, 이 문제해결을 위해 아브라함이 어떻게 했는지 CTA의 관점에서 살펴보기로 하자. Matter(문제제기)에서는 떠날 수도 없고 떠나서도 안 된다고 했다. 이런 문제 앞에서 설교자는 먼저 문제해결 전에 AW를 정해야 한다. 믿음, 순종, 사랑, 기도, 비전, 열정 등. 이 중에서 청중을 변화시키기 위해 하나를 정하면 되는데, 일단 여기에서는 '믿음'으로 정하기로 하자.

앞서 말했지만 아브라함이 고향과 친척과 아버지의 집을 떠날 수 없는 것은 아브라함이 믿음이 없었기 때문이고 믿음이 흔들렸기 때문이라고 했다. 그렇다면 CTA에서는 아브라함이 믿음이 살아나야 한다. 왜냐하면 성경에서 말씀하는 바와 같이 아브라함은 하나님의 말씀대로 고향과 친척과 아버지의 집을 떠났기 때문이다. 도저히 떠날 수 없는 곳, 떠나서는 안 되는 곳을 떠나는 것이 믿음이기 때문이다.

다른 예로 '순종'을 AW로 정했다면, 떠날 수 없는 것은 상식에 맞지 않기 때문에 순종할 수 없지만, 순종이란 상식을 따르는 것이 아니고 하나님의 말씀을 따르는 것이다. 인간의 상식에는 맞지 않지만 그래도 떠나는 것이 '순종'인 것이다. AW를 '사랑'으로 정하고 설교한다면, 사랑하는 사람을 위해서라면 자신의 지식과 경험을 주장하지 않고 사랑하는 사람의 뜻을 따르지 않겠는가? 아브라함이 하나님을 모르고 사랑하지 않을 때는 고향과 친척과 아버지의 집을 떠날 수가 없었다. 하지만 하나님의 사랑을 알고 하나님을 진정으로 사랑할 때, 고향과 친척과 아버지의 집을 떠날 수 있는 것이다. 사랑이란 하나님의 뜻을 따르는 것이기 때문이다. 본문 어디에도 아브라함이 기도했다는 내용은 없다. 그런데 아브라함이 인생의 최대위기 앞에서, 자신이 경험하는 최초의 문제 앞에서 기도도 하지 않고 결정했을 리는 만무하다. 아브라함은 수없이 많은 갈등 속에서 기도하고 또 기도했을 것이다. 이것이 정말 하나님의 말씀이고 하나님의 뜻인지를 묻고 또 물었을 것이다. 기도란 하나님의 뜻을 알고 그 뜻을 따르는 것이다. 그러므로 '기도'를 AW로 정해도 된다.

이처럼 비전, 열정뿐 아니라 청중이 헌신할 수 있고 추구할 수 있는 것이라면 어떤 것이라도 AW가 된다. 그러므로 이 본문만 가지고도 수십 편의 설교가 가능하다. 이것이 AW와 Tool이 가진 위력이다.

이제부터는 성경인물이 AW를 가지고 '어떤 헌신'을 통해서 문제를 해결하는지 살펴보려고 한다.

아브라함이 이 문제를 해결하기 위한 헌신의 방법은 무궁무진하고도 다양하다. 예를 들어 포기하다, 의지하다, 바라보다, 설득하다, 붙잡다, 돌아보다, 양보하다, 알았다, 참았다, 들었다 등 수도 없이 나올 수가 있다. 그런데 IAM 설교에서는 한 편의 설교에서 한 가지 헌신의 방법으로 문제를 해결하기를 원한다. 헌신의 방법이 여러 개 나오다 보면 내용의 깊이가 없게 되고 청중들의 생각도 분산되기 때문이다. 그래서 한 가지만 붙잡고 깊이 묵상하고 파고들면 풍성한 내용뿐 아니라 설교의 에너지를 얻게 된다.

이제 우리나라도 물을 사 먹는 국가가 되었다. 삼천리 반도 금수강산 산 좋고 물 맑기로 유명한 대한민국도 오래전의 이야기가 된 듯싶다. 그런데 물값도 상표에 따라서 그 값이 천양지차(天壤之差)다. 1리터당 500원짜리에서부터 3,000원이 넘는 물까지 판매되고 있다. 이렇게 값이 차이나는 가장 큰 이유는 얼마나 깊은 곳에서 물을 끌어 올렸느냐에 있다. 대개의 경우는 암반수(반석을 뚫어서 끌어 올린 물)인데, 요즘은 바다 속에서 끌어 올렸다는 심층수가 암반수의 가격을 훨씬 웃돌고 있다. 그 이유가 더 깊이 파고 들어가서 얻은 생수라는 점 때문이다. 설교 역시 마찬가지다. 영혼의 생수를 주기 위해서는 한 가지를 가지고 깊이 들어가야 한다.

CT가 '믿음' (AW)을 가지고 '포기할 때' (CTA)

아브라함은 아무리 생각해봐도 고향과 친척과 아버지의 집을 떠날 수가 없었습니다. 그럼에도 고향을 떠날 수 있었던 것은 믿음으로 모든 것을 포기했기 때문입니다. 믿음이란 포기할 수 없는 것을 포기하는 것입니다.

아브라함에게는 놓치고 싶지 않은 것들이 너무나 많이 있었습니다. 무엇보다도 정든 고향 땅이었습니다. 그는 태어나서 지금까지 고향을 한 번도 떠난 적이 없었습니다. 그가 고향 땅을 떠나는 순간부터는 모든 것들이 다 낯설 뿐만 아니라 불편한 것들뿐입니다. 아브라함은 고향에서 얼마든지 행복하게 살아갈 수 있었지만, 그는 행복을 포기하고 믿음으로 고향과 친척과 아버지의 집을 떠났습니다. 아브라함인들 왜 두려움이 없었겠습니까? 아브라함인들 왜 갈등하지 않았겠습니까? 그가 고향과 친척과 아버지의 집을 떠나는 것은 죽음보다 더 큰 두려움이었지만 아브라함은 믿음으로 고향과 친척과 아버지의 집을 포기했습니다.

아브라함은 지식과 경험이 풍부했던 사람입니다 무엇보다도 75년 동안 살아온 고향 땅에 대해서는 그 누구보다도 많은 지식과 경험을 가지고 있었습니다. 하지만 이제는 이 모든 지식과 경험들이 무용지물이 될지도 모르는 일입니다. 아브라함은 이 모든 것까지도 포기한 것이었습니다.

아브라함은 가장으로서 부양할 가족들을 책임져야 할 의무가 있는 사람이었습니다. 홀홀단신이라면 고향과 친척과 아버지의 집을 떠나는 것이 뭐 그리 두려운 일이겠습니까? 하지만 아브라함에게는 아내 사라뿐만 아니라 아브라함만을 믿고 의지하는 식솔들이 많이 있었습니다. 그러므로 아브라함이 고향과 친척과 아버지의 집을 떠나는 것은 가장으로서의 의무와 책임을 포기하는 것과도 마찬가지였습니다. 그런데도 아브라함은 믿음으로 고향과 친척과 아버지의 집을 떠났습니다.

이런 아브라함의 결정에 대해서 어느 누가 잘했다고 박수를 치겠습니까? 박수는커녕 오히려 돌아오는 것은 비웃음과 손가락질뿐이었을 것입니다. 그럼에도 아브라함이 이 모든 자존심까지도 포기할 수 있었던 것은 그에게 하나님에 대한 믿음이 있었기 때문입니다. 믿음이란 포기하는 것입니다. 자신의 권리를 포기하는 것이고 자신의 생각과 계획까지도 포기하는 것, 그것이 바로 믿음입니다.

아브라함이 어디로 가야할 지도 모르는 상태에서 무조건 고향과 친척과 아버지의 집을 떠났다는 것은 미래에 대한 아무런 보장도 없이 떠났다는 이야기입니다. 이것은 미래까지도 포기했다는 말입니다.

세상에서 가장 하기 힘든 일이 무엇이겠습니까? 그것은 바로 자신을 포기하는 것입니다. 자신의 생각을 포기하고, 자신의 꿈을 포기하고, 자신의 마지막 남은 자존심까지 포기한다는 것은 곧 자기 자신을 포기하는 것과도 같은 것입니다. 그럼에도 아브라함이 이 모든 것을 포기하고 떠났던 것은 바로 하나님에 대한 믿음이 있었기 때문입니다.

포기할 수 없는 것까지도 포기하는 것 그것이 바로 믿음입니다. 왜 우리가 두려워합니까? 포기해야 할 것들이 너무 많은데 포기할 수 없기 때문에, 그것들을 잃어버릴까봐 두려워합니다. 포기란 내가 붙잡고 있던 것들을 하나님께 맡기는 것을 말합니다. 이것이 바로 하나님에 대한 믿음의 시작인 것입니다. 아브라함이 고향과 친척과 아버지의 집을 떠날 수 있었던 것은 하나님에 대한 믿음으로 자신의 모든 것들을 포기하고 하나님께 맡겼기 때문입니다.

도대체 아브라함에게 있어서 하나님은 어떤 분이셨기에 75년 동안이나 살아온 정든 고향 땅을 버리고 그렇게 떠날 수가 있었겠습니까? 아브라함은 "내가 너로 큰 민족을 이루고 네게 복을 주어 네 이름을 창대하게 하리니 너는 복이 될지라"(창 12:2)는 하나님의 약속의 말씀을 믿었습니다. 지금 당장 어디로 가야 할지 모르고 눈앞에 보이는 것은 황량한 광야의 모래와 자갈밭 길 뿐이고, 아직까지 대를 이을 자식도 하나 없지만, 하나님의 약속의 말씀은 반드시 이루어질 것이라는 믿음이 지금까지 자신을 붙잡고 있던 모든 희망의 끈을 포기하도록 했던 것입니다.

하나님은 어느 날 느닷없이 제게 찾아오셔서 교회를 사임할 것을 종용하시고, 교회를 떠나라고 말씀하셨다. 처음 이 말씀을 들었을 때, 어찌나 당황스럽고 혼돈스러운지 너무나도 기가막혔다. 아무런 문제도 없이 멀쩡하게 사역하고 있는 나에게 밑도 끝도 없이 사임을 종용하시고 교회를 떠나라고 하는 말씀은 도저히 납득할 수도 없고 받아들일 수도 없었다. 더군다나 지금 떠난다는 것은 정말 어리석은 행동이고, 남들로부터 오해받기에 충분한 사건이 되기 때문이다. 어디로 갈지를 정해 놓지도 않았는데 목사가 교회를 떠나면 어디로 간단 말인가? 나만 믿고 바라보는 가족들을 다 어떻게 먹여 살린단 말인가? 삶의 궁극적인 문제였기에 더더욱 떠날 수가 없었.

제가 교회를 떠나는 것은 가족을 떠나는 것과 같은 심각한 문제였다. 이런 상황 속에서 내가 교회를 사임하고 떠날 수 있었던 것은 하나님에 대한 믿음이 있었기 때문이다. 나에게 있어서의 믿음은 모든 것을 포기하는 것이었다. 왜 두려움이 없었겠는가? 왜 갈등하지 않았겠는가? 내일에 대한 아무런 약속도 보장도 없이 밥줄인 교회를 사임하고 떠나는 것은 내 자신 뿐만 아니라 가족들까지 사지로 몰고 가는 것 같았지만, 그럼에도 사역을 포기하고 가정까지도 포기할 수 있었던 것은 바로 하나님에 대한 믿음이 있었기 때문이다.

이처럼 농사꾼이 농사철에 논에다 벼를 심어야 하는데 주일이라고 그것을 포기하고 교회에 나올 수 있을까? 하루하루 벌어먹고 사는 막노동자가 다 함께 일하는 자리에서 혼자 주일이라고 일하는 것을 포기하고 교회에 나올 수 있을까? 장사하는 사람들이 주일이라고 가게 문을 닫고 교회에 나올 수 있을까? 이 모든 것들은 아브라함이 고향과 친척과 아버지의 집을 떠날 수 없는 것과 같이 힘들고 어려운 일이다. 그럼에도 이들이 이 모든 것을 포기하고 교회에 나와 하나님께 예배를 드렸다면 그들은 하나님에 대한 약속의 말씀을 믿었기 때문이다.

얼마 전에 IAM 설교학교에 참석한 목사님들과 함께 속초로 세미나를 간 적이 있다. 속초에 가면 회는 한 접시 먹고 와야 한다기에 싸고 신선한 횟집을 알아보다가 작은 어촌인데 회도 신선하고 값도 저렴한데다가 목사님들에게는 할인도 해 주는 곳이 있다기에 일부러 그곳까지 찾아갔다. 교회 버스로 한 30분쯤 달려 도착한 곳은 한적하고 아주 작은 어촌이었지만 바다가 시원스럽게 보이는 곳이었다. 군데군데 여러 횟집들이 보였다. 그중에서도 한 눈에 알아볼 수 있는 한 횟집이 있었다. 평일이고 비수기인데다가 불경기가 계속되는 시기라 다른 횟집은 텅텅 비어 있었는데 유독 소개받아 찾아 간 횟집만은 손님들로 북적이고 있었다. 옆집 가게와 별 차이가 없어 보이고 다른 가게 수족관에도 활어들이 많은데, 왜 우리가 찾아간 횟집만 손님이 많은지 궁금했다.

　식사를 하다가 우리를 그곳까지 안내해 준 목사님이 슬쩍 귀띔해 주었는데, 이렇게 손님이 많은 이유는 횟집 주인의 믿음 때문이라고 했다. 이 집은 주일날 영업을 안 한다고 했다. 주인어른이 교회 다니는 집사님이신데 매주 주일은 예배드리러 가기 때문에 가게 문을 안 여신단다. 이게 정말 가능한 일이겠는가? 자그마한 어촌 마을에서 그것도 관광객들을 상대로 해서 음식장사 하는 사람이 주일에 가게 문을 닫는다는 것은 음식 장사를 포기하는 것과 마찬가지이며 가족의 생계를 포기하겠다는 심사가 아니겠는가? 그럼에도 불구하고 처음부터 주일에 가게 문을 닫고 교회에 갈 수 있었던 것은 하나님에 대한 믿음이 있었기 때문이라고 했다. 그는 상식적인 생각들을 포기하고 하나님께 모든 것을 맡겼던 것이다. 믿음이란 포기할 수 없는 것들을 포기하고 불신의 자리에서 떠나는 것이다.

　예수님은 죄인 된 우리를 구원하시려고 하늘의 보좌와 영광의 자리를 포기하시고 낮고 추한 인간의 모습으로 이 땅에 오셨다. 이 땅에 오셔서도 얼마든지 편안하고 영광스런 삶을 사실 수가 있었다. 구름 같은 수많은 관중들이 예수님을 따랐고, 그럴 때마다 예수님은 놀라운 이적과 기적들을 행하시기도 하셨다. 그럼에도 예수님은 하나님의 뜻을 이루시기 위해 한 곳에 머물러 계시지 않으셨다. 육신의 몸을 입고 이 땅에 오신 예수님의 삶에서도 갈등과 두려움의 모습을 역력히 볼 수 있다. 십자가를 지시기 전에 감람산에서 이렇게 기도하셨다.

"아버지여 만일 아버지의 뜻이거든 이 잔을 내게서 옮기시옵소서 그러나 내 원대로 마옵시고 아버지의 원대로 되기를 원하나이다"(눅 22:42). 예수님도 죽음의 잔만큼은 피해가고 싶으셨던 것이다. 그럼에도 자신의 뜻을 포기하고 하나님의 뜻에 맡겼던 것은 바로 예수님 자신이 믿음의 본체이셨기 때문이다. 예수님은 십자가 상에서도 인간이 겪어야 하는 최고의 두려움과 갈등을 겪으셨다. "엘리 엘리 라마 사박다니 … 나의 하나님, 나의 하나님 어찌하여 나를 버리셨나이까"(막 15:34). 마치 모든 것을 포기하고 절망의 깊은 나락으로 떨어지는 것과 같은 말씀이셨다. 하지만 예수님은 "다 이루었다"(요 19:30)는 말씀을 하시고 운명하셨다. 이 말씀은 믿음의 본체이신 예수님께서 믿음의 완성을 이루셨다는 뜻이 아니겠는가? 예수님은 생명을 포기하심으로 믿음을 완성하셨다.

하나님께서 우리를 부르실 때는 죄악의 자리에서, 멸망의 자리에서 떠나 영광의 자리로 축복의 자리로 떠나라고 말씀하신다. 이것이 아브라함에게 고향과 친척과 아버지의 집을 떠나라는 명령이셨다. 그리고 이 일을 이루기 위해 하나님 자신은 하늘의 보좌와 영광의 자리를 포기하고 죄악과 멸망의 자리로 떠나 오셨다.

"믿음이란 하나님의 약속의 말씀을 붙잡고 포기할 수 없는 것을 포기하고 떠나는 것이다."

CT가 '믿음' (AW)을 가지고 '의지할 때' (CTA)

아브라함은 더이상 고향과 친척과 아버지의 집에 머물 이유가 없었습니다. 그는 모든 것들을 정리하고 아내 사라와 조카 롯을 데리고 고향과 친척과 아버지의 집을 미련 없이 떠났습니다. 지금까지 그렇게 갈등하고 고민하던 아브라함이 어떻게 이렇게 쉽게 하란을 떠날 수 있었을까요? 아브라함은 너이상 세상의 것들에 대하여 의지하려 하지 않았기 때문입니다. 아브라함이 살던 당시 갈대아 우르는 산업 중심지였고 무역과 문명이 크게 발달한 곳이었습니다. 그의 아버지 데라는 우상을 만들어 팔아서 모은 돈으로 거부가 되었습니다. 그러니 아브라함은 당연히 아버지를 의지할 수밖에 없었습니다. 아버지를 떠나서는 아무것도 할 수 없을 것이라고 생각했고, 아버지가 벌어 놓은 많은 재산을 의지하지 않을 수가 없었습니다. 그러니 어떻게 고향과 친척과 아버지의 집을 떠날 수가 있었겠습니까?

하지만 아브라함은 하나님의 말씀을 듣고 더이상 눈에 보이는 것들에 대해서는 의지하지 않기로 했습니다. 의지할 수 있는 것은 오직 하나님 한 분뿐이라는 사실을 알았습니다. 믿음이란 하나님을 의지하는 것입니다. 아브라함에게는 하나님 외에는 그 어떤 것도 의지의 대상이 아니었습니다. 지금까지 믿고 의지했던 아버지도 결국 하란에서 죽었습니다. 영원히 함께 살 것 같았던 아버지의 죽음은 아브라함에게 엄청난 충격을 가져왔습니다(행 7:4). 아무리 많은 재산이라 할지라도 부와 권력이 자신을 영원토록 지켜 줄 수 없다는 사실을 하나님의 말씀을 믿고 의지하는 순간 깨닫게 되었습니다.

하나님의 말씀이 믿어지지 않을 때는 세상에 있는 모든 것들이 다 의지의 대상들이었습니다. 그 어느 것 하나라도 잃어버리거나 빼앗기면 아무것도 할 수 없을 것이라고 생각했습니다. 정든 고향 땅을 버리고 한 번도 가보지 못한 미지의 땅으로 간다는 것이 어리석게만 보였습니다. 자신을 그토록 믿고 의지하는 사라와 식솔들에 대해서도 못할 짓이었습니다. 하지만 아브라함은 하나님의 말씀이 믿어지자 그 어떤 것도 의심하거나 두려워할 필요가 없었습니다. 그렇기 때문에 아무리 정든 고향 땅이라 할지라도 그곳에다가 마음을 빼앗기지 않습니다. 지금보다 더 큰 것으로, 지금보다 더 안전한 곳으로, 지금보다 더 완벽한 곳으로 인도하실 하나님을 의지하고 믿고 따라갔습니다.

지금 당장에는 아무것도 보이지 않고 지금 당장에는 아무것도 잡히는 것이 없지만, 앞으로 이루실 하나님의 놀라운 계획을 믿고 그 말씀을 의지할 때 그는 고향 땅을 떠날 수 있었습니다. 비록 대를 이을 자식 하나 없고 기미도 보이지 않았지만 "내가 너로 큰 민족을 이루고 네게 복을 주어 네 이름을 창대하게 하리라"(창 12:2) 는 말씀을 믿고 의지했습니다.

믿음이란 눈에 보이는 것을 의지하며 머뭇거리는 것이 아니고 하나님만을 의지하고 따르는 것입니다.

서울에서 상가를 빌려 교회를 할 때였다. 임대보증금 1억 원에 월세 200만 원씩을 매달 감당하려니 허리가 휠 것 같았다. 30여 명의 성도들이 열심히 헌금을 했지만 그것만으로는 턱없이 부족했다. 하루는 집 안에 있는 모든 금들을 모았더니 꽤 많이 나왔다. 결혼할 때 반지며, 목사 안수 받을 때 받은 금 배지(badge)며, 아들 넷 백일과 돌 때 받은 반지들까지 몽땅 헌금으로 바쳤다. 그리고 더이상은 바칠 것이 없을 거라고 생각했는데, 기도 중에 아내가 나 몰래 아이들을 위해 주택청약저축을 들고 있는 것이 생각났다. 이것까지 달라는 하나님을 도무지 이해할 수 없었고 이것까지 드려야 한다고 생각하니 숨이 멎는 것 같았다. 몇 날 며칠을 갈등하고 고민하던 끝에 그것마저도 해약하고 받은 돈으로 헌금을 했다.

이때까지 나는 하나님을 의지하기보다는 교인들을 의지했고 통장에 잔고가 없으면 불안해서 잠도 제대로 잘 수 없었다. 하지만 하나님을 믿으니 더 이상 교인들을 의지하지 않아도 되었고 통장 잔고를 의지할 필요가 없어졌다. 그때부터 목회가 자유로워졌고, 그때부터 교회 부흥의 조짐이 보이기 시작했다.

믿음이란 눈에 보이는 가시적인 것들을 의지하는 것이 아니고 하나님의 말씀을 의지하여 믿고 따라가는 것이다. 하나님의 말씀을 의지하여 믿음으로 따라가는 것 그것이 헌신의 방법이고 문제해결을 위한 키워드이다. 아브라함은 하나님의 말씀을 믿음으로 받아들였고 그 말씀에 의지하여 고향과 친척과 아버지의 집을 떠났던 것이다.

이런 표현들은 문제해결을 위한 빙산의 일각일 뿐 성경인물의 헌신을 통해서 문제가 해결될 수 있는 표현들은 무궁무진하다. 이런 표현들은 성경을 많이 읽는다고 나오는 것이 아니다. 주석을 많이 보고 남의 설교집을 본다고 나오는 것이 아니다. 이런 다양한 표현들이 무궁무진하게 나올 수 있는 것은 바로 관점이 있기 때문이다. 관점이 인사이트를 만들고 관점이 설교의 내용을 만든다. 그런 의미에서 하나만 더 표현해 보고자 한다.

CT가 '믿음' (AW)을 가지고 '바라볼 때' (CTA)

아브라함은 고향과 친척과 아버지의 집을 떠나라는 하나님의 말씀을 처음 들었을 때 두려움과 갈등 속에서 번민하지 않을 수 없었습니다. 그러나 아브라함은 그럴 때마다 하나님을 바라보았습니다.

하나님이 보이지 않을 때는 세상의 것들이 너무 크게 보였고 그래서 그것들을 놓치기 싫었습니다. 고향과 친척과 아버지의 집을 바라보노라면 지금까지 살아온 아름다운 추억과 안락함이 주마등처럼 떠올라 도저히 고향을 떠날 수가 없었습니다. 뿐만 아니라 하나님이 지시할 가나안 땅으로 가는 방향을 바라보노라면 한숨밖에 나오지 않습니다. 왜냐하면 그가 가야 할 땅이 어떤 땅인지, 어떤 사람들이 살고 있는지 도무지 보이지 않기 때문입니다. 미래가 보이지 않으니 익숙하고 편안한 삶에 물들어 있던 환경을 떠난다는 것이 그저 막막하고 두려울 뿐입니다. 아내 사라의 눈치도 봐야 했습니다. 아내의 나이 또한 적지 않았습니다. 그런 아내를 설득하기란 쉽지 않은 일이었고 아내가 반대하면 혼자서 고향을 떠날 수도 없는 노릇이었습니다. 비록 노비들이었지만 종들의 눈치를 보는 것도 당연한 일입니다. 그들에게도 딸린 가족들이 있었을 것이고 어쩌면 갓 태어난 어린 핏덩어리들도 있었을 지도 모릅니다. 그런 이들을 데리고 정확한 목적지도 정하지 않은 채 고향을 떠나자고 말하는 것이 쉽지만은 않았고 오히려 반발로 인한 폭동이 일어날 수도 있습니다.

하지만 아브라함은 그런 환경적인 조건을 바라보지 않고 하나님만 바라보았습니다. 믿음이란 바라보는 것입니다. 인생은 어떤 것을 바라보느냐에 따라 전혀 다른 삶을 살아가게 됩니다. 그러므로 믿음은 세상에 보이는 것들을 바라보는 것이 아니고 하나님만 바라보는 것입니다.

아브라함은 하나님만 바라볼 때, 그의 눈에는 어떤 것도 보이지 않았고 그 어떤 것도 두렵지가 않았습니다. 아브라함은 믿음의 눈으로 하나님만 바라보면서 고향과 친척과 아버지의 집을 떠났습니다. 아브라함은 고향과 친척과 아버지의 집을 떠나는 순간부터 모든 것이 부자연스럽고 모든 것이 두려움의 대상이 될 것은 뻔한 일입니다. 그럼에도 아브라함은 믿음으로 하나님만 바라보고 아내 사라와 조카 롯 그리고 종들과 가축들을 데리고 75년 동안 살아왔던 정든 땅을 뒤로한 채 고향을 떠났습니다.

믿음은 환경을 바라보는 것이 아니고 하나님을 바라보는 것입니다. 환경을 바라보면 하나님이 안 보이고 문제만 보입니다. 하지만 하나님만 바라보면 환경이 안 보이고 문제가 해결됩니다. 아브라함이 고향과 친척과 아버지의 집을 떠난다는 것은 수많은 문제를 가지고 있었지만 환경을 바라보지 않고 하나님만 바라보고 떠났습니다. 그는 자신의 형편이나 조건을 바라보지 않고 하나님만 바라보았습니다. 믿음이 없거나 믿음이 흔들리면 하나님을 바라보기보다는 당장의 문제를 바라보게 되고 문제를 자신의 힘이나 노력으로 해결하려고 합니다. 하지만 믿음의 사람들은 한결같이 문제 건너편에서 웃음 짓고 계시는 하나님을 바라보며 나아가는 사람들입니다.

예수님께서 벳세다 들녘에서 오병이어의 기적을 행하신 후에 제자들을 재촉하여 바다 건너편으로 가게 하시고 따로 산에 올라가 기도하셨습니다. 그 후 밤 사경에 풍랑 이는 바다 위로 걸어오시는 모습을 본 제자들은 유령인줄 알고 두려워하고 있을 때 "베드로가 대답하여 이르되 만일 주님이시거든 나를 명하사 물 위로 오라 하소서 하니 오라 하시니 베드로가 배에서 내려 물 위로 걸어서 예수님께로 가되"(마 14:28-29). 이 얼마나 놀라운 일인가? 어떻게 사람이 바다 위를 걸을 수 있단 말인가? 하지만 베드로는 이 기적을 지금 체험하고 있었습니다. 그런데 불과 몇 발자국 못 가서 물속으로 빠져 들어갔습니다. 그가 물속으로 빠져

들어 갈 수밖에 없었던 이유를 성경은 이렇게 말씀하고 있습니다. "바람을 보고 무서워 빠져 가는지라 소리 질러 이르되 주여 나를 구원하소서 하니 예수께서 즉시 손을 내밀어 그를 붙잡으시며 이르시되 믿음이 작은 자여 왜 의심하였느냐 하시고"(마 14:30-31). 베드로는 믿음으로 주님을 바라보고 나아갈 때는 바다 위를 걸어가는 기적을 경험했지만, 이내 믿음이 사라지니 흉흉하게 일고 있는 파도를 바라보며 두려워 물에 빠져 들어 갔습니다. 이에 주님은 베드로에게 "믿음이 작은 자여!" 라고 책망하셨습니다. 믿음이 사라지면 환경을 보게 되고 믿음이 생기면 주님을 바라보게 됩니다.

아브라함이 고향과 친척과 아버지의 집을 떠나려고 할 때 그의 내면에는 쓰나미보다도 더 엄청나고 무서운 파도가 일어나고 있었습니다. 이런 아브라함을 아무도 이해할 수 없었고 아무도 도움을 줄 수가 없었습니다. 그러자 아브라함은 하나님이 주신 약속의 말씀을 믿고 오직 하나님만 바라보며 고향과 친척과 아버지의 집을 떠났습니다. 아브라함이 믿음으로 하나님만 바라보며 나아갈 때는 그 어떤 것도 장애물이 될 수가 없었습니다. 믿음은 바라보는 것입니다. 환경을 바라보는 것이 아니고 살아계신 하나님을 바라보는 것입니다.

신학교 후배 중에 앞을 못 보는 시각장애우 친구가 있다. 중학교 3학년 때 막노동을 하며 살아야 했는데, 어느 날 무거운 것을 들다가 허리에서 '뚝' 하는 소리가 나더니 그 후로부터 앞이 보이지 않더라는 것이다. 돈이 없으니 치료 받을 엄두도 못 내고 그럭저럭 세월 지나가고 이제는 영영 눈을 고칠 수 없다고 했다. 그러면서도 이 친구는 언제나 해 맑은 웃음을 지어 보내곤 했다. 이 친구는 세상에 무서울 게 없다고 했다. 세상에 뵈는 것이 없는데 뭐가 두렵냐고 하면서 자기 눈으로 세상은 보이지 않지만 하나님은 보인다고 했다. 하나님을 바라보면 무엇을 입을까 무엇을 마실까 무엇을 먹을까 염려하지 않아도 된다고 했다. 멀쩡한 두 눈을 가지고 하나님도 못 보고 세상도 제대로 보지 못하는 나보다는 훨씬 훌륭한 친구였다.

믿음의 사람은 환경을 바라보며 염려하고 불평하는 사람들이 아니고 하나님을 바라보며 문제를 하나님께 맡기는 사람들이라고 설교한 적이 있는데, 이 말씀을 들은 목사님 한 분이 몇 달이 지나서 내게 찾아왔다.

서울에서 꽤 큰 교회의 담임목사로 섬겼는데, 장로 한 사람에게 시험 들어 교회를 사임하고 무작정 시골로 내려갔다고 한다. 없는 돈에 은행 융자를 받아 땅 조금 사고 사채 빌려서 예배당 조그마하게 지어서 개척을 시작했는데, 3년이 지나도 교인 10명도 오지 않더라는 것이다. 늘어나야 할 교인은 늘지 않고 부채만 눈덩이처럼 늘어나서 이제 목회고 뭐고 다 그만두고 아무도 모르는 곳에 들어가서 그냥 숨어 살고 싶다고 했다. 그럴 때마다 자신을 괴롭히고 내쫓았던 장로가 생각나고 이내 화가 치밀어 올라 잠을 이룰 수가 없다고 했다. 매일같이 은행을 쫓아다니며 어떻게든지 해결해 보려고 하다 보니 가정도 피폐해졌고, 아이들의 교육은 엉망이 되어가는 데도 도무지 답이 보이지 않더라는 것이었다.

믿음이란 환경을 바라보는 것이 아니고 하나님을 바라보는 것이라는 말을 듣고 돌이켜 생각해 보니 지금까지 전혀 믿음 없는 삶을 살았다는 것을 깨닫고 온 종일 회개만 하다가 날 찾아왔다고 했다. 자기가 가장 믿음 없는 목사이면서 강단에서는 믿음을 가져야 한다고 외쳤고 하나님이 안 보이니

하나님을 전하지 못하고 상처 입은 모습으로 책망만 쏟아 부었더니 마치 독이 묻은 화살처럼 교인들의 가슴에 꽂히는 것을 경험했다고 했다. 이제 잃어버린 믿음을 회복하고 하나님을 바라보니 마음에 기쁨이 찾아오고 몇 주 지나지도 않았는데 교인 수가 배로 늘었다고 자랑을 했다. 믿음이 없을 때는 문제를 해결해 줄 사람을 찾아다녔는데, 이제는 하나님만 바라보고 엎드려 기도하면 하나님이 문제를 해결해 줄 사람을 보내주신다고 했다.

믿음은 환경을 바라보는 것이 아니고 하나님을 바라보는 것이다. 이것은 단순한 진리이고 신앙의 기본이다. 하지만 이 단순한 진리와 신앙의 기본을 잊고 사는 게 문제다.

이처럼 문제해결의 키워드는 하나님을 바라보는 것이고, 하나님을 바라보는 것이 믿음이다. 바라보다는 수동태이다. 막연히 바라보는 것은 아무 의미도, 느낌도, 변화도 기대할 수 없다. 하지만 바라볼 수 없는 상황에서 바라보는 것은 능동태이며 헌신의 행동이며 방법이다.

당장의 문제를 해결하기 위해서는 애쓰고 노력하는 일도 중요하지만 이런 상황에서 하나님만 바라보고 기다린다는 것은 더 큰 고통이고 괴로움이다. 그러므로 바라봄은 단순히 맹목적인 것이 아니고 문제를 해결하기 위한 헌신의 행동이 되는 것이다. 아브라함을 일컬어 믿음의 조상이라고 한다. 아브라함이 믿음의 조상이 될 수 있었던 것은 자신을 붙잡고 있는 환경을 바라보지 않고 약속의 말씀을 믿고 하나님만 바라볼 수 있었기 때문이다. 하나님을 바라볼 때 가야 할 길을 알게 되었고, 가야 할 길이 훤히 열렸던 것이다.

CT가 '비전' (AW)을 가지고 '바라볼 때' (CTA)

아브라함은 고향과 친척과 아버지의 집을 떠나라는 하나님의 말씀이 지나칠 정도로 황당하게 들렸지만, 내가 너로 큰 민족을 이루고 네게 복을 주어 네 이름을 창대하게 하리니 너는 복이 될지라는 말씀을 듣는 순간 지금까지 한 번도 경험하지 못했던 비전으로 가슴 설레기 시작했습니다. 아브라함이 고향을 떠날 수 없었던 것은 고향 외에는 다른 것을 본 적도 없기 때문이며 75세가 되기까지 자식 하나 없으니 큰 꿈을 꾸는 것도 사치스러운 일이었을 것입니다. 하지만 하나님이 아브라함을 찾아오셔서 내가 너로 큰 민족을 이루겠다 하시는 하나님의 말씀을 듣는 순간 그의 삶은 비전으로 꿈틀거리기 시작했습니다. 지금까지 한 번도 경험해 본 적이 없는 새로운 꿈이 아브라함으로 하여금 또 다른 세상을 향해 고향과 친척과 아버지의 집을 떠나게 했습니다.

아브라함이 하나님을 만나기 전에는 갈대아 우르와 하란이 가장 큰 도시, 가장 살기 좋은 곳이라고 생각했습니다. 그러기에 고향과 친척과 아버지의 집 외에는 아무것도 생각해 본 적이 없고 아무것도 그려본 적이 없었습니다. 하지만 아브라함이 하나님을 경험하고 나서 하나님의 말씀에 의지하여 새로운 세계를 보게 되었을 때 고향과 친척과 아버지의 집은 더이상 아무것도 아니라는 사실을 알게 되었고, 그는 미련 없이 고향과 친척과 아버지의 집을 떠났습니다.

비전이란 보는 것입니다. 눈에 보이는 세상을 바라보는 것이 아니고 눈에 보이지 않는 또 다른 세상을 볼 수 있는 눈을 가진 것을 비전이라고 합니다. 그러므로 비전의 사람은 눈에 보이는 것을 바라보고 만족해하는 것이 아니고 눈에 보이지 않는 새로운 세계를 바라보며 새로운 세상을 창조하는 사람입니다. 아브라함 역시 고향과 친척과 아버지의 집을 떠나는 것이 쉽지 않은 일이었을 것입니다. '내가 네게 보여줄 땅' 이라고 하셨는데 도대체 그 땅은 어떤 땅인지 알지도 못하고 떠난다는 게 두려울 수밖에 없었을 것입니다. 그럼에도 아브라함이 떠날 수 있었던 것은 하나님이 보여주신 비전이 있기 때문이었습니다. 아브라함은 남이 보지 못하는 것을 보았고, 아브라함은 남이 꿈꾸지 못하는 그런 꿈을 가진 비전의 사람이었기에 75세의 나이에도 불구하고 고향과 친척과 아버지의 집을 떠날 수 있었습니다.

나는 강원도 속초에서 태어났다. 아버지는 몇 차례 사업 실패를 경험하신 후 가만히 계시는 것이 돈 버는 것이라고 그때부터 백수 생활을 하셨고, 어머니가 시장에서 떡 장사를 하시면서 가족들을 부양하셨다. 그런 가정에서 자라다 보니 아무런 비전도 없었다. 고등학교를 졸업할 때까지 북쪽으로 아야진까지 가본 적이 없었고, 남쪽으로는 양양까지 가본 적이 없었다. 학교 가는 것과 교회 가는 것 외에 떡 만들고 떡 나르는 일이 고작이었다. 어쩌다 장사가 잘 돼서 어머니가 기뻐하면 나도 기쁘고 장사가 안 돼서 어머니가 우울하면 집안 전체가 우울해졌다.

이런 나에게 군대는 새로운 세상이었다. 군대에 입대하면서 난생 처음 기차를 구경했고 서울을 거치고 대전을 거쳐 부산에 가서 지낸 35개월의 군 생활 속에 지금까지 경험하지 못하고 보지 못했던 것들을 보면서 비로소 꿈이라는 것이 생겼고 비전을 품게 되었다. 비전은 허황된 꿈이거나 물거품처럼 사라지는 망상이 아니라 엄청난 희생을 요구했다.

속초에서 태어나 속초를 떠나면 큰일 날 것이라고 생각했고 죽는 줄만 알았다. 그런데 새로운 세상을 바라본 것이 비전이 되었고, 비전이 목표가 되었다. 그리고 그 목표를 이루기 위해서 값진 대가를 지불해야 했다. 비전이 나로 하여금 속초를 떠나게 했고, 비전 때문에 불가능하게만 생각했던 감리교신학대학교에 입학할 수 있었다. 비전을 위해서 코피를 쏟아가며 늦깎이 공부를 했다. 그 비전으로 내가 여기까지 오게 된 셈이다. 지금도 비전은 내 속에서 꿈틀거리고 있다. '이 땅에 하나님이 원하시고 기뻐하시는 부흥의 그 날이 올 때까지!' 그러므로 비전은 바라보는 것이다. 보이지 않는 세상을, 그것이 불가능한 일이라 할지라도.

십여 년 전의 일로 기억된다. 속초에서 사는 학생들을 서울로 초청해서 연세대학교를 견학시켜 준 일이 있었다. 학교 측의 배려로 아이들에게 학교 구석구석을 다 보여 줄 수 있었다. 그리고 학교 안내서와 선물 꾸러미도 선물로 받았다. 한나절 동안 견학을 마치고 학교 정문을 나서는데 중학교 1,2학년 꼬마 녀석들이 두 주먹을 불끈 쥐면서 "아~싸!" 하고 외쳤다. 말은 하지 않았지만 그 주먹이 무슨 의미인지 금세 알 것 같았다. 그 아이들에게 비전이 생긴 것이다. 연세대학교를 보고서 연세대학교에 대한 비전이 생긴 것이다. 그러나 비전이 생겼다고 다 연세대학교에 들어갈 수 있는 것은 아니다. 하지만 비전이 목표를 정했고, 그 목표를 이루기 위해 값진 대가를 치르게 한다. 그 아이는 연대생이 되었다. 속초에서 연세대학교에 입학한다는 것은 거의 불가능한 일이었지만 비전은 불가능한 것을 가능케 한다.

아브라함이 하나님의 말씀에 의지하여 고향과 친척과 아버지의 집을 떠나는 것은 불가능한 일이었지만, 그에게 있는 큰 민족의 비전이 하란을 떠나게 했던 것이다. 비전이란 바라보는 것이다. 지금 당장에는 보이지 않지만 반드시 이루어질 것을 바라보는 것이다.

사람은 누구나 떠나야 할 시기가 있고 떠나야 할 자리가 있다. 하지만 미련 때문에 떠날 수 없는 사람도 있고, 떠나고 싶어도 맘대로 안 되는 경우가 허다하다. 욕망의 자리, 부와 명예의 자리 때문에 떠날 수 없는 사람도 있지만, 불신의 자리, 원망의 자리, 상처 받은 자리에서 떠나고 싶어도 떠나지 못하는 사람들도 있다. AW는 우리가 어떤 자리에 있든지 하나님이 떠나라는 말씀에 응답하는 것이다.

AW가 없을 때 떠나야 할 죄악의 자리, 불신의 자리, 욕망과 탐욕의 자리를 떠나지 못하고 도리어 신앙의 자리를 떠나게 된다. 하지만 AW가 있는 사람은 자신에게 어떤 불이익이 돌아온다 할지라도 하나님의 말씀을 의지하고 떠나게 되는 것이다.

지금까지 창세기 12장 1~3절 말씀을 가지고 다양한 내용으로 표현해 보았다. 이것이 가능할 수 있는 것은 관점이 있기 때문이고 관점으로 말씀을 보는 훈련을 병행한다면 이 정도의 표현은 누구든지 가능하리라 생각한다. 하지만 이런 표현만 가지고는 설교를 잘 한다고 말할 수 없다. 그것은 설교를 잘 하는 것이 아니라 말을 잘 한다는 식의 표현이 더 맞는 것 같다. 설교의 능력은 표현이 아니라 목회자의 각성이 반드시 선행되어야 함을 추호도 잊어서는 안 될 것이다. 그러므로 "목회자의 각성이 설교의 능력이다."

GA(God's Answer, 하나님의 일하심)

사람들은 누구나 문제를 안고 살아가고 있다. 문제가 있는 것은 하나님께서 문제를 주셨기 때문이고, 하나님이 문제를 주신 것은 사람을 사랑하기 때문이다. 하나님이 사람을 창조하신 목적은 사람들로 하여금 영광과 찬양을 받으시길 원하셨고, 사람들에게서 영광을 받으시되 로봇처럼 맹목적이거나 기계적으로 하는 것이 아니라 감정과 결단을 통해 하나님께 영광 돌리기를 원하셨던 것이다. 그것이 사람에게 주어진 최고의 선물인 동시에 최고의 축복이다. 이것을 가리켜 '자유의지'라고 부른다. 로봇에게는 자유의지가 없다. 그러므로 로봇은 실수해도 책임을 지지 않는다. 어쩌다 로봇이 실수하더라도 그것은 로봇의 책임이 아니고 로봇을 만든 사람의 책임이다. 하나님께서 사람을 로봇처럼 창조하지 않으신 것은 인간들이 책임을 회피하지 않도록 하기 위해서이다. 우선적으로 하나님은 사람으로 하여금 자율적으로 하나님께 영광을 돌리기를 원하셨고, 그렇지 않을 때 책임지도록 창조하셨다.

"여호와 하나님이 그 사람에게 명하여 이르시되 동산의 각종 나무의 열매는 네가 임의로 먹되 선악을 알게 하는 나무의 열매는 먹지 말라 네가 먹는 날에는 반드시 죽으리라 하시니라"(창 2:16-17).

왜 하나님은 동산의 각종 나무의 열매는 다 먹으라고 하시면서 유독 선악과만은 먹지 말라고 하신 것일까? 사실, 선악과를 만들지 않든지 따먹는 것을 제한하지 않았다면 사람이 죄를 지을 까닭이 없고 또한 문제가 생길 이유도 없었다. 선악과만은 따먹지 말라고 하신 것은 동산의 각종 나무의 열매를 다 주시기 위함이었다. 동산의 모든 열매를 다 소유하려면 선악과는 따먹지 말았어야 했다. 하지만 아담과 하와는 선악과를 따먹음으로 말미암아 동산의 각종 나무의 열매를 먹는 자리에서 쫓겨나고 말았다. 이처럼 하나님은 모든 것, 좋은 것들을 주시기 위해서 반드시 헌신을 요구하신다. 그것이 선악과를 따먹지 말라는 문제를 주신 것이다. 하나님은 아담과 하와에게 동산의 각종 나무의 실과를 다 주시려고 순종을 요구하셨지만, 결국 아담과 하와가 불순종함으로 에덴동산의 축복을 상실하게 된 것이다.

그러므로 사람들이 겪고 있는 문제는 다 하나님이 주신 것인데, 이 문제를 우리 스스로 해결하기를 원하셨다. 앞서 우리는 Answer에서 성경인물이 헌신(CTA)을 통해 문제를 해결하는 것을 보았다. CTA에서 성경인물이 헌신의 행동을 통해서 문제를 해결하였다면, GA에서는 하나님께서 하나님의 방법으로 문제를 해결해 주시는 것을 말한다. 하나님은 성경인물의 문제를 해결해 주실 때, 성경인물의 헌신의 행동 없이도 하나님 스스로 문제를 해결하실 때가 있다. 이것을 '하나님의 절대적 주권'이라고 한다.

사람은 하나님이 하시는 일에 아무것도 할 수 없는 것이 있다. 예를 들면 '성육신 사건'이나 '구원의 선행적 은총' 같은 것이 그렇다. 하나님이 육신의 몸을 입으시고 이 땅에 오시는 사건 속에 사람이 할 수 있는 일이란 아무것도 없다. 뿐만 아니라 죄인을 구원하시는 하나님의 은혜 앞에서 사람이 할 수 있는 일이란 아무것도 없다. 아브라함을 찾아오신 사건이나, 베데스다 연못가에 38년 된 병자를 찾아오신 사건, 소경 바디매오를 찾아오신 사건과 수가 성 사마리아 여인을 찾아오신 사건들을 통해서는 그들이 할 수 있는 일이란 아무것도 없는 하나님의 절대적인 주권이시다.

하지만 하나님은 성경인물의 문제를 해결하기 위해서는 반드시 성경인물의 헌신의 행동을 통해 해결하시고자 하셨던 것을 알 수 있다. 예컨대 선행적 구원의 은총만 보더라도 그렇다. 구원은 인간의 행위를 통해서 얻어지는 것이 아니고 믿음을 통해 얻게 되는 하나님의 은총, 즉 값없이 주시는 하나님의 은혜요 절대적인 주권임에 틀림없다. 하지만 '선행적 은총'과 함께 '믿음'을 요구하셨다. 여기에서 믿음이란 단순한 추상적 명사가 아니라는 것을 알 수 있다.

"네가 만일 네 입으로 예수를 주로 시인하며 또 하나님께서 그를 죽은 자 가운데서 살리신 것을 네 마음에 믿으면 구원을 받으리라 사람이 마음으로 믿어 의에 이르고 입으로 시인하여 구원에 이르느니라"(롬 10:9-10).

이처럼 구원은 선행적 은총인 하나님의 은혜로 얻어지는 것이지만 동시에 마음으로 믿어야 하는 것과 입으로 시인하는 헌신의 행동이 반드시 수반되어야 한다.

우리 아버지는 철저한 유교신자셨다. 그래서 내가 교회 다니는 것을 꽤 못마땅하게 생각하셨고 이 일로 인해 많은 박해도 받았었다. 어머니를 먼저 떠나보내시고 아버지는 혼자 사시다가 직장암에 걸려 옆구리에 호스를 끼고 사셔야 했다. 아버지가 이렇게 되시자 자식들 중에 아버지를 모시겠다고 나서는 사람이 없었다. 당시 아내는 담낭 제거 수술을 받고 회복 중이었는데, 아버지가 입원한 병원엘 다녀 온 후로 며칠을 눈이 퉁퉁 붓도록 울며 고민한

끝에 우리 집에서 아버지를 모시기로 했다. 아내가 죽을 각오로 그 길을 선택한 것은 아버지를 전도하기 위함이었고 자식들에게 3대째 신앙의 가정이라는 유산을 남겨주고 싶었기 때문이었노라고 먼 훗날 고백했다.

아버지는 그동안 핍박했던 목사인 막내아들 집으로 오신다는 것이 염치없으셨는지 며칠을 망설이다가 다른 별 도리가 없으셨기에 우리 집으로 오셨다. 앞으로 며칠을 더 사실지, 몇 개월을 더 사실지, 혹은 몇 년을 더 사실지는 아무도 모르는 일이지만, 십 년이 걸리고 이십 년이 걸려서라도 아버지를 전도하는 마지막 기회라 생각하고 힘닿는 대로 최선을 다해서 모셨다.

항문으로 나오는 변에 비해 옆구리에 호수를 달아 뽑아내는 변은 정말 역겨웠다. 뿐만 아니라 옆구리에 달고 계신 변을 담는 봉투는 한 번 쓰면 버리고 새 것으로 갈아 끼워드려야 하는데, 워낙 비싼 값이라 그것을 다시 씻어서 사용할 때 그 번거로움과 비위(脾胃)가 상함은 이루 말할 수가 없었다. 하지만 아내는 환자의 몸으로 그 일을 묵묵히 해냈다. 그러면서 시간 나는 대로 성경 말씀을 읽어 드리기도 하고 찬송가도 불러 드렸다. 상태가 점점 악화될수록 아직 예수님을 구주로 영접하지 않으신 아버지의 모습이 더욱 안쓰러웠고, 그것을 지켜보는 우리의 마음도 초조하고 시커멓게 타들어갔다.

어쩌다 정신이 드시고 기분이 좋아 보여 "아버지, '하나님' 해 보세요. '하나님!'"하고 따라 하라고 하면, 아버지는 "하나"하고 말문을 닫으셨다. 정말 희한하고 놀라운 일이었다. "아버지 '하나' 말고 '하·나·님' 해 보세요." 그러면 역시 "하나"하고는 돌아누우셨다. 우리도 전략을 바꾸어 "그러면 '예수' 해 보세요. '예수!'" 그러면 아버지는 바로 따라 하셨는데 "예"라고만 하고 말문을 닫고 돌아누우셨다. 우리는 아버지와 이런 싸움을 일주일이상 했다. 우리 역시 이런 싸움을 포기하고 싶었지만, 아버지는 우리를 실망시키지 않으시고 예수님을 구수로 고백하시고 자신이 하나님의 자녀임을 받아들이셨다. 막내 아들인 목사에게 병상세례를 받으시고 사흘 후에 돌아가셨다. 우리 집으로 모시고 오신 지 꼭 3개월만이었다. 임종 전에 천국을 환상 가운데 경험하시고는 엷은 환한 미소를 머금으시면서 아내에게 "야야, 고맙다. 우리 거기서 다시 만나자"라는 마지막 인사를 남기시고 운명하셨다. 나는 그때서야 알았다. 마음으로 믿고 입으로 시인하는 것이 얼마나 힘든 헌신적 행동이라는 것을! 구원은 절대적인 주권이며 은혜임이 확실하다. 하지만 하나님은 그 믿음의 행위를 지금도 요구하신다.

이처럼 하나님은 아브라함이 믿음으로 고향과 친척과 아버지의 집을 떠날 때 역사하셨고, 38년 된 병자에게 일어나라 말씀하시자 믿음으로 일어날 때 역사하셨고, 수가 성의 사마리아 여인이 믿음으로 물동이를 버릴 때 역사하셨고, 바디매오가 믿음으로 무리를 헤치고 나올 때 눈을 뜨게 해 주셨다. 예수님은 말씀만 하시면 물을 포도주로 만들 수 있는 분이셨다. 하지만 하인들의 순종을 통해 물로 포도주를 만드시는 사건을 기억할 것이다. 그러므로 하나님은 당신의 절대적인 주권을 통해 문제를 해결하시기보다 성경인물의 헌신과 함께 문제를 해결하셨다.

CT가 '믿음' (AW)으로 '포기할 때', 하나님의 일하심(GA)

하나님은 아브라함을 찾아오셨습니다. 아브라함의 의지와는 상관없이 당신이 이루실 구원의 계획을 가지고 찾아오셨습니다. 하나님은 참고 기다려 주기도 하시지만 직접 찾아오셔서 사명을 주기도 하십니다. 하나님은 아브라함이 고향과 친척과 아버지의 집을 떠나라는 말씀을 듣고 믿음으로 모든 것을 포기하고 하란을 떠났을 때 기뻐 어찌할 줄 모르셨습니다. 하늘의 것들을 다 모아서 아브라함에게 주고 싶은 심정이셨을 것입니다. 왜냐하면 고향과 친척과 아버지의 집 뿐만 아니라 가족까지 포기한다는 것은 결코 쉬운 일이 아니었기 때문입니다. 그래서 하나님은 아브라함보다 앞서 사라를 만나주셨고, 사라에게도 아브라함이 그랬듯이 고향과 친척과 아버지의 집을 함께 떠날 수 있도록 그 마음을 움직여 주셨습니다.

아브라함이라고 왜 두려움이 없었겠습니까? 하지만 아브라함이 믿음으로 모든 것을 포기하자 하나님은 아브라함 속에 있던 모든 두려움과 염려, 걱정 등을 대신 맡아 주셨습니다. 하나님은 왜 아브라함을 찾아오셨을까요? 본문에서 말씀하신 것처럼 아브라함으로 인해 큰 민족을 이루고 복을 주어 이름을 창대하게 하시기 위해 아브라함의 뜻과 의지와는 상관없이 찾아오셨습니다. 아브라함이 두려움과 염려 속에 하란을 떠나는 것을 포기하고 싶었을 때에도 하나님은 아브라함을 포기하지 않고 끝까지 설득하셨습니다. 축복을 보장한 약속의 말씀을 가지고 말입니다. 뿐만 아니라 아브라함이 믿음으로 모든 것을 포기하고 떠났을 때 모든 대적의 문들이 공격하지 못하도록 막아놓으셨습니다. 아브라함이 믿음으로 자신의 모든 것을 포기하고 떠나지만 하나님은 아브라함의 어느 것 하나도 잃어버리지 않도록 지켜주시고 손해나는 일이 없도록 보호해 주셨습니다. 고향과 친척과 아버지의 집보다도 더 좋은 곳을 이미 예비해 놓으시고 아브라함이 가는 그 길을 함께 동행하고 계셨습니다.

하나님은 믿음의 사람과 함께 하십니다. 아브라함이 믿음으로 자신을 지켜주고 보호해주는 것들을 포기할 때, 하나님은 아브라함의 영적 눈을 열어 남들이 보지 못하는 또 다른 세상을 볼 수 있게 하셨습니다. 그것이 바로 약속의 땅이었고 축복의 땅이었습니다. 믿음이 없어 망설일 때는 보이지 않던 것들이 하나님께서 아브라함의 영적인 눈을 열어 주셨고 남들이 보지 못하는 모든 것들을 볼 수 있게 해 주셨습니다. 무엇보다도 중요한 것은 하나님의 약속이었습니다.

하나님의 약속은 반드시 이루어집니다. 하나님은 이 약속의 말씀들을 아브라함의 가슴에 깊게 깊게 새겨 놓았습니다. 하나님은 믿음으로 하란을 떠나는 아브라함에게 그리움 대신 희망이라고 하는 거대한 꿈을 심어주셨습니다. 아브라함이 믿음으로 자신의 것들을 하나씩 하나씩 포기할 때 하나님은 그 자리에 하나님의 것으로 하나씩 하나씩 채워 주셨습니다.

아브라함이 나이 75세에 하란을 떠날 때, 그 어느 젊은 사람보다 활기차고 당당할 수 있었던 것은 하나님이 그와 함께하셨기 때문입니다. 재물이 사람을 행복하게 하지만 그 재물은 영원한 행복이 아닙니다. 건강이 행복의 조건이 될 수도 있지만 건강도 늙어가는 나이를 영원히 지켜줄 수 있는 행복은 아닙니다. 행복이란 하나님이 함께하시는 것인데 아브라함이 믿음으로 포기하고 떠날 때 하나님이 그와 동행해 주셨습니다.

"내가 너로 큰 민족을 이루고 네게 복을 주어 네 이름을 창대하게 하리니 너는 복이 될지라 너를 축복하는 자에게는 내가 복을 내리고 너를 저주하는 자에게는 내가 저주하리니 땅의 모든 족속이 너로 말미암아 복을 얻을 것이라 하신지라"(창 12:2-3).

하나님도 아브라함과 이 약속을 지키시기 위해 하늘의 보좌도 포기하셨고 인간의 몸으로 이 땅에 오셔서 단 하나 밖에 없는 목숨도 포기하셨습니다.

정말 이상하고 놀라운 일이었다. 섬기던 교회를 하루아침에 사임하게 되면 당장 생활전선에 심각한 타격을 입게 될 것이고 가장으로서의 꼴이 어떻게 될지 보지 않아도 뻔한 일이다. 더군다나 가장 예민한 아들들 넷씩이나 연약하고 가냘픈 아내에게 맡겨 두고 가정을 1년 넘게 훌쩍 떠난다는 것은 정말 염치없는 일이었다. 그래서인지 두려움과 갈등 속에 며칠을 고민하다 입술이 다 부르터지고, 한 번도 경험하지 못한 장염도 앓아야 했고, 불면증으로 잠을 통 이룰 수가 없었다. 더욱이 아무것도 보장되어 있지 않는 미래를 생각하면 심장이 터질 것 같았다. 하지만 믿음으로 이 모든 것을 포기하고 교회도 사임하고 가족들에게 이 사실을 알리자, 정말 상상할 수 없는 희열과 기쁨이 찾아왔다. 미래에 대한 두려움도 가족에 대한 미안함도 싹 다 사라졌다. 이것이 하나님이 주신 마음이라는 것을 알 수 있었다.

떠나라는 하나님의 말씀에 갈등하고 주저앉아 있을 때, 하나님은 나를 당신의 그 넓은 품으로 꼬옥 안아주셨다. 하나님이 품어주시니 두려웠던 밤들이 그렇게도 편안해질 수가 없었다. 하나님께서는 담임목사님의 마음에 평안을 주시고 더이상 나를 붙잡는데서 포기하게 하시고, 내가 설득하지 않았는데도 하나님은 교우들의 마음을 하나로 묶으시고 나를 기쁨으로 환송하도록 해 주셨다. 하나님은 나보다 나를 더 잘 알고 계셨고, 하나님은 나보다 먼저 일을 행하셨다. 가장 심각하게 생각했던 가족의 문제도 하나님은 어찌나 깨끗하게 해결해 주시는지. 아내는 흔쾌히 내 뜻과 내 생각에 동의해주었고,

큰아들 다솔이는 "아빠를 존경합니다"라는 말로 날 위로해 줄 뿐 아니라 하고 싶어 했던 음악을 접고 신학교에 들어가겠다고 했다. 내가 할 수 없는 일을 하나님이 해 주셨다. 둘째 아들 다성이는 막내 아들 쌍둥이들의 과외공부를 책임져주겠다고 하면서 나를 격려하고 위로해주었다.

각본을 써도 이렇게 쓸 수 없을 텐데 이렇게 한 치의 오차도 없이 완벽하게 문제가 해결될 수 있었던 것은 하나님이 함께하신다는 증거였다. 내가 믿음으로 하나님의 말씀을 좇아 모든 것을 포기했을 때, 하나님은 내가 할 수 없는 일들을 해결해 주셨고 나에게 더 큰 꿈의 세계가 있다는 것을 확인시켜 주셨다. 내가 믿음으로 포기하고 떠났을 때 불면증, 장염, 두려움, 염려도 싹 다 치유해주셨다. 하나님은 정말 신실하시고 실수가 없으신 분이시다. 내가 믿음이 모자라 갈등하는 것이 문제이지 믿음으로 포기하고 떠나기만 하면, 하나님은 모든 것을 아시고 책임져주시는 분이시다. 사실, 돌아보면 나같이 비겁하고 용기 없는 사람이 앞뒤 재지 않고 포기할 수 있었던 것도 하나님이 주신 믿음 때문임을 고백하지 않을 수 없다.

참 놀라운 일은 우리가 하나님을 기쁘시게 하기 위해 자신의 생명처럼 아끼던 것들을 믿음으로 포기하면 하나님은 그 순간부터 믿음의 사람의 것을 챙겨주신다는 것이다.

속초의 횟집도 마찬가지 경우이다. 횟집을 개업하면서부터 주일에 문을 닫는 것은 누구 봐도 미련한 짓이고 손해 보는 짓이다. 하지만 주일 예배를 위해 믿음으로 단골손님을 포기하고 수입을 포기하고 가게 문을 닫고 교회로 갔더니 하나님이 그 가게를 책임져주셨다. 주일에 가게 문을 닫았더니 하나님께서는 다른 평일에 손님들을 몇 갑절 보내주셨다. 주일에 가게 문 닫는 일로 인해 부부싸움 할 수도 있겠으나 하나님은 부부의 마음을 이심전심으로 묶으시고 전보다 더 행복하고 기쁘게 살 수 있도록 책임져주셨다. 주일에 영업을 하게 되면 직원들이 가족들과 함께 있을 시간이 없는데 주일에 가게 문을 닫으니 직원들이 가족들과 함께 하루를 즐기다가 오니 일의 능률도 몇 배로 오른다는 진리를 하나님이 깨닫게 해 주셨다. 횟집의 생명은 신선도인데 하나님은 믿음으로 주일에 가게 문을 닫고 영업을 포기한 집사님 댁에는 신선한 생선이 끊이지 않도록 공급해주셨다. 믿음의 장본인인 횟집 주인은 그날 아쉽게도 뵙지 못했지만 이 횟집의 주인은 보이지 않는 하나님이시라는 사실을 깨닫게 되었다.

목회한다는 게 그리 만만하고 쉬운 것이 아니었다. 부목사로 섬기다가 담임목회 자리가 나서 떠날 때는 큰소리 치고 떠났다. 무조건 열심히만 하면 다 잘 될 줄 알았다. 그래서 미자립 교회에서 허우적거리는 목회자들이 우습게 보였고 게을러터진 사람들처럼 보였다. 하지만 6년이란 세월 속에 한없이 초라해진 내 모습을 발견했을 때 더이상 목회할 자신이 없었다. 하루가 천년처럼 길게 느껴졌고 더이상 일어설 기력조차 없이 절망의 나락으로 떨어졌다. 그런데 그때 하나님은 나에게 찾아오셔서 절망의 자리에서 떠나라고 말씀하셨다. 누구는 절망의 자리에서 떠나고 싶지 않아서 못 떠나고 있는 건가? 그때 하나님이 더없이 야속하게만 느껴졌다.

절망의 자리에서는 쌓이는 것은 상처뿐이고 미움, 원망, 핑계, 악평 같은 것들이 내 속에 가득 차 있었다. 그럼에도 불구하고 떠날 수 없는데 '엎친데

덮친 격'이라고 하나님은 나에게 가지고 있는 것을 다 바치라고 하셨다. 가진 게 있어야 바칠 게 아닌가? 바치지 말라고 해도 한 달에 200만 원 월세를 감당하지 못해서 금붙이까지 다 갖다 팔아서 헌금하고 남은 것이 하나도 없는데 뭘 더 바치라는 말인지 기막혀 말이 나오지 않았다.

하루는 교회에서 지치고 힘든 발걸음을 옮겨 집으로 왔더니 좁다란 방구석에서 쌍둥이 녀석 중 한 녀석은 이쪽 구석에서, 다른 한 녀석은 저쪽 구석에서, 아내는 그 녀석들 가운데 끼어 앉아 셋이 다 펑펑 울고 있었다. 도대체 무슨 일로 이렇게 서글프게 우는지. 지금까지 아내의 눈물을 본 적이 없는데 아내의 눈물 속에는 속상함과 서러움이 베어있음을 직감할 수 있었다. 이유인즉 쌍둥이 녀석들이 유치원 다녀오는 길에 핫도그를 사달라고 했는데 사주지 않는 엄마 때문에 울고, 아내는 핫도그 사 줄 돈 2,000원이 없어서 울고 있었던 게다. 그 모습을 보노라니 한심하기 짝이 없는 내 모습이 어찌나 부끄럽고 미안한지 …. 목회고 뭐고 다 때려치우고 차라리 택시기사라도 하면 이보다는 나을 성 싶은데, 10년 이상 무사고 녹색 운전면허증에다가 아직은 건강하고, 말 잘하고, 인상 좋고, 친절하니 택시기사 해도 부족할 것이 없는데 내가 왜 이렇게까지 하면서 목회해야 하는지 모르겠다 싶어 다시 교회로 내려갔다.

오늘 결판을 낼 심사로 제단에 엎드려 기도했다. 돌아오는 하나님의 응답은 여전히 다 바치고 절망의 자리에서 떠나라는 말씀이었다. 처음에는 화가 치밀어 올라 고래고래 고함을 지르며 따지듯이 기도했다. 아마 다른 사람들이 내 모습을 보고 들었으면 미쳐도 단단히 미쳤다고 했을 법한데 그때는 지하 교회라 아무도 보고 듣는 사람이 없었다. "없습니다, 없어요. 하나님도 너무하십니다. 이쯤 했으면 됐지 뭘 또 바치라는 겁니까?" 하고 대들었다.

사실 6년 동안 정말 열심히 한다고 했었다. 가정도 돌아보지 않고 있는 것 없는 것 다 모아다가 교회에 헌금했다. 새벽기도도 한 번도 빠지지 않고 했고 일주일에 13번 넘게 예배 인도를 했다. 목소리는 언제나 허스키한 소리로 쉬어 있었다. "그랬으면 됐지, 뭘 또 바치라는 말입니까? 없습니다, 없어요. 차라리 배 째세요!" 하고 버텼더니 또 생각나게 하신 것이 있었다. 아내가 그동안 나 몰래 아이들을 위해 주택청약저축을 붓고 있었는데 벌써 10년째였다. 부 목사 시절에 개설하고 지금까지 해 온 것인데 그걸 바치란다. 기가막히고 코가 막혀서 말이 안 나왔다. 무슨 하나님이 이런 하나님이신지. 이런 하나님을 내가 믿어야 하는지 …. 차라리 기도하러 오지 않았으면 훨씬 나을 뻔했다. 그럼에도 하나님은 끊임없이 나를 설득하고 생각나게 하셨다.

일주일쯤 지나 새벽기도를 마치고 집에 들어와서 아내에게 물었다. 나 몰래 아이들을 위해 주택청약저축 들어 놓은 것 있느냐고 …. 아내는 피식 웃으며 왜 그것까지 깨서 바치게요? 어쩌면 아내에게 이혼이라는 최후의 통첩을 받게 될지도 모르겠다는 불길한 예감이 들었다. 하지만 아내는 엷은 웃음을 지으며 그렇게 하자고 했다. 정말 신기하고 놀라운 일이었다. 하나님은 나보다 먼저 아내를 설득해 주셨고 아내는 나를 인정해 주었다. 주택청약저축을 해약하고 받은 원금을 헌금하면서 비로소 절망의 자리를 떠난다는 것의 의미를 알게 되었다.

그동안 우리는 하나님을 100퍼센트 의지하지 않고 다른 것들을 의지하며 살았던 것이었다. 월세가 없으니 돈 있는 사람들을 찾아다니며 그들을 의지하려고 했고, 마지막 남은 몇 푼에 의지하려고 했던 것도 사실이다. 하나님은 이런 나에게 찾아오셔서 당신만 의지하기를 원하셨던 것이다. 아직 내 손에 뭔가 남아 있는 한 하나님을 의지한다는 것이 너무 어리석어 보였기에 무의식 속에서도 세상의 것들을 의지하며 살아온 나를 하나님은 끈질기게 붙잡고 계셨다. 믿음 안에서 오직 하나님만 의지하고 절망의 자리에서 떠나는 나에게 하나님은 희망이 되어 주셨고 더이상 내 입에서 누구를 원망하거나 탓하는 일도 없게 해 주셨다. 그동안에 쌓였던 미움과 상처들까지도 깨끗하게 치유해주셨다.

똑같은 장소에서 똑같은 성도들과 똑같이 모여 예배하지만, 하나님만 의지하고 다시 시작하는 목회는 전혀 달랐다. 비로소 부흥의 조짐이 보이기 시작했다. 절망의 자리를 떠나지 못하는 것은 아직도 믿노라고 하면서도 하나님을 의지하지 않고 다른 것들을 더 의지하고 있기 때문일 것이다.

앞을 보지 못하는 시각 장애우인 후배 목사의 이야기다. 부모를 원망하고 가난에 대한 한이 맺혀서 절망의 깊은 나락에 빠져 있다가, 세상만 바라보고, 환경을 바라보던 눈을 돌이켜 이제 믿음을 가지고 하나님만을 바라보자 하나님의 하심을 느낄 수가 있었다고 했다. 그 친구가 하나님만 바라볼 때 하나님은 그의 눈이 되어 주셨다.

어느 날 아내와 함께 그 친구를 만났다. 자기는 앞을 못 보니 형수가 어떻게 생겼는지는 만져봐야 안다고 하면서 아내의 얼굴을 한참 동안 더듬더니만 천사 같이 아름다운 여성이라고 극찬을 아끼지 않았다. 아내도 여자라고 그 소리가 싫지 않았나보다. 곁에서 지켜보던 내가 비아냥거리듯 한 마디 했다. "보이지도 않는 놈이 천사처럼 생겼는지 어떻게 알아." 그러자 그 친구는 피식 웃으면서 말했다. 옛날에 눈이 보일 때는 세상에 온갖 추하고 더러운 것만 보이고 자신의 모습이 더없이 불쌍하고 초라해서 예쁜 사람이 하나도 없었는데, 눈을 잃고 나서 믿음으로 하나님을 보는 법을 깨닫고 난 후로부터는 모든 것이 더 선명하게 보이는데 다 잘생겼고 다 아름답게 생겼다는 것이었다. 그래서 만져보는 것은 하나의 형식일 뿐 모든 사람에게 다 잘생겼다고 하고 다 아름답다고 한다고 했다. 하나님께서 그 친구의 눈이 되어 주셨고 하나님의 눈으로 바라보니 모든 것이 다 아름다웠던 것이다. 하나님은 환경을 바라보며 환경 때문에 절망하고 좌절하고 있는 사람들을 향해 믿음의 눈으로 하나님만 바라보며 절망과 좌절의 자리에서 떠나 희망과 즐거움으로 나아가기를 원하시고 계신다.

하나님은 믿음이 없어서 환경만 바라보는 사람에게는 잘못된 환경만 보여주시고 그 입에서 불평과 원망, 시기와 질투, 불건전한 말들을 뱉어내게 하신다. 하지만 믿음으로 환경을 넘어 하나님을 바라보는 자들에게는 아름다운 것들과 가능한 것들을 보여주셔서 그 입에서 감사와 찬송, 격려와 위로의 말로 자신뿐만 아니라 다른 사람에게까지 큰 기쁨을 주는 사람으로 만들어 주신다. 어떠한 상황 속에서도 하나님만 바라본다는 것은 절대 쉬운 일이 아니다. 그래서 하나님은 믿음으로 하나님만 바라보는 자들의 그 믿음을 지금도 보고 싶어 하시고 또 찾고 계신다.

그러므로 지금도 믿음을 가지고 하나님만 의지하고 하나님을 바라보는 자마다 하나님의 능력, 하나님의 기적으로 우리의 문제를 치유해 주시고 회복해 주신다.

CT가 '비전' (AW)으로 '바라볼 때', '하나님의 일하심' (GA)

"너희의 자녀들은 예언할 것이요 너희의 젊은이들은 환상을 보고 너희의 늙은이들은 꿈을 꾸리라"(행 2:17).

누가 이렇게 할 수 있겠습니까? 늙은이가 꿈을 꾼다는 것은 오직 하나님만이 하실 수 있습니다. 하나님은 비전을 품고 아브라함을 찾아오셨고 그에게 꿈을 심어주셨습니다. 하나님의 비전이 세상에 가치를 두고 세상만 바라보던 아브라함의 시선을 하나님만 바라보고 하나님께로 향하도록 하셨습니다. 하나님은 아브라함이 창조되기 이전부터 아브라함을 바라보고 계셨고, 아브라함으로 하여금 축복의 통로로 삼으시려고 열방이 구원 얻을 때까지 쉬지 않고 바라보고 계셨습니다.

이미 75세가 되었음에도 자식 하나 없는 아브라함에게 무슨 낙이 있을 수 있으며, 무슨 희망과 꿈이 있을 수 있었겠습니까? 하지만 하나님은 아브라함에게 찾아오셔서 희망의 메시지, 비전을 품을 만한 메시지를 약속해 주셨습니다. 처음에는 아브라함도 이 말씀을 이해할 수 없었고 받아들일 수도 없었습니다. 하지만 하나님의 집요한 설득이 아브라함으로 하여금 하나님만 바라볼 수밖에 없도록 그의 길을 인도하셨습니다. 아브라함이라고 왜 갈등하지 않았겠습니까? 아브라함이라고 왜 의심하지 않았겠습니까? 그럴 때마다 하나님은 아브라함에게 찾아오셔서 아브라함을 위로해 주시고 격려해 주시면서 아브라함이 가야 할 길에 나침반이 되어주셨습니다.

아브라함이 머무는 곳에 하나님도 거하셨고, 아브라함이 제단을 쌓고 하나님을 부를 때마다 하나님은 아브라함을 바라보시며 응답해 주셨습니다. 비록 아브라함이 애굽으로 내려가서 아내를 누이라고 속이는 실수를 범했을지라도 하나님은 그의 실수를 막아주셨습니다. 왜냐하면 아브라함으로 하여금 하나님의 구원의 비밀, 즉 하나님의 비전을 이루기 위함이었습니다. 이처럼 하나님은 한 번도 아브라함에게서 시선을 돌이키신 적이 없으십니다. 아브라함은 가끔씩 한 눈 팔고 실수할 때도 있었습니다. 하지만 하나님은 항상 아브라함을 바라보시며 한 번도 실수한 적이 없으신 신실하신 하나님이셨습니다. 하나님은 한 번도 아브라함을 실망시킨 적이 없으십니다.

또한 하나님은 아브라함에게 가장 든든한 울타리가 되어주셨습니다. 그러므로 맹수들의 공격도 받지 않도록 하셨고, 적들의 그 어떠한 공격에서도 완벽하게 지켜주셨습니다. 소돔과 고모라가 연합군들에 의해 패전하고 조카 롯이 포로로 붙잡혀 갈 때 아브라함이 집에서 훈련한 삼백 십 팔 명의 종들을 데리고 조카 롯을 구하기 위해 나아갈 때에도 하나님은 아브라함과 함께 동행하셔서 싸움에서 승리케 하시고 조카 롯을 구할 수 있도록 도와주셨습니다.

하나님의 약속은 반드시 성취됩니다. 하나님의 약속이 아브라함에게는 비전이 되었고, 이 비전이 아브라함으로 하여금 열방을 구원하기 위한 축복의 통로가 될 것입니다. 아브라함이 75세 때 하나님이 찾아오셔서 고향과 친척과 아버지의 집을 떠나 네게 보여줄 땅으로 가라 말씀하시고 내가 너로 큰 민족을 이루고 네게 복을 주어 네 이름을 창대케 하리니 너는 복이 될 것이라고 약속하셨지만, 그 약속 중에 아들 이삭을 얻기까지 무려 25년이라는 세월이 걸렸습니다. 그래도 아브라함이 비전으로 하나님을 바라보고 고향과 친척과 아버지의 집을 떠나는 순간부터 25년간 하나님은 아브라함과 함께하시면서 그의 일거수일투족을 바라보고 계셨을 뿐 아니라 위기의 순간들을 막아주시고 지켜주셨습니다.

하나님은 하나님이 주신 비전을 품고 사는 사람들을 외면하신 적이 한 번도 없으십니다. 비전을 가지되 하나님을 바라보며 익숙한 자리에서, 죄악의 자리에서, 절망의 자리에서, 불신앙의 자리에서 떠나는 자들과 함께하십니다. 요즘 젊은이들은 꿈도 비전도 없기에 뭘 해야 하는지, 어떻게 해야 하는지 모르고 그냥 주어진 환경 속에 묻혀가는 경우가 너무 많습니다. 하나님이 비전을 보여주시면 "아멘!"으로 받아들이면 됩니다. 비전을 보여주시는데도 떠나야 할 자리에서 떠나지 못하는 것은 환경을 바라보고 자신을 바라보기 때문입니다. 비전이란 환경이나 자신을 바라보는 것이 아니라 하나님을 바라보는 것입니다. 하나님은 비전을 품고 하나님만 바라보고 나아가는 자들을 주목하시고 반드시 그들의 꿈과 비전을 이루게 해 주십니다.

속초의 아이들이 서울로 견학 왔을 때, 그들이 갖게된 것은 비전이었다. 가난한 시골인 어촌 한 구석에서 어쩌면 꿈 한 번 펼치지 못한 채 자신에게 주어진 환경을 마치 팔자나 사주처럼 그냥 운명으로 받아들이고 살아야 할 시골 아이들이었다. 그러나 하나님은 만남의 축복을 통해 그들을 찾아오셨고 연세대학교를 견학하는 기회도 제공해주셨다. 아이들은 서울에 올라와서 연세대학교만 본 것이 아니고 하나님의 비전을 보았고 하나님의 비전을 품고 외쳤던 그 한 마디가 "앗싸, 파이팅!"이었다. 지금까지 자신을 바라보고 자기에게 주어진 환경만을 바라볼 때는 꿈도 비전도 없었지만, 하나님은 그들의 눈에 비늘을 벗겨주셨고 비전을 품고 하나님을 바라보게 하셨던 것이다. 아이들이 비전을 품고 하나님을 바라보자 하나님은 매우 기뻐하시며 대견스럽게 바라보셨을 것이다. 똑같이 연세대학교를 견학했으면서도 비전을 품지 못하고 자신의 처지와 환경을 바라보며 절망하고 한숨짓던 친구들은 꿈을 이루지 못했지만, 비전을 품고 하나님만 바라보고 연세대학교 입학에 도전했던 아이들에게는 하나님께서 그 꿈을 이룰 수 있도록 길을 열어주셨고 또 힘이 되어 주셨다.

우리가 불가능하다고 생각하는 것이 가능할 수 있게 되는 것은 비전을 품고 하나님만 바라보는 자에게 하나님이 함께하시고 능력을 주시기 때문이다.

가주어(성경인물 중심)적인 설교는 기껏해야 아브라함의 헌신을 말할 수 있고 청중의 헌신을 요구하는 데 그 의미를 둔다. 하지만 진주어(하나님 중심)적인 설교는 하나님의 계획과 방법을 알 수가 있고, 하나님의 심정까지도 느낄 수가 있다. 구원은 행위를 통해서 얻어지는 것이 아니고 믿음을 통해서 누리는 은혜다. 그러므로 세상의 방법에서 떠나 하나님께로 나아가는 것은 요구나 강요해서 되는 것이 아니고 은혜로 받아들여 질 때, 즉 하나님의 심정으로 예수 그리스도의 구속을 인정하고 그것이 믿어질 때 그 결과로 신앙의 헌신적 결단이 청중에게 나타나는 것이다.

그렇다면 창세기 12장 1~3절에서 하나님은 왜 아브라함에게 고향과 친척과 아버지의 집을 떠나라고 하셨을까? 여기에 장차 이루어질 하나님의 구원의 예표가 숨겨져 있다. 하나님은 죄인인 인간들을 구원하시기 위해서는 거룩한 하늘의 보좌를 포기하고 육신의 몸으로 이땅에 오셔야만 했다. 이 일이야 말로 하나님 자신이 하늘의 질서와 법칙을 파괴하는 비합리적인 행동이요, 비상식적인 방법이다. 하지만 하나님은 이 일을 계획하시고 진행하셔서 완성을 이루셨다. 우리는 아브라함을 통해서 자식을 떠나보내야 하는 아버지의 심정을 오늘 본문을 통해서 제대로 증거해야 할 것이다.

창세기 12장 4절은 구원을 성취하신 예수 그리스도의 예표다. 아브라함이 여호와의 말씀을 따라 하란을 떠났지만 그것은 구원의 예표이고 그림자일 뿐이지 결코 구원의 완성이 될 수는 없다. 아브라함의 순종 역시 불완전한 순종이고 믿음 역시 불완전한 믿음이다. 이 세상 누구도 하나님의 뜻을 완전히 이룰 수가 없고 완전한 믿음이나 완전한 순종의 삶을 살 수가 없다. 완전한 구원, 완전한 순종은 오직 예수 그리스도를 통해서만 이루어진다.

예수 그리스도는 하늘의 보좌와 영광의 자리였던 본향인 아버지의 집을 떠나 사탄이 지배하는 죄악으로 찌든 몹쓸 땅에 연약한 인간의 모습으로 오셨다. 이것이 하나님의 비전이셨고 예수 그리스도의 신앙의 헌신적 결단이셨다.

예수 그리스도는 죄와 싸우셨고, 죄인을 위해 모든 죄를 대신 짊어지시고 생명까지 포기하셨다. 이것이야 말로 가장 위대한 십자가의 사랑이다. 그리고 죽은 자 가운데 다시 살아나셔서 이 세상을 떠나 하나님의 보좌 우편에 지금도 살아계신다.

그러므로 설교의 핵심은 예수 그리스도를 드러내는 것이고 설교의 능력은 목회자의 각성을 통해 나타난다. 이것이 이 시대의 부흥을 앞당기는 가장 강력한 병기다.

완전한 사랑, 완전한 믿음, 완전한 순종, 완전한 비전, 완전한 희생은 오직 예수 그리스도 안에서만 이루어지는 예수 그리스도의 본체이다. 그러므로 AW(목적단어)는 예수 그리스도 자신이며 본질인 것이다.

Tool을 통한 설교 레시피

7. TOOL의 활용 - Fruit(결과, 복)

문제를 극대화시키는 것은 인간의 연약함과 무능함을 드러내고 문제를 해결함으로 하나님의 위대함을 드러내기 위함이다. 뿐만 아니라 성경인물의 문제를 통해서 청중의 문제를 인식하게 하고, 성경인물의 문제해결을 통해 청중의 문제를 어떻게 해결할 것인가를 암시해 주려는 것이다. 또한 문제를 해결하는 것으로 그치지 않고 문제를 해결함으로써 찾아오는 결과, 즉 복에 대하여 말해주기 위함이다. 복은 청중이 신앙적 결단을 내리는 아주 중요한 요인이기도 하다. 그러므로 문제가 크면 클수록 해결을 통해 큰 복을 누리게 된다.

아직 문제가 끝나지 않았다면 아직 받을 복이 남아 있다고 생각해도 좋을

듯싶다. 사실 큰 그릇을 만들려면 재료도 많이 들고 공정의 시간도 오래 걸린다. 그리고 그 큰 그릇에 뭔가를 담는데도 오랜 시간이 걸리는 것처럼 우리가 하나님 앞에서 크고 존귀하게 쓰임 받으려면 그만큼 많은 시험을 통과해야만 한다. 하나님은 축복을 주시기 위하여 반드시 헌신을 요구하신다.

"하나님이 이르시되 우리의 형상을 따라 우리의 모양대로 우리가 사람을 만들고 그들로 바다의 물고기와 하늘의 새와 가축과 온 땅과 땅에 기는 모든 것을 다스리게 하자 하시고 하나님이 자기 형상 곧 하나님의 형상대로 사람을 창조하시되 남자와 여자를 창조하시고 하나님이 그들에게 이르시되 생육하고 번성하여 땅에 충만하라 땅을 정복하라 바다의 물고기와 하늘의 새와 땅에 움직이는 모든 생물을 다스리라 하시니라"(창 1:26-28).

이처럼 하나님은 사람을 창조하실 때부터 '복을 주시고', '충만하라, 정복하라, 다스리라'는 헌신을 강력하게 요구하셨다. 하지만 아담과 하와가 이 언약의 말씀을 깨뜨리고 불순종함으로 말미암아 복은 상실되었고 문제만 남게 되었다.

"또 여자에게 이르시되 내가 네게 임신하는 고통을 크게 더하리니 네가 수고하고 자식을 낳을 것이며 너는 남편을 원하고 남편은 너를 다스릴 것이니라 하시고 아담에게 이르시되 네가 네 아내의 말을 듣고 내가 네게 먹지 말라 한 나무의 열매를 먹었은즉 땅은 너로 말미암아 저주를 받고 너는 네 평생에 수고하여야 그 소산을 먹으리라 땅이 네게 가시덤불과 엉겅퀴를 낼 것이라 네가 먹을 것은 밭의 채소인즉 네가 흙으로 돌아갈 때까지 얼굴에 땀을 흘려야 먹으리니 네가 그것에서 취함을 입었음이라 너는 흙이니 흙으로 돌아갈 것이니라 하시니라 아담이 그의 아내의 이름을 하와라 불렀으니 그는 모든 산 자의 어머니가 됨이더라"(창 3:16-20).

아담 이후 모든 사람에게는 축복 대신 저주와 심판이라는 문제만 남게 되었지만, 하나님은 다시금 이 문제를 해결하기 위해서 우리에게 헌신을 요구하고 계신다. 맨 처음 사람을 창조하실 때는 복을 주시고 헌신을 요구하셨다면, 아담 이후부터는 헌신을 통해서 복을 누릴 수 있도록 하셨다. 그러므로 하나님은 복을 주시기 위해 반드시 '고난'이라는 문제의 가면을 쓰고 찾아오신다. 이것은 고난이라는 문제를 통해서 하나님이 원하시는 헌신을 요구하시는 것이며, 이때 헌신을 통해서 가면 뒤에 감춰진 하나님의 잔잔한 미소를 보게 될 것이며 하나님의 축복을 누리게 되는 것이다.

그렇다면 하나님이 원하시는 헌신은 무엇인가? 이 질문은 하나님의 뜻을 묻는 것과 같다. 많은 사람들은 하나님이 무엇을 원하시는지, 하나님의 뜻을 몰라서 순종할 수가 없다고 생각한다. 하지만 하나님의 뜻을 분별하는 것은 결코 어려운 일이 아니다. 왜 아담과 하와는 하나님의 말씀에 불순종하여 복을 상실하고 고통의 삶을 살아야 했을까? 그들이 정녕 하나님이 원하시는 것과 하나님의 뜻을 몰랐기 때문일까? 절대 그렇지 않다. 저들은 하나님이 원하시는 뜻이 무엇인지를 다 알고 있었지만 욕심과 교만이 하나님이 원하시는 헌신을 무색하게 만든 것이다. 사탄은 언제나 사람의 욕심과 교만이라는 틈새로 파고들어 하나님이 기뻐하시고 원하시는 요구를 무색하게 만들고 죄를 짓게 함으로 축복을 빼앗아가곤 한다.

"그런데 뱀은 여호와 하나님이 지으신 들짐승 중에 가장 간교하니라 뱀이 여자에게 물어 이르되 하나님이 참으로 너희에게 동산 모든 나무의 열매를 먹지 말라 하시더냐 여자가 뱀에게 말하되 동산 나무의 열매를 우리가 먹을 수 있으나 동산 중앙에 있는 나무의 열매는 하나님의 말씀에 너희는 먹지도 말고 만지지도 말라 너희가 죽을까 하노라 하셨느니라 뱀이 여자에게 이르되 너희가 결코 죽지 아니하리라 너희가 그것을 먹는 날에는 너희 눈이 밝아져 하나님과 같이 되어 선악을 알 줄 하나님이 아심이니라 여자가 그 나무를 본즉 먹음직도 하고 보암직도 하고 지혜롭게 할 만큼 탐스럽기도 한 나무인지라 여자가 그 열매를 따먹고 자기와 함께 있는 남편에게도 주매 그도 먹은지라 이에 그들의 눈이 밝아져 자기들이 벗은 줄을 알고 무화과나무 잎을 엮어 치마로 삼았더라"(창 3:1-7).

이처럼 사탄은 더 가지려는 인간의 욕심과 더 높아지려는 인간의 교만을 자극하여 하나님이 원하시는 헌신을 불순종하게 함으로 하나님과의 관계를 깨뜨리고 인간이 누릴 수 있는 본래의 축복을 빼앗아 갔다. 하지만 하나님은 이런 인간의 실수에도 불구하고 다시금 축복의 자리로 초청해 주신다. '여호와 하나님이 아담과 그의 아내를 위하여 가죽옷을 지어 입히시니라'(창 3:21). 여기서 가죽옷이란 짐승을 잡아 그 가죽을 벗겨 아담과 하와의 수치를 덮어 주셨다는 의미로 해석할 수 있는데 이것은 어린 양으로 이 땅에 오실 예수 그리스도의 예표요 모형인 것이다. 이 말씀이야말로 복음의 본질이며 하나님의 절대적인 주권적 축복이다.

하나님의 절대적인 주권적 축복 속에서도 하나님은 여전히 인간의 헌신을 요구하고 계신다. 타락 이전의 인간은 복의 근원으로서 하나님의 말씀에 순종하는 헌신적인 삶을 통해 에덴동산의 모든 것을 다 누릴 수 있었지만, 타락 이후에는 헌신적 결단을 통해 잃어버린 축복을 회복해야 하는 것이다. 아담과 하와는 하나님의 말씀에 불순종하여 선악과를 따먹고 생육하고 번성하고 다스리는 축복을 상실하고 대신 수고해야 소산을 먹을 수 있는 형벌을 얻었고 영생할 수 있는 생명나무의 영원한 축복을 잃어버린 것이다. '하나님이 세상을 이처럼 사랑하사 독생자를 주셨으니 이는 그를 믿는 자마다 멸망하지 않고 영생을 얻게 하려 하심이라'(요 3:16). 하나님은 이 말씀을 통해 믿음이라는 헌신을 요구하시고 영생이라는 축복을 약속하셨다. 영생은 믿음을 통해 얻게 되는 인간에게 주어진 최고의 축복이요 잃어버렸던 축복을 회복하는 것이다.

"하나님이 그 아들을 세상에 보내신 것은 세상을 심판하려 하심이 아니요 그로 말미암아 세상이 구원을 받게 하려 하심이라 그를 믿는 자는 심판을 받지 아니하는 것이요 믿지 아니하는 자는 하나님의 독생자의 이름을 믿지 아니하므로 벌써 심판을 받은 것이니라"(요 3:17-18).

영생의 축복은 타락한 인간에게 주어진 하나님의 절대적인 주권적 축복이지만 그렇다고 결코 거저 얻어지는 것이 아니다. 그것은 믿음이 없이는 결코 누릴 수 없는 하나님의 요구이며 헌신적 결단이다.

하나님은 지금도 우리에게 헌신을 요구하신다. 헌신을 요구하시는 이유는 고통 가운데 신음하는 자녀들을 바라보며 즐기시려는 것이 아니고 헌신의 결단을 통해 축복을 주시기 위함이시다. 그렇다면 하나님은 우리에게 어떤 헌신을 요구하시는 걸까? 모든 사람에게 동일한 것을 요구하신다면 문제 될 것이 없을 것이다. 하지만 하나님은 환경에 따라, 사람에 따라 다른 헌신을 요구하신다.

아브라함에게는 고향과 친척과 아버지 집을 떠나라고 하셨고(창 12:1), 100세에 얻은 아들 이삭을 모리아 산에서 번제로 드리라고도 하셨다(창 22:2). 가나안 땅에 흉년이 들자 애굽으로 내려가려는 이삭에게는 그랄에 거주하라고 하셨다(창 26:2). 도무지 상식적으로는 이해가 되지 않는 말씀들 뿐이다. 그렇다면 도대체 왜 하나님은 상식이 아닌 것을 헌신으로 요구하시는 것일까? 그것은 축복이란 상식을 넘어서 헌신하는 자에게 주시는 하나님의 감춰진 선물이기 때문이다.

예수님은 한 번도 상식적이고 합리적인 것을 요구하신 적이 없다. 오른편 뺨을 치거든 왼편도 돌려대며, 속옷을 가지고자 하는 자에게 겉옷까지도 가지게 하며, 누구든지 너로 오 리를 가게 하거든 그 사람과 십 리를 동행하라고 하셨다. 사람이 어떻게 이렇게 살 수 있겠는가? 또한 원수를 사랑하며, 너희를 박해하는 자를 위하여는 기도하고, 구제할 때는 오른손이 하는 것을 왼손이 모르도록 은밀하게 하라고 하셨는데, 이 말씀을 상식으로 받아들이기에는 너무나 황당하다. 38년 동안이나 누워있던 병자에게는 네 자리를 들고 일어나라고 하셨고, 46년에 걸쳐 지은 성전을 헐라 내가 사흘 안에 일으키시리라는 등 도무지 이해할 수 없는 말씀만 하셨다. 벳세다 들녘에서는 아무것도 없는데, 장정만도 오천 명이 넘는데, 먹을 것을 나눠주라고 하셨을 뿐만 아니라 때로는 자신을 생명의 떡이라고도 말씀하셨다. 혼인 잔치 집에 포도주가 떨어졌을 때는 물을 떠다가 연회장에 갖다 주라 하셨고 죽은 나사로의 무덤 앞에서는 '나사로야 나오라' 고 말씀하시기도 하셨다.

이 중 어느 하나 상식적인 말씀이 없다. 하지만 예수님은 이 모든 것을 완성하셨다. 상식을 넘어 기적을 행하셨고, 기적으로 축복을 창출하셨다. 이 축복은 말씀대로 믿고 순종하는 자들의 몫이 되는 것이다. 그러므로 하나님의 말씀에 가라고 하시면 가고, 오라고 하시면 오고, 멈추라 하시면 멈추고, 드리라 하시면 드리면 된다. 이것이 하나님이 원하시는 것이고 이러한 헌신을 통해 오늘도 하나님의 역사와 기적은 계속될 것이며 그 가운데서 축복을 누리게 될 것이다.

하나님은 믿음의 조상이라고 불리는 아브라함에게 축복의 근원이 되게 하시려고 헌신을 요구하셨다. 그것은 상식을 초월한 시험이었다. 아브라함은 축복의 통로가 되기 위해서 고향과 친척과 아버지의 집을 떠나야만 했다. 익숙한 자리에서 떠난다는 것은 엄청난 대가를 지불해야 하는 헌신적 결단이 있어야만 가능한 것이다. 가진 자는 가진 것을 잃을까봐 떠날 수 없고 잃은 자는 미련 때문에 떠날 수가 없다. 도박하는 사람들은 자신이 얼마나 잘못된 길을 가고 있는지 알면서도 본전 생각 때문에 그 자리를 떠나지 못해서 패가망신하고 자신도 폐인이 되는 경우가 허다하다. 권세와 명예의 자리, 탐욕과 욕망의 자리, 음란과 쾌락의 자리에서 떠날 수 없는 것이 타락한 인간의 본성이기 때문에 하나님은 그 자리를 떠나기를 원하시고 계신다.

100세에 얻은 아들 이삭을 모리아 산에서 번제로 드리라고 하신 하나님의 말씀을 들은 아브라함의 심정은 과연 어떠했을까? 자신의 생명보다 더 소중한 아들을 죽여서까지 하나님을 사랑하는지 시험하시는 헌신적 요구야말로 비이성적이고 비상식적이고 비합리적인 요구였다. 하지만 하나님은 아브라함의 헌신적 결단을 보시고 어린 양을 준비하셨다. 여호와 이레의 하나님은 그 산에서 독생자 예수 그리스도를 십자가에 못 박아 돌아가시게 하셨다. 아브라함의 초월적 헌신이 인류를 구원하는 축복의 통로가 된 것이다.

그리고 이삭에게는 그랄에 거주하라고 말씀하셨다. 가나안 땅에 기근이 들어 식솔들과 가축들을 이끌고 애굽으로 가야만 살 수 있는데 애굽으로 내려가지 말라는 말씀은 그곳에서 다 죽으라는 말씀과도 같은 상식 이하의 말씀이었다. 이 역시 하나님은 이삭의 헌신을 요구하고 계신다. 이삭이 하나님의 말씀에 순종하여 그랄에 머물렀을 때 100배의 축복을 받았다.

하나님은 이 같은 축복을 주시기 위해 반드시 헌신을 요구하시는데 그것이 우리에게는 시험처럼 다가온다. 이제 하나님의 뜻이 무엇인지, 하나님이 원하시고 계시는 것이 무엇인지 알았다면 언제 그 말씀에 순종할 것인지 타이밍을 맞추는 것이 아주 중요하다.

하나님께서 가라 하시면 가고, 오라 하시면 오고, 멈추라 하시면 멈추면 되는데 그 시점이 아주 중요하다. 홈런타자는 힘이 좋다고 홈런치는 것이 아니다. 아무리 좋은 타자라도 타이밍을 놓치면 파울볼이나 병살타 혹은 헛스윙으로 삼진 아웃을 당하기 쉽다.

몇 년전 종로구 옥인동 옥인아파트에서 살 때 일이다. 그곳은 옛날에 지은 아파트라 주차장 시설이 잘 안 되어 있어서 먼저 주차하는 사람이 주인이다. 몇 대 주차할 수 없는 열악한 곳인데다 산비탈 경사진 곳이기에 조금이라도 늦으면 아래동네에 주차하고 5분 이상을 걸어 올라와야 한다.

한 여름에는 정말 귀찮고 짜증나는 일이다. 어떤 날은 주차할 자리가 없어 아래동네에 간신히 주차하고 땀을 삐직삐직 흘리며 걸어 올라오는데 그 때 마침 주차되어 있던 차 한 대가 빠져나가는 것을 발견하고 그곳에 주차하려고 쏜살같이 뛰어 내려가서 급하게 차를 몰고 올라와 보면 다른 차가 주차하고 있을 때 완전히 맥이 빠진다.

이런 일을 수차례 경험하면서 느낀 교훈은 역시 타이밍의 중요성이었다.

우리가 하나님의 축복을 받으려면 하나님이 요구하시는 헌신도 필요하지만 헌신의 타이밍 역시 헌신적 행동만큼이나 중요하다. 그렇다면 어떻게 이 타이밍을 맞출 수 있을까?

가장 좋은 방법은 성령의 인도를 받는 것이다. 성령보다 앞서면 실수하고 성령보다 뒤처지면 손해를 본다. 그러므로 기적은 성령의 인도를 받아 누리게 되는 축복이다.

떠나는 것도, 머무르는 것도, 달려가는 것도, 그리고 아낌없이 드리는 것도 하나님의 뜻을 따라 성령의 인도를 받고자 하는 것이 축복의 조건이 된다.

하나님은 떠나기 싫은 사람에게 떠나라고 하시고, 떠나야 할 것 같고 떠나야 살 수 있는 사람에게도 간혹 머물라고 하시고, 어떤 때는 아무것도 가진 것이 없는데 달라고도 하시고 어떤 때는 내려놓으라고도 하신다. 그렇기 때문에 갈등하고 두려움을 갖는다. 그러므로 갈등과 두려움의 시작은 하나님의 뜻을 알아가고 축복으로 나아가는 잣대가 된다.

갈등이란 내 생각과 하나님의 생각과의 충돌에서 나타나는 자연스러운 현상이다.

나는 더 있고 싶은데 하나님이 떠나라고 하실 때, 나는 포기하고 싶은데 하나님은 포기하지 말라고 하실 때, 나는 더 붙잡고 싶은데 하나님이 놓으라고 하실 때, 나는 더 높아지고 싶은데 하나님은 그쯤에서 그만두라고 하실 때, 나는 용서가 안 되는데 하나님은 사랑하라고 하실 때 이때부터 갈등하게 된다. 하나님의 뜻을 따르자니 두려워지는 것이다. 그래서 사람들은 자신의 생각을 합리화 하고 자신의 욕심을 채우기 위해 하나님의 뜻을 잘 모르겠다고 한다.

하나님의 뜻을 분별하기란 아주 쉽고 간단하다. 갈등과 두려움이 시작되면 이미 하나님의 뜻은 그곳에 있는 것이다. 그럴 때 내가 손해 보는 일과 하기 더 어려운 것을 선택하면 그것이 곧 하나님의 뜻이 된다. 아브라함이 왜 갈등하였겠는가? 좋은 환경에서 열악한 환경으로 떠나라고 하니까 갈등하게 되는 것이고 100세에 얻은 아들을 바치라고 하니까 갈등하는 것 아니겠는가? 상식이 아닌 말씀에 순종하고 따르려니 두려움이 찾아오는 것은 당연한 일이다. 그럼에도 불구하고 내 뜻과 내 생각을 포기하고 하나님의 뜻을 따르면 거기에는 상상도 못할 하나님의 축복이 반드시 준비되어 있음을 알 수 있다. 믿음의 사람들은 지금 당장 눈앞에 보이는 영광과 축복보다는 지금 눈앞에는 아무것도 보이지 않고 고난의 가시밭 길이 기다려도 갈등과 두려움을 끌어안고 하나님의 뜻에 한결같이 헌신한 사람들이다.

하나님은 CT(성경인물)에게 헌신을 요구하시고 CT가 헌신할 때 문제를 해결해 주실 뿐만 아니라 반드시 그 결과로 복을 주신다는 사실을 성경에서 볼 수 있다. 이제부터 아브라함이 헌신을 통해 어떤 축복을 받았는지 살펴보자.

믿음으로 포기할 때 주신 복

하나님은 아브람이 믿음으로 모든 것을 포기하고 고향과 친척과 아버지의 집을 떠났을 때 그에게 필요한 모든 것들을 넉넉하게 채워주셨습니다. 기나긴 순례의 길이었지만 아브라함은 결코 외롭지 않았습니다. 아내인 사래와 조카인 롯이 곁에 있었고, 또 하나님이 함께 동행해 주셨기 때문입니다. 그에게는 더이상 두려움 같은 것을 찾아 볼 수가 없었습니다. 아브라함은 모든 것을 포기해야 한다고 생각하니 두려움이 앞섰지만 믿음으로 모든 것을 포기하고 떠나자 말할 수 없는 만족과 행복감이 밀물처럼 밀려왔습니다.

하나님은 아브라함의 모든 것들을 지켜 주셨고 보호해 주셨습니다. 심지어 행복까지도 책임져 주셨습니다. 그러자 아브라함은 잃어버렸던 입맛이 돌아왔고 밥맛이 꿀맛 같았습니다. 밤마다 가위에 눌려 두려움과 공포 속에서 지내야했던 시간들은 언제 그랬냐는 듯이 깨끗하게 사라졌고 자리를 깔고 눕기만 하면 세상 모르고 잠들곤 했습니다. 75세라는 나이에 어울리지 않는 왕성한 체력으로 하란에서 모은 모든 소유와 얻은 사람들을 데리고 떠날 수가 있었습니다. 그의 지도력은 모든 불신과 갈등을 종식시켰고 재산은 기하급수적으로 늘어났습니다. 그가 애굽에서 바로가 두려워 아내를 누이라고 속이고 사래를 바로의 침궁까지 보내야 하는 실수를 범했을지라도 하나님은 바로에게 나타나 아브라함의 재앙을 막아주기도 하셨습니다. 자칫 아브라함을 통한 구원의 역사가 마칠뻔한 순간이기도 했습니다. 아브라함은 마침내 큰 거부가 되었습니다. 아브라함에게는 가죽뿐만 아니라 은과 금도 풍부했습니다. 아브라함은 고향과 친적과 아버지의 집에 거할 때보다 몇 십 배 더 큰 거부가 되었습니다.

아브라함이 고향과 친척과 아버지의 집을 떠나기 위해서는 포기해야 할 것들이 한두 가지가 아니었습니다. 행복은 말할 것은 없었으며 경험도, 가족도, 자존심마저도 포기해야했습니다. 그럼에도 불구하고 아브라함이 믿음으로 이 모든 것을 포기하고 떠나자 지금까지 경험하지 못했던 새로운 세계를 경험하며 또 다른 행복을 창출할 수 있었습니다. 경험이란 시행착오를 통해 얻어지는 진리이기 때문에 경험을 포기하고 하나님의 말씀에 순종한다는 것이 어리석은 일인 것 같을지라도 믿음으로 경험을 포기했을 때 하나님은 아브라함에게 진리 되신 하나님을 보여주셨습니다. 아브라함은 믿음의 반열로 들어서게 되었고 열국의 아비로 가는 길을 걷게 되었습니다. 그는 가는 곳마다 여호와께 제단을 쌓고 여호와의 이름을 불렀습니다. 타락한 인간이 잃어버렸던 축복들을 회복해 가고 있었습니다. 가족을 포기하고 자존심까지 포기하고 믿음으로 고향과 친척과 아버지의 집을 떠났을 때, 100세에는 아들 이삭이라는 태의 열매를 상급 받게 되었습니다.

섬기던 교회의 사역을 포기하는 것은 정말 어리석은 일이고 수치스러운 일이었다. 하지만 하나님의 강권적인 요구는 계속 내 심장을 조여왔고, 계속되는 갈등과 두려움 속에서 믿음으로 모든 것들을 포기하고 교회를 떠났을 때 하나님은 내가 염려하고 걱정하던 모든 일들을 깨끗하게 해결해 주셨다. 이천만 원이 넘는 빚을 한 순간에 갚을 수가 있었고 비록 전셋집에 불과했지만 내 명의로 작은 아파트로 이사할 수가 있었다. 아이들의 학교문제도 완벽하게 해결해 주셨고 아내의 건강까지도 책임져 주셨다. 무엇보다도 언제부터인지 모르는 가슴 울렁증이 깨끗하게 사라졌다. 그동안 설교 때문에 가슴 졸이고 괴로워했는데 교회를 떠난 후 오히려 설교에 대한 눈이 확 열리기 시작했다. 이제는 설교에 대한 두려움이나 걱정을 하지 않는다. 5년동안 아무 수입이 없어서 생활비 걱정을 해야 하는데도 한 번도 그런 걱정을 하지 않았다.

하루는 한 번도 만난 적이 없는 다른 교회 장로님께서 나를 한번 만났으면 하고 전화를 하셔서 약속 장소로 나갔다. 장로님은 딸의 건강 문제로 간절히 부르짖고 기도하는데 갑자기 큰 소리가 들리는데 네 딸 걱정은 하지 말고 천세기 목사나 도우라는 음성을 들으셨단다. '천세기 목사' 라는 이름을 처음 듣는 터라 잘못 들은 줄 알고 딴청을 부리고 계속 딸을 위해 기도하는데 너무나 분명한 목소리로 네 딸 걱정하지 말고 천세기 목사를 도우라고 세 번씩이나 들려주셨다고 했다. 장로님은 모태신앙으로 이런 경험을 처음 해보았다고 하면서 흥분을 감추지 못했다. 천세기라는 이름 석 자만을 가지고 수소문 끝에 내 전화번호를 알아냈고 그래서 오늘 만나게 되었는데 천만 원을 생활비로 주시겠다고 하셨다. 나 역시 황당한 일에 당황할 수밖에 없었지만 하나님의 개입과 역사하심에 영광과 찬양을 돌려 드리지 않을 수가 없었다.

그후 장로님의 딸은 건강에 아무 문제가 없다는 진단이 나왔다고 한다. 뿐만 아니라 아직 얼굴을 뵌 적이 없는 권사님 한 분이 한 달에 백만 원씩 꼬박 24개월을 생활비로 보내주셨다. 어떤 이는 아이들의 대학 등록금을 보내주시기도 했고 어떤 이는 쌀을 매달 보내주시기도 하셨다. 하나님이 떠나라고 하실 때 믿음으로 모든 것을 포기하고 떠났더니 넉넉한 삶은 아니었지만 5년 동안 특별한 수입이 없었어도 그때그때마다 채워주시는 하나님의 은혜의 손길로 궁색한 삶을 살지는 않았다.

며칠 전에 신학대학교 입학 30주년 기념행사(Home Coming 30)가 있어서 학교에 가서 동창들을 만났는데 내 얼굴이 어쩌면 이렇게 빛이 나고 젊고 환한지 다들 부러워 난리가 났다. 하나님은 나에게 상식이 아닌 것을 헌신으로 요구하셨고 내가 믿음으로 응답하였을 때, 아내와 자녀들의 건강뿐만 아니라 생활비까지도 책임져 주셨고 이제는 목사님들의 설교사역을 섬기는 IAM 대표 자리에까지 오르게 되었다.

무엇보다도 가장 큰 축복은 가정예배의 회복이었다. 교회를 섬길 때에는 마음만 있었지 가정예배가 제대로 이루어질 수 없었는데 믿음으로 모든 것을 포기하고 교회를 사임한 후 지금까지 하루도 가정예배를 거른 적이 없다. 가정예배는 하나님과의 친밀감은 당연한 일이고 부모 자식 간의 새로운 의사소통의 장이 되었다.

물고기가 물을 떠나면 살 수 없는 것처럼 나 또한 교회를 떠나면 죽을 것만 같았는데 하나님이 떠나라 하실 때 떠났더니 지금은 파고다 교회 담임자로도 섬기는 축복까지 누릴 수 있게 되었다.

떠난다는 것은 정말 어려운 일이다. 더군다나 모든 것을 포기하고 떠난다는 것은 상상하기 싫을 만큼 괴롭고 고통스러운 일이다. 하지만 하나님의 말씀에 순종하여 믿음으로 모든 것을 포기하고 떠나면 반드시 좋은 결과를 얻게 된다. 고통이 크면 클수록 돌아오는 축복은 백 배 천 배가 될 수 있다.

믿음으로 하나님만 의지할 때 주신 복

아브라함이 고향과 친척과 아버지의 집을 떠날 수 있었던 것은 믿음으로 하나님을 의지했기 때문입니다. 하나님은 세상에 보이는 것들을 의지하지 않고 하나님만 의지하고 떠나는 아브라함에게 상상을 초월한 은혜와 축복을 소낙비처럼 쏟아 부어주셨습니다. 그가 밟은 땅은 다 그의 것이 되었고 그가 바라보는 것은 다 비전이 되었습니다. 모든 사람들이 다 그를 부러워했고 축하를 해주었습니다. 그가 비록 실수를 해도 하나님은 실수를 가지고도 더 큰 복으로 이끌어 가셨습니다. "내가 너로 큰 민족을 이루고 네게 복을 주어 네 이름을 창대하게 하리니 너는 복이 될지라 너를 축복하는 자에게는 내가 복을 내리고 너를 저주하는 자에게는 내가 저주하리니 땅의 모든 족속이 너로 인하여 복을 얻을 것이니라" (창 12:2-3) 하신 약속의 말씀을 그대로 성취하였습니다.

신실하신 하나님은 복 주시기를 기뻐하십니다. 하나님이 주시고자 하시는 복은 인간의 상식을 뛰어넘습니다. 아브라함의 두려움은 가난이 아니라 무자식입니다. 자식이 없는데 무슨 낙이 있으며 무슨 행복이 있을 수 있겠습니까? 그의 나이 75세가 되도록 자식이 없었으니 그 많은 재산을 모은들 무슨 의미가 있겠습니까? 그렇다고 앞으로 자식을 얻는다는 것도 불가능한 일이었습니다. 그럼에도 하나님은 이삭을 통해 그의 가문의 혈통을 잇는 축복을 허락하셨습니다. 불가능을 가능케 하는 것은 하나님만 의지하는 자에게 주시는 하나님의 최고의 선물입니다. 100세에 얻은 아들 이삭 말고 세상에 뭐가 더 필요하겠습니까? 아들 이삭 말고 그 무엇이 아브라함의 기쁨과 행복을 대신 할 수 있겠습니까?

아브라함에게 있어서 고향과 친척과 아버지의 집을 떠난다는 것은 거의 불가능한 일이었지만 아브라함이 세상의 것들을 의지하지 않고 하나님만 의지하고 떠날 때 하나님은 아브라함을 완벽하게 축복해주셨습니다. 아브라함이 믿음의 조상이라고 불리는 까닭은 그의 혈통을 통해 인류를 구원하실 메시야가 탄생했기 때문입니다. 세상에서 이보다 더 큰 복은 없습니다. 아브라함이야 말로 신명기 28장의 복을 그대로 받아 누렸습니다. "네가 네 하나님 여호와의 말씀을 청종하면 이 모든 복이 네게 임하며 네게 이르리니 성읍에서도 복을 받고 들에서도 복을 받을 것이며 네 몸의 자녀와 네 토지의 소산과 네 짐승의 새끼와 소와 양의 새끼가 복을 받을 것이며 네 광주리와 떡 반죽 그릇이 복을 받을 것이며 네가 들어와도 복을 받고 나가도 복을 받을 것이라"(신 28:2-6)는 말씀 그대로의 축복이 아브라함이 받아 누렸던 축복입니다. 이것이 하나님만 의지하고 불신앙의 자리에서 떠나 믿음의 자리로 나아가는 자들에게 주시는 동일한 축복입니다.

아브라함이 세상에 보이는 것을 의지하고 자신의 건강과 경험을 의지하고 고향과 친척과 아버지 집을 떠나지 않았다면 이러한 축복은 상상도 하지 못했을 것입니다. 하지만 아브라함이 오직 하나님만 의지하고 고향과 친척과 아버지의 집을 떠나자 하나님은 그에게 회춘의 기쁨과 왕성한 건강을 넘쳐나게 해 주셨습니다. 그러니 100세의 나이에도 불구하고 그의 아내 사라를 통해 아들 이삭을 얻었던 것입니다. 아브라함에게 나이란 단지 숫자에 불과할 뿐입니다. 이것이 하나님만 의지하는 자에게 주시는 상식을 뛰어넘는 축복입니다.

설교에서 말하는 '복'이란 열매와도 같다. '복'이 나오지 않는 설교는 잎사귀만 무성한 나무와도 같고 잠시 피었다가 시들어 떨어지는 꽃과 같은 것이 되고 만다. 하지만 '복'에 대한 잘못된 오해와 편견으로 인해 강단에서 복이 사라져가고 있다. 설교에서 '복'을 전하면 기복신앙이라고 하고 심하면

삯꾼 목자라고 비판하고 매도하는 잘못된 소리를 들어야 하기 때문에 설교자 자신이 '복'을 선포하는 것을 두려워하고 꺼려한다. 이러한 자연스러운 현상이 교회 성장의 발목을 잡고 오히려 마이너스 성장이라는 기이한 현상들을 연출하고 있는 것이다.

설교에서 복을 말하지 못하면 청중의 헌신이나 교회 성장과 같은 부흥도 기대할 수가 없다. 헌신의 결과가 복이 아니라면 어느 누가 자신을 희생하면서까지 헌신하겠는가? 물론 헌신의 결과가 물질적인 축복과 같은 세속적인 축복에만 지나치게 편중된 것은 문제가 될 수 있다. 그렇다고 해서 정신적인 축복이나 영적인 축복까지도 매도해서 축복을 비판하다 보니 설교자 자신이 축복을 선포하지 못하게 되었다.

부활이 없는 십자가는 상상할 수도 없다. 십자가는 부활을 전제로 가능한 것이다. 십자가만 있고 부활이 없었다면 그 십자가는 극악한 죄인들의 사형틀에 불과한 것이 되고 말았을 것이다. 하지만 십자가의 죽음에서 부활이라는 생명의 축복이 죄인을 구원하는 인류역사상 가장 위대한 사건이 되었고 십자가의 헌신만 강조하고 부활의 축복을 말하지 않는 것도 반쪽짜리 신앙이고 부활의 축복만 강조하고 십자가의 헌신을 말하지 않는 것도 반쪽짜리 신앙이다. 그러므로 십자가와 부활, 헌신과 축복은 떼어놓으려야 떼어 놓을 수 없는 불과분의 관계이다. 예수님께서 밀알의 비유를 통해서 헌신과 축복을 상기시켜 주셨다.

"내가 진실로 진실로 너희에게 이르노니 한 알의 밀이 땅에 떨어져 죽지 아니하면 한 알 그대로 있고 죽으면 많은 열매를 맺느니라 자기의 생명을 사랑하는 자는 잃어버릴 것이요 이 세상에서 자기의 생명을 미워하는 자는 영생하도록 보전하리라"(요 12:24-25).

순교를 강요하실 때도 영생이라는 축복을 약속하셨다. 영생의 약속이 없이 누가 자신의 생명을 미워할 수 있겠는가? 한 알의 밀알은 많은 열매를 맺기 위해 죽는 것이고 죽으면 많은 열매를 맺게 된다. 축복을 보여주고 죽으라고 해야지 축복도 없이 죽어야 한다는 것은 억측이 될 가능성이 더 크다.

문제는 청중에게 어떠한 복을 선포하느냐는 것이다. 우선 설교자 자신이 경험한 축복이 있어야 한다. 복이란 하나님이 원하시는 헌신에 반응함으로 하나님과의 실제적 만남을 통해 얻어지는 선물이기 때문이다. 만약 설교자 자신이 이런 경험이 없다면 축복을 선포하지도 못할 뿐 아니라 축복을 선포한다 할지라도 허공을 가르고 구름 잡는 얘기에 불과할 것이다. 복을 선포함에 있어서는 믿음에 근거를 두어야 하고 이때 믿음은 보고 들은 것을 증거하는 것이다. 한국교회가 성장을 멈추고 마이너스 성장 가운데서도 대형교회가 성장하는 것은 예견된 결과이다. 대부분의 미자립교회 목사님들의 설교를 들어보면 그 안에 축복이란 찾아보기가 너무 힘들다. 반면에 헌신을 지나치게 강조하면서도 복은 마치 잘못된 신앙인들이나 추구하는 현상으로 취급하는 경우가 훨씬 많다. 그러면서 대형교회가 미자립교회의 성도들을 빼앗아 간다고 성토하기에 급급하다. 대형교회에서는 복을 말하지 않아도 눈에 보이는 그 자체가 복을 상징하는 것이기에 이미 말씀 속에는 복이 담겨져 있다. 그러므로 청중들은 그 복을 받기 위해 교회를 옮겨 가는 것이다.

요즘은 설교 말씀에 따라 청중들이 옮겨 다닌다. 그러니까 대형교회의 성장은 불신자 전도 중심의 부흥이 아니고 좋은 말씀이 있다는 소문에 따라 수평이동 하는 성장일 뿐이다. 청중이 원하는 좋은 설교란 어떤 설교인가? 답은 간단하다. 자신에게 필요하고 자신의 수준에 맞는 설교가 좋은 설교라고 생각한다. 하지만 불신자들에게는 '전도 설교'가 좋은 설교이고, 성숙한 성도들에게는 '성화 설교'가 좋은 설교이다. 그러므로 전도 설교에는 불신자에게 맞는 세속적인 축복을 주어야 하고 성숙한 성도들에게는 세속적인 축복을 넘어서 영적인 축복을 주어야 한다. 그럼에도 불구하고 영적인 축복은 고상하고 점잖은 사람들이 추구하는 복이고 세속적이고 물질적인 축복은 기복신앙으로 매도하고, 그런 것을 추구하거나 선포하는 사람을 저질적인 신앙으로 취급하려는 편견이야 말로 잘못된 신앙관이라고 말할 수 있다.

인간은 누구에게나 복에 대한 욕구가 있다. 그것은 하나님이 인간에게 부여하신 최고의 선물이기 때문이다. 그러므로 청중의 수준이나 요구에 따라 복의 내용도 달라져야 한다. 건강한 사람에게 건강은 축복이 아니다. 체력이 왕성한 젊은이들에게 건강과 장수의 축복을 선포하면 아무도 귀를 기울이는 젊은이가 없을 것이다. 오히려 젊은이들에게는 멋지고 아름다운 이성에 대한 축복과 취업에 대한 현실적인 축복을 전하면 그들은 움직일 것이다. 건강의 축복은 환자들에게나 노인들에게 좋은 축복이 될 것이다. 10억이 넘는 재산가에게 100만 원 축복을 말하고 헌신을 요구한다면 아무도 감동을 받거나 움직이려 하지 않을 것이다. 10억이 넘는 100억대, 1000억대가 그들을 움직이게 할 것이다. 그러므로 모든 사람에게 동일한 축복을 주는 것은 바람직하지 않다. 어린아이와 어른에게 똑같은 것을 선물한다면 반드시 어느 한쪽은 선물이 아니라 짐이 될 것은 뻔한 일이다. 젖먹이에게는 우유가 필요하고 유아들에게는 이유식이 필요하다. 헌데 이런 아이들에게 콩밥을 먹으라고 준다면 그것은 축복이 아니라 저주요, 심판이 되고 만다. 어린이에게는 어린이에게 맞는 것으로 청년에게는 청년에게 필요한 것으로 노인에게는 노인에게 어울리는 것으로 채워질 때 그것을 축복이라 한다.

아직 구원의 확신도 없는 사람에게 영생의 비밀을 말하고 지금 당장 순교하라면 돌아오는 것은 귀싸대기뿐일 것이다. 대다수의 불신자들이 처음 교회에 왔을 때는 지푸라기라도 잡을 심정으로 나왔을 것이다. 어떻게 하면 자신의 현실적인 문제를 해결할 수 있을까 하고 잔뜩 기대하고 나온 사람들에게 헌금하라고 하고 영생을 축복으로 말하고도 다음 주에 그 사람을 만날 것을 기대한다면 크나큰 착각을 하고 있는 것이다.

예수님도 불신자들과 초신자격인 무리들에게는 "수고하고 무거운 짐 진 자들아 다 내게로 오라 내가 너희를 쉬게 하리라 나는 마음이 온유하고 겸손하니 나의 멍에를 메고 내게 배우라 그리하면 너희 마음이 쉼을 얻으리니 이는 내 멍에는 쉽고 내 짐은 가벼움이라 하시니라"(마 11:28-30)고 초청하셨다. 헌신의 강도는 그냥 '오라' 는 것이다. 힘들고 지친 자들은 다 오라는 것이다. 오기만 하면 곧 바로 쉼을 얻게 된다는 축복의 메시지이다. 반면에 제자들에게는 "누구든지 나를 따라 오려거든 자기를 부인하고 자기의 십자가를 지고 나를 따를 것이니라 누구든지 자기 목숨을 구원하고자 하면 잃을 것이요 누구든지 나와 복음을 위하여 자기 목숨을 잃으면 구원하리라"(막 8:34-35). 구원을 축복의 담보로 생명을 요구하셨다. 영생과 구원의 축복은 설교자에게는 생명과 맞바꿀만한 가치 있는 일이 아니겠는가? 그러므로 축복이란 좋고 나쁨이 아니고 청중의 수준에 따라 달라져야 하고 세속적인 축복은 기복주의가 아니라 기복신앙인 것임을 명심해야 할 필요가 있다.

우리 아버지는 내가 어렸을 적에 늘 입버릇처럼, 허연 이밥(쌀밥)에 쇠고기가 잔뜩 들어있는 쇠고기 국이나 실컷 먹어봤으면 좋겠다고 하셨다. 당시에는 남의 집 부모님들도 똑같은 생각과 똑같은 말씀들을 하셨을 게다. 당신이 드시고 싶기도 하겠지만 자식들에게 그렇게 해 주고 싶은 아버지의 마음이 아니었나 싶다. 그때는 어려서 아버지에게 아무것도 해 드릴 수가 없었는데 신학교를 졸업하고 목회 나가기 전 사립학교 교사로 근무하면서 받은 월급으로 아버지에게 매일같이 쇠고기를 사다 드렸다. 그랬더니 어느 날 아버지께서는 아주 난처한 모습으로 "아들아! 네 마음과 진심을 알겠다마는 이제 이가 없어서 이런 것은 먹을 수가 없다"고 말씀하셨다. 가슴이 짠하고 마음이 저려왔다. 치아가 없으신데 스테이크나 등심이나 갈비찜이 무슨 소용이 있겠는가? 아버지에게 쇠고기는 축복이 아니라 저주나 다름이 없었다. 가난한 시절의 아버지에게는 허연 이밥(쌀밥)과 쇠고기 국이 축복이지만 지금은 당신의 말씀에 귀를 기울여주는 며느리가 복이고 저 하늘의 소망이 축복이 되었던 것이다.

그러므로 육신적인 것이든, 정신적인 것이든, 영적인 것이든 그 어느 것도 터부시 하면 안 되고 청중의 수준에 따라 축복을 선포해야 한다. 청중의 헌신을 요구하고 청중의 헌신을 통해 다시 한 번 이 땅에 부흥을 기대해 본다. 그러므로 축복의 선포는 믿음에 비례한다. 큰 믿음을 소유한 설교자가 큰 복을 선포하고 교회가 크게 부흥하지만 믿음이 없는 설교자는 복을 선포하지도 못할 뿐 아니라 그나마 있는 교인들도 떠나가는 기이한 현상을 경험하게 될 것이다.

30여 명 안팎의 교인들과 함께 상가건물을 빌려서 월세 200만 원 임대료를 낸다는 것은 정말 견디기 어려운 사역이었다. 이런 식으로 6년을 보낸다는 것은 목회라고 하기보다는 감옥에서 복역하는 심정이었다. 매달 월세 내는 날이 임박해져 오면 월세를 밀리지 않으려고 동분서주 뛰어 다녀야 했고 그때의 심정은 속이 다 타고 녹아 없어지는 것만 같았다.

"그러므로 내가 너희에게 이르노니 목숨을 위하여 무엇을 먹을까 무엇을 마실까 몸을 위하여 무엇을 입을까 염려하지 말라 목숨이 음식보다 중하지 아니하며 몸이 의복보다 중하지 아니하냐 공중의 새를 보라 심지도 않고 거두지도 않고 창고에 모아들이지도 아니하되 너희 하늘 아버지께서 기르시나니 너희는 이것들보다 귀하지 아니하냐 너희 중에 누가 염려함으로 그 키를 한 자라도 더할 수 있겠느냐 또 너희가 어찌 의복을 위하여 염려하느냐 들의 백합화가 어떻게 자라는가 생각하여 보라 수고도 아니하고 길쌈도 아니하느니라 그러나 내가 너희에게 말하노니 솔로몬의 모든 영광으로도 입은 것이 이 꽃 하나만 같지 못하였느니라 오늘 있다가 내일 아궁이에 던져지는 들풀도 하나님이 이렇게 입히시거든 하물며 너희일까보냐 믿음이 작은 자들아 그러므로 염려하여 이르기를 무엇을 먹을까 무엇을 마실까 무엇을 입을까 하지 말라 이는 다 이방인들이 구하는 것이라 너희 하늘 아버지께서 이 모든 것이 너희에게 있어야 할 줄을 아시느니라 그런즉 너희는 먼저 그의 나라와 그의 의를 구하라 그리하면 이 모든 것을 너희에게 더하시리라 그러므로 내일 일을 위하여 염려하지 말라 내일 일은 내일 염려할 것이요 한 날의 괴로움은 그 날로 족하느니라"(마 6:25-34).

이 말씀을 암송하고 생각하고 있었지만 내 믿음과는 아무 상관이 없는 것처럼 행동했다. 이런 것이 '믿음 따로, 생각 따로' 라는 것이다. 혹시나 돈 많은 부자가 등록하지는 않을까? 타는 가슴으로 매주일 기다려 보지만 기다리는 사람은 보이지 않았다. 그리고 빈 통장도 더이상 의지할 수가 없었다. 쌓이는 것은 은행이자와 내 마음의 상처뿐이었다. 이런 나에게서 설교란 단지 푸념과 한풀이에 불과했다. 이렇게까지 깊은 수렁으로 몰고 가시는 하나님이 원망스러운데 무슨 축복을 선포할 수 있었겠는가? 돌아보면 그런 설교를 들으면서도 떠나지 않은 성도들이 그저 고마울 뿐이다. 마지막으로 가지고 있던 주택청약저축을 해약하고 그것마저 헌금하고 나니 이젠 정말 아무것도 없었다. 그제야 비로소 하나님만 의지하게 되었다. 아무도 없고 아무것도 보이지 않았을 때 하나님만 의지할 수밖에 없었고, 믿음과 생각이 하나가 되었다. 그토록 해결되지 않았던 인생의 문제와 목회의 문제와 물질적인 문제들이 동시에 풀리기 시작했다.

믿음으로 하나님만 의지할 때 축복의 문이 열렸다. 축복은 믿음으로 하나님만 의지하는 나에게 주시는 은혜의 선물이었다. 제일 먼저 설교가 달라졌다. 입만 열면 감사였고 축복이었다. 목회가 달라졌고 성도들이 달라졌고 교회가 달라졌다. 어제의 내가 오늘의 나이고 오늘의 내가 내일의 나일진대 오직 하나님만 의지하면서부터 생각이 달라지고 믿음이 달라지니 돌아오는 것은 하나님의 축복들이었다.

하나님은 무너뜨릴 것은 무너뜨리고 세우실 것은 세우시는 분이시다. 겹겹이 쌓여 있던 문제가 아침이슬 녹듯이 사라졌다. 지난 6년 동안 난 아니라고 주장했지만 무의식 속에서 염려하고 하나님이 아닌 다른 것을 의지하고 살았던 것이다. 이제부터 자신 있게 선포할 수 있다. 믿음으로 하나님만을 의지하는 자에게 주시는 깜짝 놀랄만한 축복, 이것이 경험에서 나오는 축복의 메시지이다. 청중들은 설교자의 화려한 내용보다는 설교자 자신이 경험한 하나님의 축복, 그 믿음을 보고 싶어 한다. 설교에서 복이 빠지면 앙꼬 없는 찐빵과도 같다. 그리고 헌신과 부흥을 기대할 수 없다.

믿음으로 하나님만 바라볼 때 주신 복

아브라함이 고향과 친척과 아버지의 집을 떠날 수 있었던 것은 믿음으로 하나님을 바라보았기 때문입니다. 아브라함이 믿음으로 하나님만 바라보자 하나님은 아브라함이 바라보는 것마다 축복이 되게 하여 주셨습니다. 하늘의 별을 보여주시고 바다의 모래를 보여주셨던 것처럼 그에게 하늘의 별 만큼이나 바다의 모래 알만큼이나 많은 자손들을 주셨습니다. 그 뿐만 아니라 그 후손들로 하여금 열방을 기뻐할 만큼의 많은 복을 주셨습니다. 지금 세계 도처에 있는 부자들은 한결같이 아브라함의 후손들이요 정치, 경제, 사회, 문화적인 면에서도 두각을 나타내고 있습니다. 뿐만 아니라 하나님은 아브라함으로 하여금 가장 위대한 족장의 꿈을 이루게 하셨습니다. 무엇보다도 아브라함 자신에게도 엄청난 변화가 일어났습니다.

지금까지는 환경만 바라보고 자신의 모습만 바라보았기 때문에 초라하기 짝이 없었습니다. 그 어느 것 하나 제대로 결정할 수 없어 걱정 반 염려 반으로 살아야 했던 사람이 이제는 더이상 염려와 걱정을 하지 않아도 되었습니다. 그의 말이 곧 법이 되었고 그의 말은 하나도 땅에 떨어지는 것이 없었습니다. 그의 생각과 그의 판단은 완벽했고 전무후무한 리더십을 갖게 되었습니다. 그러므로 아브라함의 행동과 결단에 아무도 토를 달거나 반대하는 사람이 없었습니다. 하나님을 바라보는 자에게 주시는 하나님의 축복인 것입니다.

아브라함이 받은 또 하나의 은혜와 축복은 믿음의 반열에서 구원받은 백성으로 살아가게 되었다는 것입니다. 세상에는 가치 있는 일이 많이 있습니다. 하지만 죄악의 자리, 심판의 자리, 죽음의 자리에서 떠나 구원받은 백성으로 살아가는 것만큼의 가치 있는 일이란 없습니다. 아브라함은 가는 곳마다 단을 쌓았고 그 곳에서 하나님을 예배하였습니다. 예배야말로 하나님을 경험하는 구원받은 백성이 누릴 수 있는 최고의 축복의 통로입니다. 아브라함은 위기의 순간이 다가오면 언제든지 하나님을 바라보는 습관이 생겼습니다. 그 안에 문제의 해답이 다 들어있고 상상하지 않았던 놀라운 축복들이 생겨났기 때문입니다.

아브라함이 땅을 파면 그곳이 곧 우물이 되었습니다. 그냥 우물이 아니라 샘의 근원에서 나오는 생수를 얻었습니다. 그것으로 식솔들과 가축들을 먹였으며 엄청난 거부가 될 수 있었습니다. 아브라함에게는 더이상 사막도 두렵지 않았습니다. 광야와 메마른 땅은 아브라함의 우물들로 인해 기뻐하고 우물의 물줄기는 사막에 백합화를 피울 만큼 풍성해졌습니다. 사람들이 하나님의 축복을 누리지 못하는 것은 믿음으로 하나님을 바라보지 않기 때문입니다. 믿음의 눈이 없기 때문에 하나님을 바라보지 못하는 것입니다. 시력이 아무리 좋은 사람도 믿음이 없으면 세속적인 것을 바라보고 환경을 바라보기에 하나님의 감춰진 축복을 발견하지 못합니다.

베드로가 풍랑 이는 바다 위를 잠시 잠깐이라도 걸어갈 수 있었던 것은 오직 믿음으로 주님만 바라보고 나아갈 때뿐이었다. 비록 잠시 잠깐이었지만 베드로가 누렸던 축복은 이 세상 누구도 경험하지 못했던 것이다. 이 시대가 이런 기적과 축복을 경험하지 못하는 것은 기적의 시대가 끝났기 때문도 아니고 하나님의 능력이 모자라기 때문도 아니다. 믿음으로 하나님만 바라보는 자가 점점 사라지고 있기 때문이다. 오늘도 우리가 믿음으로 하나님만 바라보며 나아간다면 이와 같이 동일한 기적과 축복을 경험할 수 있다.

비전으로 하나님만 바라볼 때 주신 복

아브라함은 고향과 친척과 아버지의 집을 떠나라는 말씀을 듣고 비전으로 하나님만 바라보고 나아갈 때 형통의 축복을 받았습니다. 우리나라 명언에 가화만사성이란 말이 있습니다. 이 말은 가정이 평안해야 만사가 평안하다는 말이 아니겠습니까? 하나님은 아브라함에게 형통의 축복을 주시되 특별히 화목한 가정의 축복을 허락해 주셨습니다. 예쁜 아내와 함께 한 지붕 밑에서 살고 싶은 게 모든 남자들의 바람이 아니겠습니까? 그런데 아브라함의 아내는 모든 여인보다 뛰어난 미모를 가지고 있었습니다. 누가 봐도 한눈에 반할 정도로 아름다운 여인이었습니다. 하지만 아무리 아름다운 여인의 자태를 지니고 태어났다 하더라도 나이는 속일 수 없고 가는 세월을 막을 수는 없는 노릇입니다. 그러니까 아브라함이 비전으로 하나님만 바라보고 고향과 친척과 아버지의 집을 떠날 때 사라의 나이는 이미 65세나 되었습니다. 65세의 여인이 예쁘면 얼마나 예쁘겠습니까?

하지만 가나안에 기근이 들어 애굽으로 내려갔을 때 사라의 아름다움이 애굽의 바로가 침을 흘릴 정도였고, 아브라함은 생명의 위협까지 느껴 아내를 누이라고 속이기까지 합니다. 좋은 화장품을 썼기 때문일까요? 비단 옷을 걸쳤기 때문일까요? 인간의 노력이 아름다움을 평생 유지할 수 있으며 가는 세월을 막을 수가 있겠습니까? 사라의 미모는 비전으로 하나님만 바라보고 떠나는 아브라함에게 주신 복 덩어리 아니겠습니까? 하나님은 사라의 아름다움을 아브라함에게 보너스로 허락하신 것입니다. 사라는 얼굴만 아름다울 뿐 아니라 마음까지도 곱고 아름다운 현모양처였습니다. 남편의 말이라면 죽는 시늉까지 하는 순종의 여인이 되었습니다. 누이라고 하자고 하니까 그러자고 하고 바로의 궁으로 들어가라고 하니 남편의 목숨 살려보겠다고 그렇게 따릅니다. 이 일로 인해 아브라함은 바로에게서 많은 짐승들을 얻을 수가 있었는데 이것은 아브라함이 잔머리를 굴려서 얻은 것이 아니라 사라 덕분에 얻은 것입니다.

비록 아브라함은 실수를 했지만 하나님만 바라보고 나아가는 아브라함의 비전에 하나님은 함께 하셨고 범사가 형통케 되었습니다. 아브라함의 종들과 조카 롯의 종들 사이에 많은 소유로 인해 다툼이 일어났을 때에도 하나님은 아브라함을 축복하셨습니다. 비전이 없는 사람은 눈에 보이는 화려하고 좋은 세속적인 것을 바라보고 그것을 갖기를 원합니다. 하지만 비전의 사람은 화려하고 좋은 세속적인 것을 바라보지 않고 그것을 택하기 보다는 하나님만 바라보고 하나님을 택하는 사람입니다.

아브라함이 조카 롯에게 소돔과 고모라를 먼저 선택하게 한 이유도 여기에 있었고 그 결과 롯의 삶은 비참해졌지만 아브라함에게는 축복의 대로를 열어주셨습니다. 동방의 네 왕과 가나안의 다섯 왕들과의 싸움에서 소돔과 고모라가 패하고 롯이 포로로 잡혀갈 때 아브라함은 집에서 훈련시킨 정의의 용사 삼백 십 팔 명으로 대승을 거두고 롯을 구출합니다. 하나님은 비전의 사람에게는 비전의 용사들을 붙여 주셔서 전쟁에도 승리케 하셨습니다.

하나님의 꿈이신 비전으로 하나님만 바라보며 나아가는 아브라함이 얻었던 가장 큰 축복은 뭐니 뭐니 해도 아들 이삭이 아니겠습니까? 아브라함은 아들 이삭을 100세에 얻었습니다. 모두가 불가능하다고 했을 것이고 어리석은 생각이라고 했겠지만 비전의 사람 아브라함은 비전의 아들 이삭을 품에 안을 수가 있었습니다. 그리고 그 비전은 예수 그리스도의 계보를 잇게 했습니다.

비전은 가슴을 설레게 하고 잠을 설치게 한다. 남녀노소를 막론하고 가슴에 비전이 생기면 자다가도 벌떡벌떡 일어나곤 한다. 비전은 사람을 흥분시킬 뿐 아니라 열정을 불러온다. 꿈이 내 뜻과 내 계획을 이루기 위한 것이라면 비전은 하나님의 계획을 이루기 위해 내 삶 속에 심어 놓으신 하나님의 꿈이다. 요셉이 품은 것이 비전이었고 그러기에 하나님은 요셉과 함께 하셨고 여호와께서 그를 범사에 형통하게 하셨다(창 39:23).

형들의 미움을 받아 은 20개에 미디안 상인에게 팔려갈 때도 그의 가슴에 타오르는 비전이 있었기에 하나님이 함께 하셨고, 노예시장에서 보디발의 집으로 팔려갈 때도 그의 눈빛은 비전으로 이글거렸기에 하나님이 함께 하셨다. 보디발의 가정 총무로 있을 때나 보디발의 아내로부터 불륜의 유혹이 있을 때도 그의 비전이 얼음장처럼 냉정한 이성으로 대처했기에 하나님이 함께 하셨고 억울하게 감옥에 갇혔을 때도 그의 비전 만큼은 가둘 수가 없었다. 그때에도 하나님은 함께 계셨다. 그러므로 요셉은 어디에 있든지 어디를 가든지 범사가 형통했다.

　어릴 적부터 내 꿈은 초등학교 교사였다. 내가 가지고 있는 것은 뭐든지 다 나눠주고 싶었고 내가 알고 있는 것은 뭐든지 다 가르쳐 주고 싶었기 때문이다. 하지만 그 꿈은 고등학교 입시에서 낙방이라는 오명을 남기고 추풍낙엽처럼 떨어졌다. 하지만 나보다 나를 더 잘 알고 계시는 하나님은 내 안에 당신의 꿈을, 당신의 뜻과 계획을 조용히 비전으로 심어 놓으셨다. 비전은 잠자던 내 영혼을 송두리째 흔들어 깨웠다. 앞으로 무슨 일이 일어날지도 몰랐고 어떤 일을 해야 할 지도 몰랐지만 비전이 나를 설레게 했고 하나님만 바라볼 수밖에 없었다. 가정 형편을 생각하고 바라보면 아무것도 할 수 없었고 내 실력으로는 비전에 걸맞는 조건이 하나도 없었다. 그러기에 요동치는 비전으로 하나님만 바라볼 수밖에 없게 되었다.

　비전이 나를 절망의 자리에서 떠나게 하였고, 비전이 나의 열정을 불태웠고, 비전이 나의 불가능을 가능케 하는 계기가 되었다. 내가 신학교에 입학할 수 있게 되리라고는 나 자신도 몰랐고 신학교에서 교직 과목을 이수하면 교사가 될 수 있다는 것도 입학 후에 알았다. 신학교를 졸업하고 이화여자대학교 병설 영란여자중·정보산업고등학교 교사를 역임했고 배화여자중학교와 대광중학교에서도 학생들을 가르쳤다. 한때는 인덕대학교에서 교양과목을 가르치는 강사로도 잠깐 동안 재직했다. 어릴 적 꿈이 사라진 것이 아니고 더 큰 축복으로 다가왔다.

　오랫동안 서울 YWCA 지도 목사로 정부종합청사법제처 지도목사로도 오랫동안 섬길 수 있는 축복을 누렸다. 때로는 아홉 가구 밖에 없는 강원도 첩첩 산중인 하늘아래 첫 동네에서 목회를 배웠고 상가건물에서 임대료 독촉을 받으며 상처 입은 심령들을 끌어안고 눈물짓던 추억들과 서울의 한복판인 역사 깊은 교회에서 다양한 계층의 성도들을 섬길 수 있었던 것은 다 하나님의 축복이었다.

사도 바울의 고백처럼 "내가 궁핍함으로 말하는 것이 아니니라 어떠한 형편에든지 나는 자족하기를 배웠노라 나는 비천에 처할 줄도 알고 풍부에 처할 줄도 알아 모든 일 곧 배부름과 배고픔과 풍부와 궁핍에도 처할 줄 아는 일체의 비결을 배웠노라 내게 능력 주시는 자 안에서 내가 모든 것을 할 수 있느니라"(빌 4:11-13). 나 역시 이같이 고백할 수 있는 것은 비전 때문이다. 하나님만 바라보며 달려온 나에게 하나님이 함께 하셨고 범사에 형통케 하심이 아니었을까?

지금은 목사님들을 섬기며 설교를 가르치는 설교 아카데미 선생으로, IAM(국제 목회자 각성 센타) 대표로 사역하기까지 하나님은 조금도 부족함이 없이 축복해 주셨다. 초등학교 교사가 되겠다던 어린 소년의 꿈이 지구상에서 가장 가르치기 어려운 목회자들 앞에서 오늘도 강의하는 것으로 이루어졌다고 생각하니 뜨거운 눈물이 볼을 타고 하염없이 흘러내린다. 비전이란 하나님만 바라보는 것이고 하나님은 자신을 바라보는 자와 함께 하시고 범사에 형통한 축복의 대로를 열어 놓으시고 기다리고 계신다.

Tool을 통한 설교 레시피

8. TOOL의 활용 - Act(결단)

설교를 단순히 농사에 비유한다면 Matter(문제제기)은 아직 개간하지 않는 황량한 밭을 바라보는 농부의 심정이요, CTA(성경인물의 헌신)는 쓸모없는 땅을 갈아엎고 씨를 뿌리는 농부의 땀방울이다. GA(하나님의 일하심)는 농부가 땀흘려 밭을 가꾸고 뿌린 씨앗이 잘 자라도록 따사로운 햇살과 적당한 비를 내려 주시며 보호해 주시는 하나님의 마음이다. Fruit(복)는 하나님의 일하심과 성경인물의 헌신을 통해 얻어지는 결과이고 열매라면, Act(결단)는 눈물로 씨를 뿌린 농부에게 돌아오는 추수의 기쁨이다. 이와 같이 설교자가 설교를 통해 청중을 결단 시키는 것은 영적인 추수를 거두는 것과 같다. 만약 농부가 밭을 갈아 씨를 뿌렸는데 싹이 나오지 않고 꽃이 피지 않으면 어떻게 되겠는가? 꽃은 아름답게 피었지만 열매가 없다면 보는 즐거움으로만 만족해야 할 것이다. 그런데 꽃은 피고 열매도 달렸는데 추수를 하지 못한다면 이 얼마나 기가 막히고 한심한 노릇이겠는가? 그러므로 Act(결단)가 없는 설교는 무성한 가지에 찬란한 꽃을 피우고 싱그러운 열매가 주렁주렁 맺혔다 할지라도 추수의 기쁨을 빼앗긴 농부의 심정과도 같은 것이다.

Act(결단)란 설교를 통해 청중이 신앙적 행동을 내리도록 초청하는 것이다. CT가 헌신의 행동을 통해 복을 받은 것처럼 청중이 복을 받게 하기 위해

신앙적 행동을 촉구하는 것이 결단의 중요한 목적이다. 그러므로 결단은 교회를 성장시키고 부흥시키는 데 있어서 가장 강력한 도구이며, 가장 탁월한 동력이며 에너지가 된다. 하지만 부작용과 위험성도 그만큼 크다. 명약을 잘못 사용하면 독약이 되는 것처럼 결단을 잘 못하면 설교자 자신뿐만 아니라 교회에도 악영향을 끼치게 된다. 아무리 좋은 명약이라 할지라도 환자에 대한 진단과 처방이 잘못되었거나 과다한 복용을 하게 되면 치명적인 결과를 초래하게 된다. 이와 마찬가지로 결단은 개인의 신앙성장과 교회의 부흥에 가장 핵심적인 요소인 동시에 가장 위험한 도구가 될 수 있다. 그러므로 설교자가 결단만 제대로 활용한다면 수년 내에 교회의 양적성장과 질적 변화를 반드시 경험하게 될 것이다.

그러므로 Act(결단)를 할 때 절대로 설교자의 동기가 들어가 있으면 안 된다. 결단은 교회의 성장과 밀접한 관계가 있고 교회의 성장은 설교자의 명성과 경제적 생활에 직접적인 영향을 미치게 된다. 그렇기 때문에 설교자 자신의 유익을 위하여 청중들로 하여금 결단을 촉구해서는 안 된다. 결단의 진정한 목적은 청중들로 하여금 축복에 참여 하게 하기 위함이다. 결단은 자기 헌신을 요구하기 때문에 헌신한 자들이 누릴 수 있는 축제의 장이요, 축복의 장이 되어야 한다. 그러므로 설교자는 성령에 사로잡히되 청중을 사랑하고 축복하는 마음을 가지고 결단을 촉구해야 한다. 왜냐하면 결단 자체가 성령의 사역을 통해서 이루어지기 때문이다.

아무리 좋은 설교라 할지라도 성령의 사역 없이는 청중을 감동시킬 수도 없고 변화시킬 수도 없다. 설교자가 청중을 속일 수는 있을지 몰라도 설교자 자신과 성령님을 속일 수는 없는 노릇이다. 그러므로 설교자는 자신의 동기를 완전히 배재하고 성령을 의지하고 청중들이 복을 받을 수 있도록 사랑을 가지고 결단을 촉구해야 한다. 결단이 교회 성장을 가져오는 최고의 도구라 할지라도 설교 중에 하나님을 보여주지 못했다면 그날 설교에서는 결단을 피하는 것이 좋다. 세상에 누가 자신의 것을 귀히 여기지 않겠는가? 그런데 그걸 포기하고 희생하면서까지 헌신하라고 한다면 청중은 시험받을 게 뻔한 일이다. 그러므로 결단을 촉구하기 앞서 설교자는 반드시 하나님을 보여줘야 하고 청중은 하나님을 만난 기쁨으로 결단하게 되는 것이다.

Act(결단)는 신앙적 행동지침이기 때문에 구체적이면서도 실천에 옮길 수 있는 방법을 가르쳐주어야 한다. 예수님의 설교에서도 이러한 구체적이면서도 헌신을 요구하는 결단의 촉구를 찾아볼 수 있다.

● 성경에서 제시한 전도에 관한 결단

"그러므로 너희는 가서 모든 민족을 제자를 삼아 아버지와 아들과 성령의 이름으로 세례를 베풀고 내가 너희에게 분부한 모든 것을 가르쳐 지키게 하라 볼지어다 내가 세상 끝날까지 너희와 항상 함께 있으리라 하시니라" (마 28:19-20).

예수님께서는 제자들에게 전도할 것을 결단시키면서 구체적인 방법론까지 제시해 주셨다. 칠십 인을 파송 하실 때는 더 구체적인 방법을 가르쳐 주셨다.

"갈지어다 내가 너희를 보냄이 어린 양을 이리 가운데로 보냄과 같도다 전대나 배낭이나 신발을 가지지 말며 길에서 아무에게도 문안하지 말며 어느 집에 들어가든지 먼저 말하되 이 집이 평안할지어다 하라 … 그 집에 유하며 주는 것을 먹고 마시라 … 이 집에서 저 집으로 옮기지 말라 어느 동네에 들어가든지 너희를 영접하거든 너희 앞에 차려놓은 것을 먹고 거기 있는 병자들을 고치고 또 말하기를 하나님의 나라가 너희에게 가까이 왔다 하라 어느 동네에 들어가든지 너희를 영접하지 아니하거든 그 거리로 나와서 말하되 너희 동네에서 우리 발에 묻은 먼지도 너희에게 떨어버리노라 그러나 하나님의 나라가 가까이 온 줄을 알라 하라"(눅 10:3-11).

예수님은 말씀을 전파하시되 반드시 결단을 촉구하셨다. 그러면서도 결단의 방법은 누구나 알아들을 수 있도록 쉽고 구체적으로 제시해 주셨다. 결단은 말씀을 들은 청중에게 반드시 그렇게 살아가도록 촉구하는 것이다. 그리고 그것을 헌신적 행동으로 옮길 때 반드시 축복을 받는 것임을 증명해 주어야 한다.

내가 잘 아는 목사님 중에 지금은 은퇴하셨지만 설교를 정말 잘 하셨던 분이 있다. 남다른 관점이 있으셔서 성경 말씀을 분석하는 데도 탁월한 능력을 가지고 계셨다. 똑같은 본문을 가지고 어떻게 여기서 이런 표현을 할 수 있으실까? 라고 감탄한 적이 한두 번이 아니었다. 그래서 설교집을 여러 권 출간하신 어른이시다. 하지만 그 교회 교인들의 반응은 꼭 그렇지만은 않았다. 처음에는 오랫동안 담임 목사님의 설교를 들어왔기 때문에 귀한 것인지 모른다고 일축해 버렸는데 교인들의 이야기인즉 우리 목사님의 설교는 들을 때마다 기가 막힐 정도로 잘 하시는데 말씀을 다 듣고 나면 이런 생각이 드는 것이다. '그래서 우리보고 어떻게 하라는 말인가?' 그러다보니 좋은 설교를 듣고도 짜증이 난다는 것이다. 처음엔 나도 이 말의 의미를 알지 못했다. 그러다가 결단이 빠진 설교는 머리만 키우고 행동이 따르지 않는 나약한 청중으로 만든다는 사실을 알게 되었다.

설교는 단순히 성경을 해석하고 분석하는 것으로 끝나면 안 된다. 예수님도 구약(율법)의 말씀들을 해석하는 것으로 설교를 하지 않으셨다. 예수님은 구약(율법)을 인용하시고 재해석 하시고 반드시 그렇게 살아가도록 적용하시고 결단을 촉구하셨다. 결단은 헌신적 행동이 따르는 것이므로 청중에게는 엄청난 부담이 따를 수도 있다. 그러다 보니 설교자는 결단의 촉구를 회피하고 아예 결단조차도 하지 않는 경우가 많다. 비록 결단을 한다 하더라도 막연하고 추상적인 것으로 결단하기 때문에 아무런 결과를 기대할 수가 없다. 예를 들어 전도에 대해 결단을 촉구할 때도 전도는 주님의 지상명령이기 때문에 전도해야 한다고만 말한다. 그러다 보니 대다수의 청중들은 전도에 대한 중요성을 다 알고 있지만 정작 어떻게 전도해야 하는지 구체적인 방법과 요령을 알지 못하기 때문에 전도하러 나가지 못하는 경우가 허다하다.

전도의 종류만 해도 수도 없이 다양하다. 노방전도, 관계전도, 아파트전도, 학원전도, 공장전도, 군인전도, 농어촌전도, 사내전도 등. 그런데도 전도가 주님의 마지막 명령이고 교회가 사는 길이고 나와 내 가족이 먹고 사는 밥줄이기에 강단에서 매일같이 전도를 부르짖었는데 늘어나는 것은 새신자들이 아니라 교인들의 원망과 불평들뿐이었다. 난 한동안 이런 사실에 대하여 원인조차도 분석할 수 없었다. 나의 주옥같은 설교를 듣고도 전도하지 않는 교인들이 야속하게만 느껴졌고 목회에 대한 회의까지 들게 되었다.

어느 날 전도폭발훈련을 받는 중 실습을 하려고 국군 통합병원으로 전도를 나갔다. 마침 병실에 지뢰를 밟은 장병이 다리 한쪽을 절단하는 수술을 받고 마취가 깬 상태에서 몹시 괴로워하고 있었다. 나는 또 다른 전도요원과 함께 그에게 다가가서 당당하게 질문했다. "선생님, 만일 오늘 밤이라도 이 세상을 떠나신다면 천국에 들어갈 것을 확신하고 계십니까?"라고 질문했다가 병실이 완전 뒤집어졌다. 그때 일을 생각하면 내가 살아있다는 게 기적이다. 지금도 가끔 독기 어린 장병의 눈빛과 그분의 저항을 기억하면 미안함을 감출 수가 없다. 전도가 잘못이라는 게 아니고 방법과 접촉점이 잘못되었던 것이다. 이처럼 전도의 대상과 장소에 따라 전혀 다른 방법으로 제시해야 한다는 사실을 그때 알았다. 이 사실을 알기까지 생명을 담보로 한 시행착오를 겪어야 했다. 그러한 사실을 경험하기 전에 강단에서 무조건 전도하라고만 윽박지르며 결단을 촉구했으니 원망들을 만한 일을 내가 제공한 셈이 되었다.

그러므로 전도를 결단하더라도 여러 가지 전도들을 나열하는 방식으로 전도하라고 할 것이 아니라 그중에서도 어느 특정한 것 하나만을 택하여 구체적으로 행동에 옮길 수 있는 자세한 방법과 축복을 제시해 주고 결단을 촉구해야 한다.

● 성경이 제시하는 기도에 관한 결단

"또 너희는 기도할 때에 외식하는 자와 같이 하지 말라 그들은 사람에게 보이려고 회당과 큰 거리 어귀에 서서 기도하기를 좋아하느니라 내가 진실로 너희에게 이르노니 그들은 자기 상을 이미 받았느니라 너는 기도할 때에 네 골방에 들어가 문을 닫고 은밀한 중에 계신 네 아버지께 기도하라 은밀한 중에 보시는 네 아버지께서 갚으시리라 또 기도할 때에 이방인과 같이 중언부언하지 말라 그들은 말을 많이 하여야 들으실 줄 생각하느니라"
(마 6:5-7).

이처럼 '너희가 기도하라' 그렇게 결단 시킨 것이 아니라 어떻게 기도해야 하는지를 구체적으로 가르쳐 주셨다. 뿐만 아니라 내용까지도 친절하게 가르쳐 주셨는데 그것이 바로 우리가 잘 알고 있는 주기도문이다.

"하늘에 계신 우리 아버지여 이름이 거룩히 여김을 받으시오며 나라가 임하시오며 뜻이 하늘에서 이루어진 것 같이 땅에서도 이루어지이다 오늘 우리에게 일용할 양식을 주시옵고 우리가 우리에게 죄 지은 자를 사하여 준 것 같이 우리 죄를 사하여 주시옵고 우리를 시험에 들게 하지 마시옵고 다만 악에서 구하시옵소서 나라와 권세와 영광이 아버지께 영원히 있사옵나이다 아멘"(마 6:9-13).

이처럼 예수님은 기도에 대한 결단을 촉구하시되 누구나 쉽게 따라 할 수 있도록 가르쳐 주셨다. 혹자는 이런 걸 누가 모르겠는가? 기존 신자라면 누구나 다 알고 있는 것을 굳이 이렇게까지 자세하게 설교시간에 말해야 하는가? 라고 반박할 수도 있다. 하지만 기존 신자라 할지라도 대다수 모르고 있다 말해도 과언은 아니다. 물론 전도나 기도 같은 개념을 모르는 사람은 아무도 없다. 하지만 전도의 방법이나 기도의 방법을 몰라서 못하는 경우가 허다하다.

기독교 서적 중에 가장 많이 팔리는 분야가 기도에 관한 서적이라고 한다. 기도에 관한 서적이 왜 가장 많이 팔리겠는가? 기도에 관하여, 기도를 어떻게 할 것인지를 몰라서 찾는 사람들이 대다수이기 때문이다. 그중에는 교회를 오래 다닌 기존 신자들이 기도를 잘 해 보려고 기도 서적을 찾는단다. 그리고는 기도의 방법론을 터득하는 것이 아니고 좋은 내용을 찾기 때문에 기도하는데 항상 목말라 있는 것이다. 기도의 종류만 해도 수십 가지가 넘는다. 또한 방법론도 다 다양하다. 그런데 나만 홀로 강단에서 무조건 기도해야 한다고 윽박지르며 결단을 촉구하고 있었다.

얼마 전에 강준민 목사가 쓴 「어머니의 기도」라는 책을 읽다가 '향심기도'라는 것이 있다는 것을 처음 알았다. 그는 엄무광의 「향심기도」(성바오로 출판사)의 글을 인용하면서 향심기도는 기도의 중심부로 들어가는 것이고, 우리 내면의 중심부인 성소로 들어가는 것이고 하나님의 보좌 앞에서 하나님을 만나서 친밀한 교제와 연합을 이루며 하나님의 사랑을 누리는 것이라고 했다. 향심기도 외에도 묵상기도, 침묵기도, 관상기도, 정시기도, 무시기도, 작정기도, 금식기도, 새벽기도, 중보적 기도, 짝기도, 통성기도, 24시간 릴레이기도 등 기도의 종류와 방법은 다양하다. 그러므로 누구나 다 알고 있는 기도 중에서도 한 가지만 선택하여 어떻게 구체적인 행동으로 옮길 수 있는지에 대한 지침을 가르쳐주고 결단을 촉구해야 한다. 이때 청중은 반응하게 되고 결단을 하게 된다. 그렇지 않고 무조건 기도하라고만 한다면 기도가 너무

광범위한 것으로 막연하게만 받아 들여져서 기도해야겠다는 생각은 하면서도 막상 기도는 하지 못하게 되는 것이다.

물론 청중에는 설교자의 말씀에 순종하기 위해 막연하지만 무조건 기도하다가 응답 받는 경우도 있고 기도의 방법을 터득하는 경우도 있을 수는 있다. 이런 경우에는 엄청난 시행착오를 경험해야 한다. 하지만 청중은 시행착오가 두려워 아예 기도 하는 자체를 포기하는 경우가 많다는 사실을 설교자는 결코 잊어서는 안 된다.

요즘 많은 목회자들의 관심이 예배회복에 있다. 교회의 성장이 예배회복에서부터 시작해야 한다는 생각에서 예배회복을 결단하려고 하는데 이때 예배의 중요성은 강조하면서도 예배회복을 위하여 어떻게 해야 하는지에 대하여는 말해주지 못하고 있다. 예배회복을 위하여 이렇게 결단하는 설교를 들어본 적이 있다. "여러분, 하나님의 축복을 받으려면 먼저 예배에 성공해야만 합니다. 예배에 성공하려면 첫째로 정해진 예배시간보다 일찍 교회에 와야 합니다. 둘째 찬양을 부를 때 최선을 다해서 불러야 합니다. 셋째, 말씀을 들을 때는 집중해서 들어야 합니다. 넷째, 오늘 들은 말씀은 반드시 실천에 옮겨야 합니다." 다 옳은 말씀이다. 하지만 이런 결단을 들은 청중들은 이 말씀에 동의하고 이해할지는 모르지만 행동으로 옮기기에는 너무나 막연하기 때문에 그 어느 것 하나 결단하기가 어렵다. 예배에 성공하기 위해서 한 가지만 결단시키는 것이 좋다. 우선 교회에 일찍 오는 것을 결단시키면 청중들은 예배시간에 늦지 않을 것이다.

찬양도, 최선을 다해서 불러야 한다고 말하기 전에 어떻게 하는 것이 최선을 다하는 것이고 어떻게 부르는 것이 최선의 노래로 하나님께 영광을 돌리는 것인지를 가르쳐주고 결단을 시키는 것이 옳다. 또한 말씀을 집중해서 듣기 위해서는 어떻게 하는 것이 옳은지와 말씀을 듣고 실천하는 삶의 구체적인 행동지침을 주고 결단을 시켜야 결단의 효과가 나타난다.

그러니까 예배 성공을 결단하기 원한다면 매주일 다른 내용으로 결단 하는 것이 좋다. 첫 주에는 예배에 일찍 나오기, 둘째 주는 찬양을 부를 때 최선을 다해서 부르기, 셋째 주는 말씀을 집중해서 듣기, 넷째 주는 말씀대로 실천하기로 정하여 결단한다면 한 달 동안에 예배 성공에 대한 것만 결단하는 셈이 되는 것이다. 이러한 결단은 단순하고 싱겁게 보일런지 몰라도 이것이 청중을 움직이는 힘이요 변화시키는 원동력이 된다. 청중을 변화시키고 청중으로 하여금 결단하게 하는 것은 화려한 내용이 아니라 단순하면서도 구체적인 방법이다. 예배에도 주일 낮 예배, 주일 오후예배, 주일 저녁예배, 수요예배, 금요철야예배, 새벽예배 등 개 교회 형편에 따라 다양한 예배의 형식들이 있을 수 있는데 두루뭉술하게 예배회복을 결단시키고자 한다면 청중들도 두루뭉술하게 이해하고 넘어가게 된다. 예배를 결단할 때 그중 어느 하나를 결정하고 그에 따른 특성을 말해 주고 어떻게 예배에 임할 것인지를 구체적으로 제시하고 결단시키는 것이 좋다.

Act(결단)의 방법

결단 역시 일정한 Tool이 있어야 한다. 그래야 더 명확하게 전달된다.

1. AC(Act Content) 결단의 내용

Content(결단의 내용)은 한 가지만을 정해야 하고 왜 그것을 정했는지에 대해 설명해주고 결단의 중요성과 결단의 당위성을 말해주면서 결단을 유도한다. 결단은 목회와 접목되는 유형들로 하되 교회의 프로그램과 목회적 행사로 한다. 결단은 목회철학과도 밀접한 관계가 있다.

2. AA(Act Action)결단의 행동

이것은 청중들의 헌신을 요구하며 구체적인 행동지침을 설명함으로써 청중들이 쉽게 결단할 수 있도록 방향을 제시해 주어야 한다. 행동지침에서는 반드시 지켜야 할 사항과 하면 안 되는 것들에 대해서도 설명이 필요하다.

3. AF(Act Fruit)결단의 복

여기서는 결단을 촉구한다. 결단은 헌신이 따르지만 결과는 반드시 복이 온다는 사실을 확신 있게 증거해야 한다. 하나님을 보여주되 반드시 복을 주시는 하나님이심을 청중들로 하여금 경험하게 해 주어야 한다.

다음은 어떻게 결단시킬 것인지 실례를 들어 방법을 제시해 보았다.

결단의 예 1) 성경 암송

AC(Act Content 결단의 내용)

아브라함이 하나님의 말씀에 순종하여 고향과 친척과 아버지의 집을 떠나서 열국의 아비로 축복의 통로가 되었던 것처럼 여러분도 날마다 축복의 삶을 누리기 위해서는 한 가지 꼭 실행해야 할 것이 있는데 그것이 바로 성경을 암송하는 일입니다.

성경 암송은 영의 양식입니다. 우리가 음식을 먹지 않고 살 수 없듯이 성경 말씀을 암송하지 않는다면 우리의 영혼이 건강해질 수가 없습니다. 우리의 삶에서 성경 암송하는 일을 빼놓는다면 날마다 찾아오는 시련과 고통을 이겨낼 수가 없습니다. 비록 우리의 삶이 앞이 보이지 않는 터널과 같은 어둡고 고통스러운 삶이라 할지라도 하나님의 말씀을 암송하고 그 말씀을 먹는 사람은 그 어떠한 어려움도 쉽게 극복할 수가 있습니다. 또한 말씀을 암송하는 사람은 교만하지 않을 뿐 아니라 반드시 승리하는 삶이 보장되어 있기 때문에 우리 인생에서 말씀 암송은 너무 너무 중요합니다.

AA(Act Action 결단의 방법)

하지만 말씀을 암송하는 일이 결코 쉬운 일이 아닙니다. 그것도 바쁜 일상에서 매일매일 성경을 암송하기란 거의 불가능합니다. 그러나 오늘 제가 말씀한대로 따라하면 여러분도 성경 암송을 할 수가 있습니다.

1. 성경을 하루 한 절씩만 외우십시오. 처음부터 성경구절이 너무 많거나 길면 외우는 데도 부담이 되지만 작심삼일이 될 가능성이 높습니다.
2. 외울 말씀을 미리 정하십시오. 성경구절을 성경에서 뒤져서 암송하려면 쉽게 말씀이 떠오를 때도 있지만 그렇지 않을 때는 시간이 많이 걸립니다. 그렇기 때문에 말씀카드를 구입해서 시작하는 것이 좋습니다. (교회에서 준비해 주면 훨씬 좋다.)
3. 성경은 수시로 암송해야 합니다. 한번 외웠다고 덮어버리면 쉽게 잊어버립니

다. 지나간 것도 반복해서 암송하시되 시간 날 때마다 수시로 암송해야 합니다.
4. 잠들기 전에 이불속에서 다시 한 번 암송해 보십시오. 자기 전에 외운 것은 자는 동안에도 뇌가 운동을 하기 때문에 더 잘 기억나게 해 줍니다.
5. 성경을 암송할 때는 그 내용의 의미가 무엇인지를 묵상하면서 외우십시오. 그러면 잊어버릴 염려도 없고 은혜도 배로 임하게 됩니다.

AF(Act Fruit 결단의 복)

하나님께서는 성경을 암송하는 성도들에게는 반드시 축복해주십니다. 그렇기 때문에 성경을 암송하는 사람은 예상치 못한 어려움이 닥친다 해도 말씀으로 극복할 수 있고 승리의 삶을 누리게 되는 것입니다. 하지만 성경을 암송하지 않은 사람은 인생의 위기가 찾아오면 극복할 수 있는 지혜가 없기 때문에 그 자리에 주저앉게 되고 패배자로 살 수 밖에 없습니다. 그러므로 오늘부터 여러분 모두 제가 가르쳐 드린 대로 하루에 한 절씩 성경을 암송하십시오. 말씀을 암송하면 하나님의 지혜가 임합니다. 왜냐하면 말씀이 곧 하나님의 지혜이기 때문입니다. 하루에 한 절씩만 암송하면 자신도 모르는 사이에 그렇게 살아가게 됩니다. 그렇게 되면 하나님은 그에게 지혜뿐만 아니라 사업과 건강과 자녀에게까지 축복을 넘치도록 부어 주십니다. 말씀을 암송할 때 하나님을 경험하게 되고 그러면 세상에는 두려울 것이 없어집니다. 말씀 암송은 부부간의 갈등과 고부간의 갈등도 완전히 해결해 줍니다. 그러므로 말씀 암송은 우리 생활에 활력을 주고 성공하는 삶을 살게 합니다. 내일부터가 아니라 오늘부터 아니 지금부터 시작하십시오. 오늘부터 성경 암송을 시작해보겠다고 결심이 서신 분들은 오른손을 왼쪽 가슴에 올려주십시오. 감사합니다. 감사합니다. 감사합니다. (이런 식으로 결단에 동참하게 되면 그들을 위해 설교자는 축복기도를 해 줌으로써 결단을 마무리한다.)

결단의 예 2) 총동원 전도 (새 생명 축제, 해피 데이)

AC(Act Content 결단의 내용)

이삭이 하나님의 말씀에 의지하여 믿음으로 그랄에 머물렀을 때 하나님은 이삭에게 백 배의 축복을 주셨습니다. 우리도 이처럼 이 시대에 영혼이 잘됨같이 범사에 잘되고 형통한 축복을 받기를 원한다면 한 가지 실천하며 살아야 할 것이 있습니다. 그것은 바로 총동원 전도입니다. 총동원 전도는 아버지의 마음을 갖는 것입니다. 총동원 전도는 영적 가뭄을 맞은 이 시대에 전 성도가 다 함께 멸망할 수밖에 없는 불신자에게 복음을 전하는 것입니다.

하나님 아버지께서는 죽을 죄인일지라도 죄에서 돌이켜 회개하고 구원받는 것을 간절히 원하고 계시기 때문입니다. 총동원 전도는 이런 아버지의 마음으로 불신자에게 복음을 전하여 사망에서 생명으로 이끄는 생명운동입니다. 이 시대의 부흥을 일으키는 회복운동이기에 무엇보다도 우선시 되어야 합니다.

AA(Act Action 결단의 방법)

총동원 전도에 참여하여 불신자들에게 효과적으로 복음을 전하려면 다음과 같은 중요한 전략이 필요합니다. 이 일은 8주 동안 진행될 것인데 오늘은 이번 주에 실천할 것을 말씀드리겠습니다. 지금부터 제가 하는 말을 잘 따라 해 보십시오.

1. 먼저 전도대상자(예비신자)를 선정해야 합니다.

　　대상자가 분명하지 않으면 과녁 없이 활을 쏘는 궁사와 같습니다. 그렇게 되면 수고에 대한 아무런 결과도 얻을 수가 없기 때문입니다. 전도대상자를 마음으로 정해야 전도에 집중할 수 있습니다.

2. 이런 사람을 전도대상자로 삼아야 합니다.

반드시 우리 교회로 데려올 수 있는 불신자를 전도대상자로 삼아야 합니다. 자주 만나서 사랑으로 섬길 수 있어야 하고 거리로 볼 때 가까운 곳에 사는 분들이어야 합니다. 교도소에 복역 중이거나 군 복무를 하고 있는 형제를 정하면 안 됩니다. 물론 그들도 구원받아야 할 대상이지만 이번 총동원 주일에 데리고 올 수 없기 때문입니다. 총동원 전도는 실제로 전도가 되어 교회에 새 가족으로 등록 시켜야 하는 부흥운동입니다. 그러므로 우리 교회에 데리고 올 수 있는 사람을 전도대상자로 선정해야 합니다.

3. 전도대상자를 정했다면 기도해야 합니다.

한 생명을 구원하는 일은 치열한 영적 전투이기 때문입니다. 사망에서 생명으로, 지옥에서 천국으로, 마귀에게 사로잡혀 있는 사람을 하나님의 자녀로 돌아오게 하는 일입니다. 한 영혼을 구원하는 일이기에 기도는 필수입니다. 작정한 사람의 이름을 불러가며 하루에 한 번 이상 기도하는 것이 무엇보다 중요합니다.

4. 이제 오늘 주보와 함께 나눠드린 카드에 전도대상자의 이름과 신상에 대하여 아는 데로 적으십시오. 여러분이 이 시간 전도대상자의 이름을 적었다면 이미 전도는 시작된 것입니다. 그러므로 영적 전투도 이제부터 시작된 것입니다.

AF(Act Fruit 결단의 복)

총동원 전도에 한 사람도 빠지지 않을 것을 믿습니다. 우리가 다 함께 이 일을 기쁨으로 참여한다면 영적 가뭄을 맞은 이 시대를 살리는 주역이 되는 것은 물론, 한 해 농사로 백 년 먹을 양식을 얻은 것과 같은 큰 축복을 누리는 것입니다.

지금 전도대상자를 정하십시오. 나는 이래서 못해! 나는 저래서 안돼! 라는 부정적인 생각을 버리시고 믿음으로 정하십시오. 지금 전도대상자를 정하는 것은 우리 교회 전 성도가 함께 달려가는 축복의 길에 함께 동참하는 일입니다. 물론 포스트모던 시대에 전도대상자를 정하고 교회까지 데리고 온다는 것은 결코 쉬운 일이 아닙니다. 하지만 이 일에 여러분이 기쁨으로, 사명으로 참여하기만 한다면 하나님께서도 여러분과 함께 하십니다.

그러면 전도의 능력과 할 말들, 지혜와 영력과 다른 은사도 주시는 것은 당연한 일이고 전도대상자를 사랑으로 잘 섬길 수 있도록 물질과 건강의 축복도 주십니다. 뿐만 아니라 내 사업도 직장도 자녀의 문제들까지도 책임져 주십니다. 전도대상자를 정하고 기도하고 만나는 사람들은 인간관계의 달인이 되기도 합니다. 총동원 전도는 하늘의 능력을 이 땅으로 연결하는 파이프와 같습니다. 전도대상자만 잘 정해도 하늘에서는 그 능력의 파이프 배관을 시작합니다. 다 작성한 카드는 지금 제출하시기 바랍니다.

결단의 예 3) 성전 24시간 릴레이 기도(총동원 전도 주일을 위한 기도)

AC(Act Content 결단의 내용)

야곱이 두려움과 죽음을 무릅쓰고 하나님의 말씀에 순종하여 벧엘로 올라 가기로 결심하고 떠났을 때 하나님은 그 사면 고을들로 크게 두려워하게 하여 야곱의 아들들을 추격하는 자가 없도록 하셨습니다. 하나님은 오늘 우리에게도 동일한 축복을 주시기를 원하시는데 우리 가운데 한 분도 이런 축복의 자리에서 낙오자가 없게 되기를 소원합니다. 그러기 위해서는 한 가지 결단이 꼭 필요합니다. 그것은 성전에서 24시간 릴레이 기도를 하는 것입니다.

성전 24시간 릴레이 기도는 전 성도가 한 사람도 빠짐없이 교회에 나와서 한 시간씩 릴레이로 이어서 기도하는 것을 의미합니다. 그러면 교회 중심으로 기도가 끊이지 않고 계속 이어지게 됩니다. 그렇다면 왜 이 일을 해야 하나요? 전도대상자가 복음을 듣고 구원을 받게 하려면 하나님의 도우심이 필요하고 사탄의 공격을 막아야 하기 때문입니다. 우리가 성전을 떠나지 않고 기도할 때 하나님은 그 기도의 소중함을 아시고 일일이 응답해 주십니다.

하나님께서 전 성도가 한 마음과 한 뜻을 가지고 전심으로 기도할 때 하늘의 신령한 것들과 땅에 기름진 것으로 채워주실 뿐 아니라 전도의 대상자를 구원해 주십니다. 성전 24시간 릴레이 기도는 모든 성도가 하나님의 구원하심을 인정하고 하나님을 높여 드림으로 어두움의 권세는 결박당하고 하나님의 일하심을 경험하는 대단히 능력 있는 기도입니다.

AA(Act Action 결단의 방법)

다음 주부터 두 주간 동안 성전 24시간 릴레이 기도를 하려고 하는데 어떻게 해야 하는지 지금부터 제가 알려드리겠습니다. 잘 들으시고 따라하시기 바랍니다.

1. 먼저 나눠드린 〈성전 24시간 릴레이 기도 신청서〉를 기록해야 합니다. 1주일에 한 번 이상 교회에 나와서 1시간 동안 기도할 수 있는 시간을 작정하고 기도 신청서에 기도할 수 있는 시간을 표시하여 제출해 주십시오. 반드시 이름과 전화번호를 남기셔야 합니다.

2. 무엇을 위해 기도해야 할까요? 정한 시간에 교회에 나와서 인쇄물에 미리 준비한 기도 내용을 읽어가면서 기도하면 됩니다. 거기에는 총동원 전도를 위한 기도제목과 전도대상자 명단이 기록되어 있습니다. 전도대상자를 위해 어떻게 기도해야 하는지 알게 하는 영적 전투를 위한 중보기도 내용도 기록되어있습니다. 단순히 읽기만 하는 것이 아니라 기도의 제목을 가지고 간절한 마음으로 간구하다 보면 큰 능력을 받게 되고 한 시간이 금방 지나가 버립니다.

3. 릴레이 기도의 생명은 끊이지 않아야 하는 것입니다. 계주 경기에서 배턴을 넘겨주는 것은 잘 달리는 것보다 더 중요한 일입니다. 아무리 잘 달리는 선수로 구성되어 있다 할지라도 배턴을 한 번 떨어뜨리면 그 경기는 끝입니다. 그러므로 기도 담당자는 자기가 정한 시간보다 최소한 5분 전까지는 기도실에 도착해야 합니다. 먼저 게시판을 보고 자신이 정한 기도 시간 확인란에 사인을 한 후, 다음 기도자에게 미리 알려 줍니다. (음성전화나 문자메시지, 문자메시지로 보냈을 경우 꼭 답장 확인을 받아야 합니다.)

4. 어떻게 기도해야 할까요? 소리를 내서 크게 기도해야 합니다. 그래야 잡념에 빠지지 않고 집중해서 기도하게 되고 간절한 마음이 우러나오게 됩니다. 이렇게 간절한 마음으로 전도대상자와 총동원 전도 주일을 위해 기도하다보면 기도와 전도에 능한 용사가 되는 것입니다.

AF(Act Fruit 결단의 복)

이제 모두 〈성전 24시간 릴레이 기도 신청서〉를 작성하십시오. 지금 하지 않고 나중에 하겠다고 생각하고 미룬다면 사탄에게 기회를 빼앗기게 되고 곧 후회하게 됩니다. 지금 작성하시고 신청서를 꼭 제출해 주십시오. 이처럼 우리가 다 함께 힘을 모아서 성전 24시간 릴레이 기도를 하게 되면 교회를 향한 하나님의 마음과 한 영혼에 대한 하나님의 열망을 알게 됩니다. 하나님은 그런 사람들과 함께 하시기를 기뻐하시고 우리가 상상도 하지 못했던 놀라운 축복을 소낙비처럼 부어 주십니다.

혼자서 1시간을 기도하는 것과 1시간을 기도하되 릴레이로 이어서 기도하는 것과 결과는 하늘만큼 땅만큼 차이가 납니다. 기도가 쌓인 곳에 계속 기도가 쌓이기 때문에 영적 전투의 승리의 쾌감을 경험하게 될 것이고 자신감 넘치는 리더십을 얻게 될 것입니다. 그렇게 되면 세상에 나가서도 승리하는 삶을 이어가게 됩니다. 이때 영적인 분별력도 생겨나니 일상생활에서도 실수하는 일이 없어집니다. 이 일이야말로 영혼이 잘됨같이 범사가 잘되고 형통한 축복을 누리는 길입니다.

성전 24시간 릴레이 기도를 하는 것은 승리의 삶으로 나아가는 자동문 앞에 선 것과 같습니다. 어떤 문제가 있든지 그 앞에만 서면 자동으로 척척 열릴테니까 말입니다. 내일이면 늦습니다. 오늘이어야 합니다.

IAM설교
감동에서 변화로

III
툴 TOOL에 따라 작성한 설교문

지금까지 어떻게 설교를 작성할 것인지를 설명했다.
여기에서는 독자들로 하여금 좀 더 쉽고 구체적으로 Tool(툴)을
이해하고 접근하는 데 도움을 드리기 위해
설교 3편의 전문을 실어 보았다.

설교 1.

그일라를 구하라

본문: 사무엘상 23:1~4   CT: 다윗   Aw: 기도

"사람들이 다윗에게 전하여 이르되 보소서 블레셋 사람이 그일라를 쳐서 그 타작 마당을 탈취하더이다 하니 이에 다윗이 여호와께 묻자와 이르되 내가 가서 이 블레셋 사람들을 치리이까 여호와께서 다윗에게 이르시되 가서 블레셋 사람들을 치고 그일라를 구원하라 하시니 다윗의 사람들이 그에게 이르되 보소서 우리가 유다에 있기도 두렵거든 하물며 그일라에 가서 블레셋 사람들의 군대를 치는 일이리이까 한지라 다윗이 여호와께 다시 묻자온대 여호와께서 대답하여 이르시되 일어나 그일라로 내려가라 내가 블레셋 사람들을 네 손에 넘기리라 하신지라"

다윗은 성군이었고 믿음의 사람이었다. 그런데 굳이 다윗의 문제를 들추고 전혀 믿음이 없는 사람처럼 그 문제를 더욱 심화시키려고 하는 이유는 다윗도 우리와 성정이 같은 사람이고 그에게도 청중이 안고 있는 문제를 똑같이 가지고 있다고 말해줌으로써 청중들로 하여금 문제를 공감하게 하고 다윗의 문제에 비해 청중의 문제는 별것 아닌 것처럼 접근하기 위해서다.

다윗이 블레셋을 치고 그일라를 구원하는 것을 신앙적인 관점에서 보면 아무 문제도 되지 않는다. 하지만 상식적이고 인간적인 관점에서 보면 다음과 같은 엄청난 문제를 내포하고 있는 것 또한 사실이다. 그러므로 문제를 더욱 극대화 시켜서 성경인물(CT) 다윗의 고민과 갈등을 말해주는 것이 Matter(문제제기)의 관전 포인트다.

여기서부터 설교의 실제로서 Matter(문제제기)를 해보자.

Matter(문제제기)

다윗이 블레셋 장수인 골리앗을 죽이고 위기에 빠져있던 이스라엘을 구했습니다. 다윗은 이일로 말미암아 이스라엘 백성들로부터 칭송을 받게 되고 스타덤에 오르게 되었습니다. 다윗의 인기가 사울 왕보다 높아지게 되자 사울 왕은 위기의식을 느끼게 되었고 그날 이후부터 다윗을 죽이기에 혈안이 되었습니다. 다윗은 요나단의 도움으로 사울 왕을 피해 간신히 도망쳐 나왔습니다. 그 후에도 다윗을 추종하는 사람들이 생겨났고 그럴수록 사울 왕은 살기가 등등해서 전 이스라엘 군대를 풀어서라도 다윗을 잡아 죽이려했습니다.

하루는 다윗이 그를 추종하는 자들과 함께 도망 중에 블레셋 사람들이 그일라를 쳐서 그 타작 마당을 취하였다는 소식을 듣게 되었습니다(1절). 그일라는 유다의 산기슭에 위치한 요새화된 도시로 헤브론의 북서쪽으로 약 13킬로미터 거리에 위치한 작은 마을이었습니다. 다윗은 같은 유다사람들을 이방사람들로부터 구원해주고 싶은 마음이 불현듯 생겼습니다. 그래서 다윗은 하나님께 나아가 물었습니다. "다윗이 여호와께 묻자와 이르되 내가 가서 이 블레셋 사람들을 치리이까"(2절). 그러자 하나님께서 간략하고 명쾌하게 말씀하셨습니다.

"가서 블레셋 사람들을 치고 그일라를 구원하라 하시니"

그러나 다윗이 블레셋을 공격하고 그일라 백성들을 구원하는 것은 말처럼 쉬운 일이 아닙니다. 그일라를 구원하는 것은 현실적으로 불가능한 일입니다. 3절 말씀을 보면 "다윗의 사람들이 그에게 이르되 보소서 우리가 유다에 있기도 두렵거든 하물며 그일라에 가서 블레셋 사람들의 군대를 치는 일이리이까 한지라" 그렇습니다. 다윗은 지금 자신을 죽이겠다고 혈안이 된 사울 왕을 간신히 피해 도망 다니고 있는 중입니다. 자신의 몸 하나 간수하기 어렵고, 자신을 추종하며 따라온 사람들을 돌보는 일도 결코 쉬운 일이 아닙니다. 그러니까 목숨을 걸고 다윗을 따르는 추종자들조차 두렵다고 하질 않습니까?

이런 상황에서 그일라 사람들을 도우려고 나섰다가는 사울 왕에게 자신을 노출시키는 결과를 가져올 뿐 아니라 사울 왕의 표적이 되어 자신을 믿고 따르는 자들과 함께 모두 몰살될 수도 있습니다. 그렇기 때문에 현실적으로 도와주면 안된다는 것이 다윗을 따르는 사람들의 말입니다.

이 말은 상당히 설득력이 있고 아주 지혜로운 판단입니다. 지도자라면 현실에 대해서도 민감해야 되겠지만 지혜로운 사람들의 말을 들을 수 있는 겸손함이 있어야 합니다.

뿐만 아니라 그일라를 구원하기 위해서는 반드시 블레셋과 전면전을 치러야 합니다. 지금 블레셋은 철로 된 무기를 가진 강력한 군대입니다. 반면에 다윗은 변변한 무기 하나 가지지 못했습니다. 자기 수하의 병력도 600명이 채 안 되었습니다. 게다가 그들은 블레셋의 군대에 비해 훈련도 받지 못한 사람들입니다. 사무엘상 22장 2절에 보면 "환난 당한 모든 자와 빚진 모든 자와 마음이 원통한 자가 다 그에게로 모였고 그는 그들의 우두머리가 되었는데"라고 표현하고 있습니다. 한마디로 상처 입은 사람들만 모인 오합지졸입니다. 이들을 데리고 블레셋과 전면전을 치른다는 것은 계란으로 바위를 깨뜨리려고 하는 어리석음과 같은 처사입니다. 이런 오합지졸을 데리고 그일라를 구원하겠다고 혈기를 부리다가는 그일라를 구하기도 전에 수하에 있는 모든 사람들을 잃게 됩니다.

그일라 사람들의 아픔을 보고 그냥 지나치는 것도 쉽지는 않겠지만 그래도 자기 자신뿐만 아니라 수하의 백성들을 보호해 주고 지켜주는 것이 우선 되어야 하지 않겠습니까? 내가 안정이 되고 주변이 안정될 때 남을 돕든지 구원하든지 할 일이지 자기 자신이 도망 다녀야 하는 입장에서 무슨 힘으로 남을 도울 수 있겠습니까? 그러니 이 일은 결코 불가하다는 사람들의 말을 들어야 지혜로운 지도자가 되는 것입니다.

그일라를 도와주어서는 안 되는 또 하나의 이유가 있는데 그것은 그일라 사람들이 배신할 수 있다는 것입니다. 그일라 사람들은 어떤 사람입니까? 자신들이 살겠다고 여기저기 붙어사는 배은망덕한 사람들입니다. 사무엘상 23장 11절에 보면 "그일라 사람들이 나를 그의 손에 넘기겠나이까?"라고 다윗이 하나님께 묻습니다. 그러자 하나님은 12절에 "그들이 너를 넘기리라"고 말씀해주십니다. 다윗은 자신의 목숨과 자신의 수하들의 목숨을 담보하면서까지 그일라를 블레셋으로부터 구원하여 주었는데 하루아침에 배신하는 배은망덕한 사람들이 그일라 사람들입니다. 그런 자들을 돕기 위해 목숨까지 걸고 무모한 행동을 한다는 것은 지도자로서의 올바른 자질이라 볼 수 없습니다.

마지막으로 다윗이 그일라 사람들을 도와주어서는 안 될 가장 큰 이유가 하나 또 있습니다. 다윗을 따르는 사람들의 반응입니다. 3절에서 보았듯이 다윗의 사람들은 그일라를 구원하는 일을 탐탁하게 여기지 않았습니다. 그들은 대략 600명 쯤 되었고(13절) 모두 남자로서 가족들이 있는 사람들이었습니다. 그들은 가족을 부양할 책임이 있을 뿐 아니라 적들로부터 가족을 지켜야 할 의무가 있는 사람들인데 그일라를 구하려고 블레셋과 전면전을 치루는 사이에 사울 왕의 협공으로 모두가 죽을 수도 있는 것입니다.

다윗의 사람들은 그일라를 구한들 자신들에게 돌아올 유익이 없다는 것을 잘 알고 있었습니다. 그러므로 싸워 이기지도 못할 블레셋과 목숨을 걸고까지 싸워야 할 필요가 하나도 없습니다. 다윗이 만약 그들의 마음을 이해하지 못하고 그들의 청을 들어주지 않는다면 그나마 그 600명마저도 다 떠날 수가 있습니다. 이런 현실을 보는 눈을 가지지 못했다면 진정한 지도자라 할 수 없을 것입니다.

여기까지가 Matter(문제제기)다. CT(다윗)가 AW(기도)하지 않을 때, 혹은 기도가 식을 때 나타날 수 있는 갖가지 상황들을 재현해 보면서 다윗이 겪어야 하는 고통이나 갈등을 말해주면 된다.

여기서부터는 문제를 해결하기 위한 성경인물(다윗)의 노력에 대하여 설교하고자 한다.

다윗은 자신 앞에 있는 수많은 문제들을 해결하기 위해 기도만 한 것이 아닐 것이다. 그는 여러 가지로 이 문제를 해결할 수 있었겠지만 IAM 설교의 특징은 그 가운데 하나만을 정해서 깊이 있게 표현하는 것이다. 그러므로 AW(목적단어)를 기도로 정했다.

하지만 기도란 추상적인 단어에 불과하다. 기도라는 추상적인 단어가 문제를 해결하는 헌신이 되지는 못한다. 그러므로 기도라는 AW를 어떻게 헌신했는지를 말해줘야 하는데 다윗은 하나님께 문제해결을 위한 방법을 묻고 그 말씀대로 실행했다.

그러므로 AW(목적단어)는 '기도'이고 헌신은 '물었다' 이다. 즉 기도란 하나님께 묻는 것이고 이것은 문제해결을 위한 키워드가 된다.

물론 이것 말고도 수없이 많은 해결방법이 있지만 한편의 설교에서는 하나의 AW(목적단어)와 하나의 헌신만을 강조할 때 에너지가 나오고 효과적이다.

이제 CT(다윗)가 Matter(문제제기)를 어떻게 해결하려고 했는지 알아보자.

CTA (문제해결을 위한 성경인물의 헌신적 행동)

다윗은 자신을 따르는 자들의 반대가 더욱 커지고 자신의 입지가 약해지고 있을 때 더이상 자신을 따르는 자들의 소리에 의지하지 않고 하나님께 묻습니다. 모든 문제의 해결은 사람들의 지혜나 지식에서 나오는 것이 아니라 하나님께 있음을 다윗은 알고 있었습니다. 그래서 다윗은 자신의 앞에서 펼쳐지는 당면한 문제에 대해서 하나님께 나아가 물었습니다.

사랑하는 동역자 여러분!
인생의 모든 문제의 해결의 키가 어디에 있다고 봅니까? 인간의 지식, 경험, 열심에서 나오는 것입니까? 아닙니다. 인생의 모든 문제의 해결은 오직 만군의 주 여호와 하나님께만 있다는 사실을 믿으시기 바랍니다. 다윗은 누구보다도 이 사실을 알았기에 사람들의 소리에 귀를 기울이려고도 하지 않고 사람들의 의견을 묻시도 않았습니다. 다윗은 사무엘상 23장 2절에 "이에 다윗이 여호와께 묻사와 이르되 내가 가서 이 블레셋 사람들을 치리이까" 하고 물었습니다. 다윗의 사람들이 두려워 모두가 안 된다고 말할 때에는 다윗은 사무엘상 23장 4절에 "다윗이 여호와께 다시 묻자온대"라고 말씀하고 있습니다. 그뿐만 아니라 다윗은 문제가 있을 때마다 하나님께 물었습니다. 사무엘하 2장 1절을 보면 "그 후에 다윗이 여호와께 여쭈어 아뢰되 내가 유다 한 성읍으로 올라가리이까" 다윗은 자신이 힘으로 해결하기 힘든 문제가 있으면 언제든지 하나님 앞에 나아가 물었습니다.

사람들은 힘든 일이 생기거나 어려운 문제가 생기면 사람들에게 찾아가 자신의 문제를 해결받고 싶어 합니다. 그러나 사람을 찾아가면, 그 문제가 해결되기 보다는 더 복잡해지고 혼란스러워질 때가 많습니다. 2절 말씀을 보면 다윗도 하나님께 물었을 때 그일라를 구하려 했지만 3절에 사람들의 소리를 듣고 나서 더 큰 혼란에 빠지게 되었습니다.

사람의 소리는 자칫 하나님의 음성을 듣지 못하게 할 수가 있습니다. 사람의 소리를 듣고 하나님의 소리를 듣지 못한다면 인생은 불행해지게 됩니다. 다윗의 위대한 점은 바로 여기에 있습니다. 4절 말씀에 그는 다시 하나님께 나아가 묻습니다. 다윗도 처음에는 하나님의 말씀에 동의할 수 없었고 이해할 수가 없었습니다. 다윗도 우리와 성정이 똑같은 사람일진대 자신의 오합지졸의 사람들을 데리고 블레셋과 싸워서 그일라를 구원한다는 것이 상식적으로 이해가 되었겠습니까? 게다가 다윗은 그 누구보다 더 자신을 믿고 따르는 사람을 지켜주고 보호해 주는 데 생명을 걸었던 사람입니다. 그러기에 다윗의 위기 때에도 그를 추종하는 사람들이 생겨난 것이 아니겠습니까? 그런데 그런 사람들과 함께 정예화된 블레셋 군대와 맞서 싸우겠다는 것이 얼마나 어리석고 무모한 일인지 왜 모르겠습니까? 그를 따르는 사람들의 소리가 왜 안 들렸겠으며 그들의 심정을 왜 몰랐겠습니까? 그렇기 때문에 다윗은 하나님께 다시 나아가 물었습니다.

성공해야 할 사람들이 인생가운데 실패하는 이유는 하나님께 묻지 않거나 다시 물어보지 않기 때문입니다.

성경에는 하나님께 묻지 않았다가 실패한 사건들을 수도 없이 기록해 놓고 있습니다. 여호수아 9장 14절 "무리가 그들의 양식을 취하고는 어떻게 할지를 여호와께 묻지 아니하고" 여호수아와 이스라엘 백성들이 여리고와 아이성을 점령한 후, 기브온 사람들이 이스라엘을 속인 사건이 나옵니다. 이것에 대하여 여호수아와 이스라엘 백성이 하나님께 묻지 아니함으로 이스라엘의 가시가 되어 끝까지 이스라엘을 힘들게 했던 것을 기억할 것입니다.

기도는 하나님께 묻는 것입니다.

기도하는 사람들은 인생에 불행이 닥치고 해결할 수 없을 것 같은 문제 앞에서도 좌절하거나 타협하는 것이 아니라 하나님께 나아가 문제를 내려놓고 묻습니다. 다윗은 자신이 문제가 생길 때마다 하나님께 나아가 물었습니다. 반면에 사울은 어떠했습니까? 하나님께 나아가 묻기보다는 신접한 여인을 찾아가 묻고 있지 않습니까?

기도하지 않고 하나님께 묻지 않는 사울 왕은 민심을 얻기 위해 다윗을 죽이려고 혈안이 되었지만 기도하는 다윗은 하나님께 묻고 위기에 처한 그일라 백성들을 구원해 내지 않았습니까?

역대상 13장 3절에 "우리가 우리 하나님의 궤를 우리에게로 옮겨오자 사울 때에는 우리가 궤 앞에서 묻지 아니하였느니라" 사울 왕과 다윗의 사이는 바로 여기에 있습니다. 한 사람은 기도하는 사람이었고 한 사람은 기도하지 않는 사람이었습니다. 기도하는 사람은 아무것도 없는 상황에서도 이스라엘의 가장 위대한 왕이 되었고 기도하지 않는 사람은 모든 조건을 다 갖추고 있는 왕이었지만 결국 비극적인 삶을 살다가 죽었습니다.

역대상 10장 13~14절에 "사울이 죽은 것은 여호와께 범죄하였기 때문이라 그가 여호와의 말씀을 지키지 아니하고 또 신접한 자에게 가르치기를 청하고 여호와께 묻지 아니하였으므로 여호와께서 그를 죽이시고 그 나라를 이새의 아들 다윗에게 넘겨 주셨더라" 사울이 왜 죽었습니까? 성경은 사울이 범죄하였기 때문이라고 말합니다. 사울은 도대체 무슨 죄를 지었길래 하나님이 그를 죽이셨습니까? 그 원인은 하나님께 묻지 않았기 때문이라는 것입니다.

 우리는 오늘 중요한 사실을 얻어야 합니다. 죄가 무엇입니까? 하나님께 묻지 않는 것이 가장 큰 죄입니다. 로마서 6장 23절 "죄의 삯은 사망이요" 아무도 여기서 피해갈 수가 없습니다. 다시 한 번 정리해봅시다.

하나님께 묻지 아니하는 것이 죄요 죄의 결과가 죽음이라는 사실입니다.

우리가 하나님께 묻지 아니한다고 다 죽는 것은 아닙니다. 그렇다고 살아있다고 말할 수도 없는 노릇입니다. 하나님께 기도하지 않고 묻지 않는 사람은 육체는 살아있을런지 모르겠으나 영혼은 이미 죽은 거나 다름이 없습니다. 하나님께 묻지 않는 자는 이미 그 영혼이 죽은 것임을 역대상 10장 13~14절에서 명확히 밝혀주고 있지 않습니까?

저와 여러분은 어떤 사람들입니까? 하나님께 묻는 자입니까? 묻지 않는 자입니까? 살아있는 자입니까? 죽은 자입니까?

분명한 것은 저나 여러분이 살아있기에 … 하나님께 묻고 또 물었기에 이곳까지 오신 줄 믿습니다. 우리가 부족하고 모자라기는 해도 하나님께 묻고 또 묻는 한 반드시 승리할 것입니다.

설교가 여기서 끝나면 다윗만 드러내는 가주어적인 설교가 된다. 하지만 설교의 핵심은 그리스도이어야 한다. 기도의 본질, 즉 기도의 주체가 그리스도임을 밝혀주는 것이 IAM 설교의 핵심이다. IAM 설교는 어떤 본문에서도 그리스도를 드러낸다.

그러므로 기도는 하나님께 묻는 것입니다.

우리가 무엇으로 하나님께 물을 수 있겠습니까? 그 물음의 통로가 기도라는 것입니다. 기도는 말을 잘해야 되는 것이 아닙니다. 그리고 잘 참는다고 되는 것도 아닙니다. 기도는 어떻게 해야 할지 하나님께 묻는 것입니다. 그러므로 기도하는 자가 묻는 자요 묻는 자가 기도하는 사람입니다.

우리가 믿는 예수님은 기도하시는 분이셨습니다. 예수님은 평생을 하나님께 물으면서 사셨습니다. 새벽 미명에도 기도하셨고 늦은 밤에도 기도하셨습니다. 기적을 행하시기 전에도 기도하셨고 기적을 행하신 후에도 기도하셨습니다. 예수님은 자신이 이해가 안 될 때 묻고 또 물으셨습니다. 십자가를 지셔야 하는 순간에는 겟세마네 동산에서 밤을 새워가며 세 번이나 하나님께 묻고 또 물으셨습니다. 예수님께서 땀방울이 핏방울이 되기까지 묻고 또 물으셨던 이유는 하나님의 뜻을 이루시기 위함이었습니다. 우리가 기도하고 또 하나님께 물어야 하는 이유는 예수님처럼 하나님의 뜻을 이루기 위함입니다.

기도란 하나님의 뜻을 이루기 위해 하나님께 묻는 것입니다. 그러므로 하나님께 항상 묻는 사람이 기도하는 사람입니다.

여기까지가 CA(다윗)가 AW(기도)로 문제를 해결하려는 신앙의 헌신적인 CTA(행동)를 설교했다.

다음은 하나님의 개입, 즉 CT(다윗)의 문제를 해결하기 위한 하나님의 일하심에 대하여 알아보고자 한다.

여기서부터는 하나님이 높이 드러나야 하고 CT(성경인물)의 헌신적 행동을 통해 문제를 해결해 주시는 하나님의 개입과 방법을 보여주심으로 청중들로 그 하나님을 경험하도록 해야 한다. 하나님은 Matter(문제제기)에서 나왔던 다윗의 모든 고민과 갈등하던 문제들을 완벽하게 해결해 줌으로써 하나님이 하나님 되심을 보여준다.

GA(하나님의 일하심)

하나님은 기도하는 사람, 문제가 있을 때 자기에게 나아와 묻는 자들과 함께 하십니다.

왜 하나님께서는 다윗에게 그일라를 구원하라 하셨을까요?

다윗은 지금 사울 왕을 피해 도망다니는 신세이고 자신을 믿고 따르는 사람들을 지켜주어야 하는 형편이기 때문에 그일라까지 구원할 이유도, 또 그럴만한 힘도 없습니다. 뿐만 아니라 지금 다윗을 따르는 자들이 사울에게 반역죄인으로서 죽임을 당할 수도 있고 블레셋과 전면전을 치르다가 모두 몰살할 수도 있습니다. 그런데 왜 하나님은 다윗에게 그일라를 구원하라고 명령하셨겠습니까? 하나님이 다윗에게 그일라를 구원하라고 하신 이유는 다윗을 이스라엘의 실제적인 왕으로 높이시고 싶으셨던 것입니다. 하나님께서 택하셨고 그의 머리에 기름을 부으시고 당신의 마음에 합한 자가 곧 이스라엘의 왕이 되어야 할 것을 알려주고 싶으셨습니다. 어떤 자가 왕이 되어야 하겠습니까? 누가 진정한 왕이 되어야 하겠습니까? 외모가 뛰어나고 높은 지위와 권력이 있어 많은 사람들로부터 추종을 받고 있다고 참 왕이 될 수 있을까요? 사울은 남보다 키가 어깨나 더했고, 뛰어난 외모에 겸손함까지 겸비했던 사람이었습니다. 그리고 탁월한 군사들과 그를 추종하는 많은 백성들도 있었습니다. 명예와 권력 그리고 부까지 겸비한 왕이었습니다. 하지만 그가 나중에는 아무 하는 일 없이 오직 다윗을 죽이는 데만 혈안이 된 것입니다. 자신의 백성들을 지켜주는 자가 참 왕이 되어야 하는데 사울은 자신의 백성을 죽이려는 음모만 꾸몄던 사람입니다. 하나님은 그를 버리고 다윗을 이스라엘의 왕으로 세우시고 싶으셨던 것입니다.

참된 왕은 자신의 백성들을 위기 속에서 지켜내는 자여야 합니다. 자신의 백성들이 힘들어하고 어려움에 처해있을 때 자신의 목숨까지도 아끼지 아니하고 그들을 지켜줘야 하는 자가 참된 지도자요 참된 왕인 것입니다.

다윗은 자신이 처한 처지와 환경을 돌아보지 않고 하나님께 물었을 때 하나님은 다윗과 함께 하셨습니다. 자신의 목숨도 아까워하지 않고 자신의 백성들인 그일라 사람들을 구원하려는 다윗과 함께 하셔서 그를 따르는 600명의 사람들의 마음을 아침이슬 사라지듯 녹여주셨습니다. 그뿐입니까? 오합지졸인 600명으로 블레셋과의 불가능한 싸움에서도 승리하게 하셨습니다. 하나님은 상식적으로 불가능한 상황이었지만 불가능한 상황을 뚫고 하나님께 나아와 묻고 있는 다윗을 이스라엘의 참 왕으로 세워가셨습니다.

왜 예수님이 만왕의 왕이 되시며 만유의 주가 되시는지 아십니까? 이스라엘 백성들을 위해 다윗을 왕으로 세우셨던 하나님은 인류를 구원하시고 만왕의 왕이 되시기 위해 하늘의 보좌와 영광을 버리시고 이 땅에 오셔서 죽기까지 죄와 싸우시고 죽으심과 부활을 통해 인류를 통치하고 다스리시는 구주가 되셨기 때문입니다.

다윗이 그를 따르는 사람들의 반대에도 무릅쓰고 그일라 사람들을 구원함으로 이스라엘의 참된 왕임을 보여주셨던 것처럼 예수님께서도 제자들의 반대에도 무릅쓰고 죄악과 사탄의 권세와 싸워 승리하심으로 죄와 사망에서 죽었던 우리를 살리셨고 만왕의 왕으로서 모범을 보이셨습니다.

하나님은 이 땅의 죽어가는 모든 영혼들을 살리시기 위해 우리가 위대한 왕으로 살아가기를 원하십니다. 우리가 이 땅의 왕으로 세움을 받았다면 다윗처럼 그일라를 구원해야 하는 어려움도 있을 수 있고 주변의 가까운 사람들로부터 반대에 부딪칠 수도 있습니다. 하지만 이 귀한 일들을 기쁨으로 감당하기 위해서는 하나님 앞에 나아와 하나님의 뜻을 묻고 따라가야 할 것입니다. 하나님은 그런 사람들과 함께하시고 은혜를 베풀어주십니다.

지금까지 CT(다윗)의 헌신적 행동으로 인해 하나님이 어떻게 문제를 해결해 주셨는지 말했다. 특히 여기서는 하나님의 주권, 하나님의 심정, 하나님의 역사가 GA(하나님의 일하심)를 통해 잘 드러내야 한다.

청중의 문제를 해결하고 헌신적 행동을 유도하기 위해 반드시 필요한 것이 복이다. 복은 육적인 복, 정신적인 복, 영적인 복이 있는데 청중의 헌신을 끌어내고 결단을 도모하는 데 큰 역할을 한다.

다음은 CT(다윗)의 헌신적 행동을 통해 GA(하나님의 일하심)가 어떻게 문제를 해결했고, 하나님이 어떤 복을 주셨는지 설교하고자 한다.

Fruit(복)

다윗이 불가저항적인 상황에서 하나님께 나아가 물었을 때 하나님은 그와 함께 하시고 은혜를 베풀어 주셨습니다. 자신의 힘으로는 도저히 구원할 수 없는 그 일라 백성들을 블레셋의 강한 군대로부터 구원해 낼 수 있었던 것은 오직 하나님의 은혜였습니다. 블레셋 군대는 이스라엘 전 군대가 다 동원되어도 이길 수 없는 전력을 가지고 있었지만 다윗 앞에서 풍천등화와 같이 무너진 것도 역시 하나님의 은혜요 축복이었습니다. 뿐만 아니라 사울이 다윗을 죽이려고 군대를 풀어 다윗을 찾아 다녔어도 사무엘상 23장 14절을 보면 "다윗이 광야의 요새에도 있었고 또 십 광야 산골에도 머물렀으므로 사울이 매일 찾되 하나님이 그를 그의 손에 넘기지 아니하시니라" 고 하셨습니다.

그렇습니다. 하나님께 기도하고 묻는 사람들은 하나님이 함께 하시고 은혜를 베푸셔서 어떠한 환경에서도 지켜주십니다. 이 일로 다윗을 따르는 무리들이 더욱 많아졌습니다. 그리고 그들은 다윗의 탁월한 지도력으로 결속력 있는 막강한 군대가 되었습니다.

그래서 그들과 함께 전쟁에 나가기만 하면 백전백승이었습니다. 이로 인해 영토가 확장되고 식량과 재물이 창고에 넘치게 되었습니다. 그때부터 성전을 지을 때 필요한 모든 물건들과 재산을 모을 수 있었습니다. 하나님은 사울 왕을 폐하시고 다윗을 이스라엘의 가장 존경받는 왕으로 세워주셨습니다. 다윗은 그후로 기도의 사람이 되어 수많은 시편을 지어 곡조가 있는 기도로 하나님께 찬양으로 영광을 돌리는 축복을 받았습니다.

그 후 다윗은 이스라엘의 전무후무한 성군이 되어 하나님께 인정받는 왕이 되었을 뿐만 아니라 그리스도의 혈통을 잇는 군왕이 되었습니다.

사랑하는 동역자 여러분!

여러분은 지금 누구의 소리에 귀를 기울이고 계십니까? 다윗은 평생 하나님의 음성만을 듣기를 원했고 그때마다 하나님께 나아가 물었습니다. 그리고 하나님의 말씀대로만 살아갔습니다.

하나님은 지금도 예수 그리스도의 십자가 보좌 앞에 나아와 묻는 자와 함께 하시기를 원하시며 기도하는 자들의 기도에 응답하실 뿐 아니라 그를 높여 하나님의 나라, 하나님의 부흥을 이루어 가실 것입니다.

설교 2.

너무합니다

본문: 열왕기상 17:8~16   CT: 사르밧 과부   Aw: 믿음

"여호와의 말씀이 엘리야에게 임하여 이르시되 너는 일어나 시돈에 속한 사르밧으로 가서 거기서 머물라 내가 그 곳 과부에게 명령하여 네게 음식을 주게 하였느니라 그가 일어나 사르밧으로 가서 성문에 이를 때에 한 과부가 그 곳에서 나뭇가지를 줍는지라 이에 불러 이르되 청하건대 그릇에 물을 조금 가져다가 내가 마시게 하라 그가 가지러 갈 때에 엘리야가 그를 불러 이르되 청하건대 네 손의 떡 한 조각을 내게로 가져오라 그가 이르되 당신의 하나님 여호와께서 살아 계심을 두고 맹세하노니 나는 떡이 없고 다만 통에 가루 한 움큼과 병에 기름 조금 뿐이라 내가 나뭇가지 둘을 주워다가 나와 내 아들을 위하여 음식을 만들어 먹고 그 후에는 죽으리라 엘리야가 그에게 이르되 두려워하지 말고 가서 네 말대로 하려니와 먼저 그것으로 나를 위하여 작은 떡 한 개를 만들어 내게로 가져오고 그 후에 너와 네 아들을 위하여 만들라 이스라엘의 하나님 여호와의 말씀이 나 여호와가 비를 지면에 내리는 날까지 그 통의 가루가 떨어지지 아니하고 그 병의 기름이 없어지지 아니하리라 하셨느니라 그가 가서 엘리야의 말대로 하였더니 그와 엘리야와 그의 식구가 여러 날 먹었으나 여호와께서 엘리야를 통

하여 하신 말씀 같이 통의 가루가 떨어지지 아니하고 병의 기름이 없어지지 아니하니라"

CT(성경인물)을 사르밧 과부로 잡느냐 엘리야로 잡느냐에 따라 문제와 해결이 전혀 다른 설교가 된다. 그렇기 때문에 CT를 누구로 정하느냐는 대단히 중요하다. 그런데 이 본문에서 많은 설교자들이 엘리야와 사르밧 과부를 번갈아 얘기하다보니 설교의 핵심이 뭔지 모를 때가 있다.

예를 들면 가져오라는 엘리야의 갈등과 가져가는 사르밧 과부의 심정은 전혀 다를 뿐 아니라 헌신의 행동도 완전히 다르다.

많은 설교자들은 이 본문으로 설교할 때 동기가 있다. 헌신을 강조할 때 이 본문을 많이 사용한다. 그러면서도 사르밧 과부의 믿음의 헌신을 대단히 내세우면서 청중의 헌신을 유도한다. 하지만 진정으로 청중의 헌신을 유도하려면 사르밧 과부가 엘리야의 말을 듣고 갈등하고 괴로워하는 모습을 더 잘 묘사해야 한다. 그러므로 문제를 볼 줄 아는 관점이 있으면 문제들이 보이기 시작한다. 이것이 Matter(문제제기)의 매력이다. 이제부터 어떻게 문제를 제기하는지 알아보자.

Matter(문제제기)

우리가 잘 아는 바와 같이 이스라엘의 역사를 보면 모세와 함께 출애굽에 성공한 그들은 하나님의 인도하심에 따라 40년 만에 가나안을 정복하게 됩니다. 백성들의 요구에 따라 제1대 왕으로 사울 왕이 되고 그 후 다윗이 왕위에 올라 이스라엘을 가장 부강한 나라로 만들었습니다. 다윗 왕이 죽고 솔로몬이 이스라엘의 3대 왕으로 등극하게 되었고 솔로몬 왕이 죽자 이스라엘은 남유다와 북이스라엘로 나뉘어졌습니다.

오늘 본문은 북이스라엘의 7대 왕이었던 아합이 통치하던 시절에 있었던 이야기입니다.

아합은 왕위에 오르면서 정략적인 결혼을 하였는데 시돈 사람의 왕인 엣바알의 딸, 이세벨을 아내로 맞으면서 바알을 섬기고, 아세라상을 만들어 우상숭배를 일삼는가 하면 이스라엘의 모든 왕보다 포악했으며 하나님을 노하게 했습니다. 그러므로 이스라엘 땅에 수년 동안 가뭄이 계속되었습니다. 시내는 물이 마르고 초장의 풀도 이미 다 타버렸으며 그 어디에서도 식량을 구할 수가 없었습니다. 집집마다 허기진 아이들의 울음소리가 끊이지 않았고 갓난아기를 품에 안고 젖물린 엄마의 눈에서는 피눈물을 흘려야 하는 나날들이 계속 되어가고 있는 데 시돈이라는 곳에 사르밧 과부가 아들과 함께 살아가고 있었습니다. 어느날 저녁 무렵 이 가정에 엘리야가 방문했습니다.

엘리야는 성문에서 나뭇가지를 줍고 있는 사르밧 과부에게 물을 조금 달라고 요청했습니다. 여인이 물을 뜨러 가려고 하자 다시 불러서 떡 한 조각도 가져오라고 했습니다.

지금 이 상황에서 떡을 구하는 것은 생명을 달라는 것보다도 더 심한 요구입니다. 가뭄이 수년 동안 계속되는 동안 양식이 다 바닥났기 때문입니다. 이런 상황에 떡을 달라고 하는 엘리야의 요구는 상식 이하이고 뻔뻔하기 짝이 없는 무례한 행동입니다. 그가 아무리 하나님이 보내신 선지자라 하지만 요구할 것이 있고 그러지 말아야 할 것이 있지, 남의 사정은 고려하지도 않고 떡을 가져 오라는 엘리야를 아무리 생각해도 이해할 수가 없습니다.

그러니 사르밧 과부가 맨 처음 이 말을 들었을 때 어떻겠습니까? 심장이 멎는 것 같고 커다란 망치로 뒤통수를 얻어맞는 심정이었을 것입니다. 가슴은 쿵덕거리기 시작했고 물 뜨러 가던 발걸음은 더이상 떨어지지 않았습니다. 자칫하면 손에 들고 있는 물그릇조차도 떨어뜨릴 만큼 맥이 확 풀렸습니다.

 오늘 본문 12절에서 보듯이 "그가 이르되 당신의 하나님 여호와께서 살아계심을 두고 맹세하노니 나는 떡이 없고 다만 통에 가루 한 움큼과 병에 기름 조금 뿐이라 내가 나뭇가지 둘을 주워다가 나와 내 아들을 위하여 음식을 만들어 먹고 그 후에는 죽으리라" 어찌 이게 사람의 입에서 할 말입니까? 이것이 엄마라는 사람이 자식을 위해서 할 수 있는 말이라고 생각하십니까? 그렇지만 이 여인의 말 속에는 고달픈 삶과 애환이 고스란히 드러나 있습니다. 이런 상황에서 엘리야가 떡을 달라고 했으니 얼마나 기가 막히고 황당한 일이겠습니까? 사람이라면 예의라는 것이 있고 상식이라는 것이 있는데 이것은 예의도 상식도 무시된 아주 몰상식한 요구였으며 과부라고 무시하는 어처구니없는 행동입니다.

사르밧 과부가 떡을 가져오라는 엘리야의 말을 듣고 즉시로 뭐라고 대답합니까? "당신의 하나님 여호와의 살아계심을 두고 맹세하노니 나는 떡이 없고" 라고 말합니다. 언뜻 보기에는 믿음의 사람이 살아계신 하나님을 찬양하는 것 같은 뉘앙스로 들릴 수 있습니다. 하지만 이 말씀을 가만히 묵상해 보면 그런 말이 아닙니다. 하나님을 찬양하는 것이 아니고 하나님을 원망하고 부정하는 말입니다.

당신이 믿는 하나님이 살아계시다면 어찌 이 지경까지 이르게 되었단 말입니까? 하고 엘리야에게 한방 먹이는 말입니다. 만약 하나님이 살아계시다면 이렇게 염치없는 요구를 할 수 있단 말입니까? 그러니 차라리 남은 마지막 가루 한 움큼과 병에 기름을 탈탈 털어서 나뭇가지 둘을 주어다가 음식을 만들어 먹고 그 후에 죽겠노라고 말한 것입니다.

참으로 기가 막힌 표현입니다. 나뭇가지 둘로 음식을 만들면 뭘 만들 수 있겠습니까? 손바닥만 한 개떡인들 만들 수 있겠습니까?

오늘 저는 이 가련한 여인, 사르밧 과부의 깊은 한숨이 제 귀에 생생하게 들려오는 것 같습니다. 왜냐하면 오늘날 우리가 이런 시대에 살아가고 있기 때문입니다. 물론 가뭄이 심해서 땅이 쩍쩍 갈라지거나, 시내에 물이 다 말라서 먹을 양식이 없는 것은 아니지만 어떤 사람은 언제 잘리게 될지 모르는 직장에서 실낱같은 희망의 끈을 붙잡고 두려움에 떨고 있고, 계속해서 오르는 전세값을 충당하지 못해 동분서주 뛰어다니며 애걸해야 하는 아낙네들의 깊은 한숨, 대학에 붙은 자식의 등록금을 마련하지 못해 이 밤도 눈물로 지새워야 하는 아비의 심정, 생명이 여삼초인데 수술비가 없어서 사랑하는 사람을 그냥 물끄러미 지켜봐야 하는 사람의 찢겨진 마음, 구제역으로 자식과도 같은 가축들을 생매장해야 하는 축산업자들의 처절한 몸부림, 언제 부도가 날지 모르는 중소기업 사주들의 신음하는 소리가 심장을 파고 듭니다. 이런 상황에서 도대체 살아계신 하나님은 뭘 하시고 계시는 겁니까?

여기까지가 Matter(문제제기)다. 이제 CT(사르밧 과부)가 어떤 헌신적인 행동으로 문제를 해결하려 하는지 알아보자.

이 본문으로 나는 사르밧 과부가 자신 앞에 놓인 절망적인 문제를 해결하기 위해서 믿음(AW)이라는 키워드를 택했다. 믿음 역시 추상적인 단어이기에 거기에는 어떠한 헌신도 보이지 않는다. 여기서 사르밧 과부의 헌신적 행동은 떡을 만들어 갖다 드렸다. 그러므로 AW(목적단어)는 믿음으로 했고 헌신을 '드리다' 로 했다. 물론 여기서도 떡을 만드는 것으로 헌신적 행동을 삼아도 좋지만 문제의 원인이 떡을 만들어 가져오다이므로 드리다라는 것으로 헌신적 행동을 잡는 것이 훨씬 좋다.

이제 CT(사르밧 과부)의 실제적인 헌신적 행동을 설교하기로 한다.

CTA(문제해결을 위한 성경인물의 헌신적 행동)

하지만 사르밧 과부는 그냥 그대로 주저앉을 수가 없었습니다. 이 모든 것들이 자신의 운명이겠거니 하면서 포기하지 않았습니다. 사르밧 과부는 믿음의 사람 선지자 엘리야의 말에 귀를 기울였습니다.

엘리야가 그에게 이르되 "두려워하지 말고 가서 네 말대로 하려니와 먼저 그것으로 나를 위하여 작은 떡 한 개를 만들어 내게로 가져오고 그 후에 너와 네 아들을 위하여 만들라" 사르밧 과부는 엘리야의 말씀을 아멘으로 받아들였습니다. 여러분 얼마나 웃기는 말입니까? 나뭇가지 두 개로 떡을 구울 재료밖에 없는데 엘리야를 위해 떡을 만들고 나면 뭐가 더 남아 있겠습니까? 이런 비상식적인 말이 어디 있습니까? 하지만 사르밧 과부는 믿음으로 그 말씀을 받아들였습니다. 그리고 여인은 엘리야를 위하여 믿음으로 떡을 만들기 시작했습니다. 마지막 남은 통의 가루를 탈탈 털어서 반죽을 하기 시작하면서 여인의 눈에는 닭똥같은 눈물이 볼을 타고 쉴새없이 흘러내렸습니다. 그 눈물은 지난날 원망과 불평속에 죽음에 대한 공포와 두려움으로 살아야 했던 것에 대한 회개의 눈물인 동시에 선지자의 말씀을 믿고 앞으로 일어날 일들에 대한 기대와 소망에서 우러나오는 기쁨의 눈물이었을 것입니다. 눈물로 반죽한 눈물의 빵을 만들어서 기쁨으로 엘리야에게 갖다드렸습니다.

믿음이란 드리는 것입니다. 자식을 위하여 마지막 마련한 식탁이라 할지라도 그것마저 하나님이 원하시고 달라하시면 갖다 드릴 수 있는 것이 믿음입니다. 믿음이 없으면 상식을 말하고 악평과 불만을 드러내겠지만 믿음의 사람 사르밧 과부는 믿음의 떡을 만들어 믿음으로 엘리야에게 갖다드렸습니다.

제가 잘 아는 집사님의 이야기입니다. 꽤 큰 중소기업을 운영하시는 사장님이셨는데 IMF 때 회사에 큰 위기가 찾아왔습니다. IMF 전에는 정말 기대되는 회사여서 어려운 사람들도 많이 도왔고 가까운 친구에게는 몇 억씩 사업자금도 빌려주었습니다. 그런데 IMF가 되자 어음들이 돌아오고 자금이 달리면서 부도 일보직전에 놓이게 되었습니다. 이미 기반이 약한 업체들은 다 파산 처리했고, 친구들의 회사들도 이미 다 부도를 맞은 후였습니다. 집사님의 회사도 위기에 처해있는 중에 교인 장례식이 있어서 영구차를 타고 천안공원 묘지를 가는데 때마침 집사님 곁에 엊그제 새로 부임한 부담임 목사가 동석을 하게 되었습니다. 부목사가 부임한지 며칠 안 되니 서로 서먹서먹하던 차에 몇 마디 얘기를 나누다 보니 집사님의 회사가 부도 일보직전이라는 말을 들었습니다. 그런데 부목사가 하는 말이 "집사님, 지금이야 말로 십일조를 해야 할 때입니다." 하고 말했습니다. 만약 여러분이 그 자리에 있는 집사님이라면 어떻게 했을 것 같습니까? 아마 겁

장례식을 치러야 하지 않겠습니까? 불난 집에 석유 뿌리는 격입니다. 부목사가 세상 물정을 몰라도 어찌 이렇게 모를 수가 있습니까? 이런 상황에서 십일조 낼 돈이 있으면 어음 하나라도 더 막고 부도를 하루라도 더 연장해야 마땅한 것 아니겠습니까?

예상한 대로 집사님은 치밀어 오르는 분을 삼키며 겨우겨우 "목사님은 사업을 모르십니다. 목사님은 목회나 하실 줄 알지 사업가의 심정을 알겠습니까?" 라고 대답하고 장례식이 다 마치고 집에 올 때까지 더이상 아무 말도 하지 않고 썰렁하게 헤어졌습니다.

집사님이 집에 와서 잠을 자려고 하는데 도저히 화가 나서 잠을 이룰 수가 없었답니다. 나이도 새까맣게 어린 녀석이 부목사랍시고 한다는 말이 부도 일보직전인 자기보고 십일조를 드리라고 했으니 괘씸해서 견딜 수가 없었을 것입니다. 이럴 때는 믿음이 좋은 집사라도 기도도 안 나오고 화만 치밀어 오르는 법입니다. 잠도 안 오고 기도도 안 되기에 일어나서 회사에 나가 의자에 앉아 있는데 갑자기 지금까지 회사를 어떻게 운영했는지 한 편의 영화처럼 싹 지나가더랍니다. 지금까지 회사 일을 위해서라면 목숨 걸고 뛰었지만 집사가 되어서 주님을 위해 뭘 했는지 생각하니 부끄러워졌습니다. 어차피 회사는 망할 텐데 기왕 망할 바에야 하나님 앞에서만큼은 부끄럽지 말아야겠다 싶어 아침이 밝는 대로 은행엘 갔습니다. 더이상 담보로 대출 받을 것도 없지만 사정사정을 했더니 1000만 원까지는 빌려주겠다고 했습니다. 막상 1000만 원이 생기니 별의별 생각이 다 들었습니다. 그래서 주일이 돌아오기 전에 돈 봉투를 들고 담임목사님을 찾아뵙고 지금까지의 사정 얘기를 다 털어놓고 십일조라고 내 놓으니 담임목사님인들 마음이 편하겠습니까? 그래서 십일조를 놓고 기도하는데 두 분의 눈에서 눈물이 쏟아져 담임목사님과 집사님이 얼싸안고 한참을 엉엉 울었답니다.

믿음이란 드리는 것입니다. 비록 회사가 망하는 한이 있다 하더라도 하나님이 원하시면 그것까지도 드릴 수 있는 것이 믿음입니다.

여기까지가 CTA(문제해결을 위한 성경인물의 헌신적 행동)인데 여기서는 CT(사르밧 과부)의 믿음으로 드리는 것을 말하는 동시에 예화를 가지고 들어오면서 집사님의 문제를 제기함과 동시에 헌신적인 행동을 말했다. 이것을 평행이동의 원리라고 한다.

지금부터 CT(사르밧 과부)와 집사님의 문제를 해결하기 위해 하나님은 어떻게 일하셨는지 알아보자. 특히 하나님의 행하심이 수도 없이 많을 수 있지만 오늘은 보내심이라는 한 가지 주제로 하나님의 일하심을 드러내고자 했다.

GA(하나님의 일하심)

사랑하는 성도 여러분, 하나님은 정말 치사한 분이십니다. 꼭 이렇게까지 해서 사람을 시험해야겠습니까? 이렇게 하지 않더라도 얼마든지 하나님을 사랑하며 살 수 있을 텐데 어떻게 이렇게 바닥을 치게 하면서까지 우리를 시험하시는지 정말 알다가도 모르겠습니다. 하지만 분명히 말씀드리고 싶은 것은 하나님은 살아계시다는 것입니다. 하나님은 지금도 살아계셔서 하나님의 말씀을 믿고 마지막 남은 것까지 드리는 자와 함께 하심을 믿습니다.

살아계신 하나님은 사르밧 과부가 불평하고 원망하며 하나님을 부인할 때도 그

녀와 함께 하셨습니다. 그리고 그녀가 믿음으로 엘리야에게 눈물의 떡을 만들어 드렸을 때도 함께하셨습니다.

살아계신 하나님이란 그저 막연하게 부르는 그런 분으로 존재하시는 것이 아닙니다. 살아계신 하나님은 우리의 삶에 깊숙이 개입하시고 우리의 머리털까지도 세시는 분이십니다. 그러므로 하나님은 사르밧 과부가 당면한 문제를 해결해 주시기 위하여 엘리야를 그 집으로 보내주셨습니다.

우리가 하나님의 계획을 모를 때는 엘리야가 사르밧 과붓집에 가서 떡을 달라고 한 것은 사르밧 과부에게 더 큰 고통을 준 것 같지만, 믿음의 눈으로 보면 사르밧 과부를 통해 하나님의 영광을 드러내시기 위해 엘리야를 보내셨습니다.

부도 직전에 있던 집사님에게 부목사님을 보내주신 것도 집사님에게 고통을 심어주기 위함이 아니라 집사님의 믿음의 헌신을 통해 하나님이 영광을 받으시고 싶으셔서 부목사님을 보내주시고 만나게 해주신 것입니다.

그러므로 하나님은 주시기 전에 먼저 달라고 하십니다. 아무거나 쓰다 남은 것이 아니라 가장 소중하고 지금 당장 없으면 큰일 날 것 같은 그런 것을 달라고 하십니다. 예수님을 우리에게 보내신 것은 죄인인 우리를 구원하시는 어마어마하게 놀랍고 특별한 계획이 있으셨기 때문입니다. 그리고 먼저 우리에게 달라고 하십니다. 가장 소중한 것을 달라고 하십니다. 이것 없으면 오늘 당장 죽을지도 모르는 그런 것을 달라고 하십니다.

하나님은 우리가 달라고 요구하지도 않았는데, 달라고 말하기도 전에 당신의 하나밖에 없는 독생자 예수 그리스도를 죄인들을 위해서 내어주셨습니다. 누가 과연 자신의 생명까지도 드릴 수 있겠습니까? 하지만 예수님이 이 땅에 오셔서 자신의 모든 것을 다 내어주셨습니다. 밀가루 대신에 당신의 몸을 찢고 부수고 기름 대신에 당신의 물과 피를 다 짜내서 십자가에서 드림의 완성을 이루셨습니다. 오늘 설교는 헌금을 강조함도 아니요 사르밧 과부의 믿음을 드러내기 위함이 아닙니다. 나같은 죄인을 구원하시려고 당신의 살과 피를 나누어 주신 주님의 사랑으로 우리의 믿음을 확인시키시려는 하나님의 위대한 계획이십니다.

여기까지가 GA(하나님의 일하심)다. 하나님이 사람을 보내주시고 달라고 하심은 당신의 것을 주시기 위한 하나님의 방법이었다.

이제부터 저들이 받은 복은 무엇인지 알아보기로 한다.

Fruit(복)

사르밧 과부가 믿음으로 떡을 만들어 엘리야에게 드렸을 때 아주 놀라운 일이 일어났습니다. 엘리야를 위해서 떡을 만들고 나면 가루가 없어져야 하는데 엘리야의 말대로 자신과 자식을 위해 떡을 만들기 위해 통을 만지면 여전히 가루가 있는 것입니다. 하나님은 믿음의 여인 사르밧 과부가 믿음으로 드렸을 때 당신이 친히 가루통의 가루가 되어주셨습니다.
이것을 영적인 의미로 본다면 믿음으로 드리는 자에게 당신의 살로 채워주신 것입니다. 기름병에 기름이 떨어지지 않은 것도 바로 당신의 구속의 보혈로 채워주신 것입니다.
아침저녁으로 여인의 집 굴뚝에서는 떡 만드는 뽀얀 연기가 모락모락 피어올랐습니다. 사르밧 과부는 3년 6개월 동안 가뭄이 있을 때에도 더이상 먹을 걱정을 하지 않아도 되었습니다. 요즘 같으면 사르밧 과부가 그 가루로 떡을 만들어서

판다면 대박 났을 것입니다. 가루통을 박물관에 전시해도 그거 보겠다고 돈 내고 찾아오는 사람이 어디 한둘이겠습니까? 그는 더이상 두려워할 필요가 없습니다. 그리고 더이상 한숨 쉴 일도 없습니다. 사르밧 여인은 모든 영광을 하나님께 돌렸습니다. 그 뿐만이 아닙니다. 그 후에 아들이 죽었습니다. 무슨 병일까요? 영양실조로 인해 몸을 가눌 수가 없다가 먹을 것이 떨어지지 않으니 배불러 죽은 것입니다. 하지만 그녀는 죽은 아들이 다시 살아나는 것도 보았습니다. 이것이 부활신앙의 축복까지 받은 것이 아니겠습니까?

앞서 말씀드린 집사님은 어떻게 되셨을 것 같습니까?
십일조를 드리고 이제 회사뿐만 아니라 수중에 단돈 만 원도 없는데 이상하게 부도처리가 되지 않았습니다. 상식적으로 보면 부도가 나야 하는데 부도가 안 나는 게 이해가 되지 않더랍니다. 부도를 하나님이 막고 계신 줄 믿습니다. 그리고 며칠을 더 버텼더니 IMF 이전에 자기에게 3억을 빌려 쓰고 IMF가 되자 외국으로 도망갔던 친구에게서 전화가 왔습니다. 눈물어린 목소리로 꼭 만나자고 해서 가기 싫은 발걸음으로 억지로 나갔더니 집사님의 사정 얘기를 이미 다 들었다고 하면서 3억은 못 갚지만 일단 1억부터 갚겠다고 1억 원을 주더랍니다. 할렐루야!
그래서 그 1억으로 당장 급한 불을 끄고 났더니 회사가 돌아가기 시작하더라는 것입니다.
IMF 전에는 본사와 지점이 하나뿐이었는데 그 후 3년이 지나서 본사의 확장은 말할 것도 없이 지점도 20개가 넘어서서 30개 지점으로 확대할 예정이라고 했습니다. 28번째 지점을 개점하는 날 제가 가서 개업예배를 드려주고 왔습니다.

이제는 어떤 비바람과 눈보라가 휘몰아치고 쓰나미 같은 대지진이 온다 해도 넘어지거나 스러지지 않을 정도로 견고한 회사로 자리를 잡았습니다. 그 후부터 집사님은 새벽기도도 한 번도 안 빠지는 신실한 믿음의 일꾼이 되었고 하나님께 드리는 것이라면 제일 먼저 앞장서서 드리더니 언제부터인가 교회에서 없어서는 아니될만큼 큰일을 감당하시며 모든 사람에게 존경받는 장로님이 되셨습니다.

사랑하는 성도 여러분!
하나님이 하시면 됩니다. 인간의 생각으로는 망할 것 같고 안 될 것 같지만 하나님이 하시면 뭐든지 가능하게 될 줄로 믿습니다.
이에 앞서 하나님은 우리보고 먼저 달라고 하십니다. 이때 믿음으로 드리면 대박난 인생으로 살아갈 것이고 이때 불순종하면 그 인생이 어떻게 될지는 저도 잘 모르겠습니다.
오늘도 깊은 한숨과 시름 속에 두려워할 만한 문제 앞에 서 있다면 주님의 말씀에 귀를 기울여 보십시다. 하나님은 오늘 나에게 누구를 보내셔서 무엇을 달라고 하시는지.
오늘도 주님은 문밖에 서서 두드리고 계십니다.

설교 3.

인생역전

본문: 누가복음 5:1~7   CT: 베드로   Aw: 순종

"무리가 몰려와서 하나님의 말씀을 들을새 예수는 게네사렛 호숫가에 서서 호숫가에 배 두 척이 있는 것을 보시니 어부들은 배에서 나와서 그물을 씻는지라 예수께서 한 배에 오르시니 그 배는 시몬의 배라 육지에서 조금 떼기를 청하시고 앉으사 배에서 무리를 가르치시더니 말씀을 마치시고 시몬에게 이르시되 깊은 데로 가서 그물을 내려 고기를 잡으라 시몬이 대답하여 이르되 선생님 우리들이 밤이 새도록 수고하였으되 잡은 것이 없지마는 말씀에 의지하여 내가 그물을 내리리이다 하고 그렇게 하니 고기를 잡은 것이 심히 많아 그물이 찢어지는지라 이에 다른 배에 있는 동무들에게 손짓하여 와서 도와 달라 하니 그들이 와서 두 배에 채우매 잠기게 되었더라"

Matter(문제제기)

게네사렛은 갈릴리 호수의 북서쪽에 위치한 비옥한 평야를 말합니다. 예루살렘에서는 약 70km 북쪽에 위치했으며 이스라엘 온 국토의 물을 공급해 주는 젖줄인 동시에 어부들이 삶의 터전이기도 합니다. 오늘도 이 호숫가에는 이른 아침부터 영롱한 아침 햇살을 머금은 채 두 척의 배가 정박해 있었고 어부들은 그물을 씻고 있었습니다. 예수님께서 한 배에 오르셨는데 그 배는 다름 아닌 시몬 베드로의 배였습니다. 예수님은 배를 육지에서 조금 떼기를 청하시고 배에서 무리들에게 뭔가를 가르치셨습니다. 말씀을 마치시고 시몬 베드로에게 "깊은 데로 가서 그물을 내려 고기를 잡으라" 고 하셨습니다.

이 말씀을 들은 베드로는 도무지 이해가 되지 않았습니다. 베드로가 누구입니까?

베드로는 이곳에서 태어나서 이곳에서 잔뼈가 굵은 베테랑 사공이 아닙니까? 그는 이곳 흐름을 한눈에 꿰듯이 잘 알고 있는 사람입니다. 그뿐만 아닙니다. 물고기를 잡으려면 밤중에 나가서 잡아야 합니다. 그래서 밤이 맞도록 물고기를 잡으려 했으나 허탕치고 그물을 씻고 있는 마당에 다시 노를 저어 깊은 데로 가서 그물을 내리라고 하는 것은 상식적으로도 맞지 않는 말씀입니다. 게다가 지금 자기에게 말씀하시는 분이 누구인지 알 수도 없었고 예수님의 행색만 본다면 도무지 고기잡이에 대해서 전혀 아는 것이 없는 것처럼 보였기 때문입니다. 그도 그럴 것이 지금까지 예수님의 삶은 목수의 아들로 살지 않았습니까? 고기잡이만큼은 게네사렛에서 최고의 전문가로 자처하던 베드로가 비전문가인 예수님의 말씀 한마디에 깊은 데로 가서 그물을 내리는 것은 베드로의 자존심을 엄청나게 상하게 하는 것입니다. 설령 다시 힘을 내서 깊은 데로 가서 그물을 내린다고 해도 물고기가 잡힐 것이라고 누가 보장할 수 있겠습니까? 그러니 성격 급한 베드로서는 정말 견디기 어려운 순간이었을 것입니다.

집에서 기다리는 가족들도 생각해줘야 하지 않겠습니까? 가족들은 시간이 늦어지면 늦어질수록 애간장을 태우며 기다려야 합니다. 밤사이에 게네사렛 호수에 무슨 일이 생긴 것은 아닐까 하고 가슴을 조리며 기다리고 있을 것입니다. 왜냐하면 게네사렛 호수는 언제 파도가 일어날지 전혀 예상치 못하는 곳이기 때문입니다. 그 당시에는 지금처럼 과학이 발달한 것도 아니기에 일기를 관측할 수 있는 것도 아닙니다. 단지 경험에 의존하는 수밖에 없었기에 언제 어떻게 변을 당할지 아무도 모르니 가족들은 별의별 생각을 다 하면서 초조하게 기다려야 합니다.

그런데 이미 지친상태에서 다시 깊은 데로 가서 그물을 내리려면 많은 시간과 노동력이 필요합니다. 지칠 대로 지쳐있는 상황에서 베드로인들 왜 일찍 집에 가서 따뜻하게 맞이해 주는 가족과 함께 쉬고 싶은 마음이 없었겠습니까?

비록 빈 그물 빈손으로 돌아간다고 해도 따뜻한 아침 한 그릇에 허기진 배를 채우고 밤새도록 수고한 시름을 내려놓고 한숨 자고 싶은 간절한 마음이 없었겠습니까? 그것이 어부들의 삶이고 오늘은 허탕쳤다할지라도 내일의 만선을 기약하며 재충전하기 위해서라도 한시라도 빨리 집에 가서 쉬어야 하는 것은 당연한 일입니다.

그 뿐만이 아닙니다. 예수님을 따라서 모여든 수많은 사람들이 호숫가에서 베드로의 행동 하나하나에 주목하고 있었습니다. 게네사렛에서 멀리 떨어진 내륙지방에서 온 사람들이야 호수의 특성도 고기 잡는 방법도 몰라 별 관심 없이 바라볼 수도 있겠지만 대부분 그 지역에 사는 사람들이라 지금 그 시간에 고기를 잡는다는 것이 얼마나 비상식적이고 어리석은 행동인지는 어린아이들조차 다 아는 일입니다. 그러니 베드로가 다시 노를 저어 깊은 곳으로 가고자 한다면 그 곳에 모여 있던 수많은 사람들의 눈총을 받게 될 것이고 비아냥거리는 소리도 들어야 합니다. 게다가 미친 척하고 혼자서 갈 수 있는 것이라면 얼마나 좋겠습니까?

하지만 다른 배 동무들과 함께 가야 하기 때문입니다. 저들도 똑같이 밤이 맞도록 수고하고 와서 그물을 씻고 있는 중입니다. 더군다나 간밤에는 잡은 고기가 없어서 생각이 복잡하고 아주 예민한 때입니다. 거기다가 함께 노를 저어 다시 깊은 데로 가서 그물을 내리자고 한다면 그들이 뭐라 하겠습니까? 미쳤다고 하지 않겠습니까? 자칫 잘못 말했다가는 큰 싸움도 일어날지 모르는 일입니다.

여기까지가 Matter(문제제기)다. 성경 본문에는 이런 얘기가 어디에도 없다. 이런 표현들을 할 수 있는 것은 관점에서 나오는 상상력이다. 상상력은 만선의 기쁨을 가지고 항해하는 선박과도 같은 것이며, 깊고 깊은 바닷속에서 자라나는 진주와도 같은 것이다. 설교자의 상상력이 표현력을 향상시키고 합리적인 상상력으로 수백 미터 아래에 매장된 원유를 끌어 올리는 수확을 얻게 될 것이다. 풍부한 상상력은 좋은 인사이트(내용)을 얻게 될 것이라 확신한다.

이제부터 CT(베드로)는 어떻게 이 문제에 반응하였으며 이런 상황에서 어떠한 헌신적인 행동으로 문제를 극복하고 주님의 진정한 제자가 되었는지를 살펴보기로 하자.

CTA (문제해결을 위한 성경인물의 헌신적행동)

그럼에도 베드로는 동무들과 함께 노를 저어 깊은 데로 나아갑니다. 그리고 힘차게 그물을 내렸습니다. 도대체 어떻게 이런 일이 가능할 수 있었을까요? 그것은 본문의 말씀처럼 베드로는 예수님의 말씀을 의지했기 때문입니다.

"시몬이 대답하여 이르되 선생님 우리들이 밤이 새도록 수고하였으되 잡은 것이 없지마는 말씀에 의지하여 내가 그물을 내리리이다"(눅 5:5).

베드로도 처음에는 예수님이 깊은 데로 가서 그물을 던지라는 말씀을 듣고 어안이 벙벙했을 것입니다. 머릿속이 텅 빈 것처럼 하얗게 되어 아무것도 생각할 수 없었고 심장이 요동치는 소리를 들을 수 있었습니다. 왜냐하면 자신의 경험에 의하면 도무지 상식에는 맞지 않는 말씀이었기 때문입니다. 하지만 베드로는 예수님의 말씀에 순종하여 자신의 경험까지 그물과 함께 깊은 물속으로 내렸습니다. 순종이란 의지하는 것입니다. 말씀에 의지하고 인생의 그물을 내리는 것이 순종입니다. 내 마음대로 내 뜻대로 내 고집대로 아무렇게나 사는 것이 아니라 말씀에 의지하여 말씀에 내 삶을 조명하며 따르는 삶이 순종입니다. 성공한 사람들의 경험이나 전문가의 해박한 지식을 의지하는 것이 순종이 아니고 예수님의 말씀에 의지하여 행동하는 삶이야말로 진정한 순종의 삶입니다.

베드로는 지금까지 자기 자신만을 의지하며 살았습니다. 언제 어떻게 일어날지 모르는 게네사렛 호숫가에서 어부로서 살아남기 위해서는 다양한 경험들이 필요했고 어부로서의 오랜 시간은 풍부한 경험을 만들어 주었을 것입니다. 그러기에 그 무엇보다도 경험에 의지하며 살아갈 수밖에 없었습니다. 그것만이 자신이 변화무쌍한 게네사렛 호수에서 살아남을 수가 있었기 때문입니다. 그러니 그 누구도 믿지 않았고 그 누구의 말도 들으려 하지 않았습니다. 오직 자신만을 믿고 자신이 경험한 것들을 의지하며 모든 것을 판단하며 살아왔습니다. 또한 배와 그물은 재산목록 1호인 동시에 삶의 전부입니다. 그러니 배와 그물에 대한 애착을 가진 것은 당연한 일이기에 배와 그물에 삶을 의지하고 살아왔습니다. 그랬던 베드로가 완전히 다른 사람으로 바뀔 수가 있었던 것은 예수님의 말씀에 의지하기로 결심했기 때문입니다. 베드로는 곧바로 순종했습니다. 한시도 지체함 없이 노를 저어 깊은 데로 갔습니다. 그리고 순종의 그물을 내렸습니다. 자기의 생각을 내려놓았습니다. 자신의 경험도 내려놓았습니다. 다른 사람의 눈치도 내려놓았습니다.

만약에 이렇게 했음에도 불구하고 허탕 치면 어쩌나 하는 염려나 두려움도 순종의 그물에 담아 게네사렛 호수 가장 깊은 곳에 내렸습니다.

순종이란 토를 달거나 변명하는 것이 아니고 말씀에 의지하여 그물을 내리는 것입니다. 베드로가 들었던 예수님의 가르침은 그 어떤 선지자나 바리새인들의 교훈과는 격이 달라 보였습니다. 구구절절이 호숫가에 모여든 수많은 무리들이 가슴에 와 닿는 위로의 말씀인 동시에 능력의 말씀이었고 베드로의 심장을 뛰게 하는 은혜의 말씀들이었기에 베드로는 자신의 모든 생각과 경험과 상식뿐만 아니라 두려움과 염려나 갈등까지 순종의 그물에 싸서 깊은 호수에 내렸습니다.

만약 베드로가 자신의 본능이나 직감을 의지하려고 했다면 절대로 순종할 수 없었을 것입니다. 하지만 예수님의 말씀에 의지하였을 때 순종의 마음이 강하게 일어났습니다.

본능이나 직감 혹은 경험이나 상식 같은 것들을 의지하며 그물을 내릴 때에는 살기 위해 어쩔 수 없이 해야 하는 행위에 불과했습니다. 그러니 밤이 늦도록 노력해봐야 수고만 할 뿐이었습니다. 그러나 말씀에 의지하여 순종의 그물을 내릴 때에는 지금까지 한 번도 경험하지 못했던 희열과 감격 속에서 행하는 것이었습니다. 자신만을 의지할 때는 실패와 수고의 삶이지만 말씀을 의지하고 순종의 삶을 살고자 하니 뭔지 모를 기대 속에 설레임의 삶으로 바뀌었습니다.

말씀에 의지하여 순종하면 놀랍고 신비한 하나님의 축복을 반드시 받게 될 줄 믿습니다.

여기까지가 CTA(성경인물의 문제를 해결하기 위한 헌신적 행동)다. 여기서 베드로의 순종을 '의지하다' 로 정했다. 물론 의지하다 외에도 바라보다, 내려놓다, 던지다, 붙잡다 등 전혀 다른 헌신으로 다양한 설교의 내용도 만들 수 있다. 관점을 가지고 합리적인 상상력만 제대로 가지고 있다면 굳이 예화나 간증, 사물의 특징 같은 것들을 평행이동 시킬 필요도 없다. 본문만 가지고도 장시간의 설교내용을 만들 수 있는데 관점이 없고 상상력을 동원하지 않다 보니 성경을 의지하기 보다는 다른 예화자료를 의지하게 되는 것이다. 예화나 간증을 하더라도 대다수의 설교자는 내용을 찾으려 한다. 그래서 오늘 본문으로 설교할 때 현대판 베드로라는 김상태 집사님의 간증을 빼놓지 않는다. 그런데 대부분 관점을 이동시키지 않고 내용만 끌고 오는 데 급급한 것이다. 다시 말해 김상태 집사님이 5,000마리의 방어를 잡은 것은 그의 직업이 어부였고 상상도 못한 방어를 어획한 것은 헌신의 결과이고 축복이다. 하지만 그가 이런 축복을 받기 위해 AW(목적단어)가 무엇이었으며 어떤 헌신을 했는지를 말해주지 못하면 설교의 에너지가 빠져나간다. 그러므로 성경인물(베드로)의 헌신과 예화(김상태 집사)의 헌신, 즉 AW를 동일시 할 때 설교의 에너지는 배가된다. 이것이 평행이동의 원리요, 설교의 에너지다.

다음은 CT(베드로)의 헌신을 통해 하나님은 어떻게 일하셨는지(GA)를 알아보자. GA는 CT(베드로)의 신앙의 헌신적 행동에 반응하여 해결하시기도 하지만 CT(성경인물)의 헌신을 유도하거나 절대적인 주권을 행사하여 CT(성경인물)로 하여금 구원의 역사를 이루기 위한 사역자로 삼으시기도 한다.

GA(하나님의 일하심 혹은 예수님의 일하심이나 성령의 사역일 수도 있다.)

예수님은 베드로를 찾아오셨습니다. 밤새도록 수고하였지만 빈 그물만 손질해야 하는 허무한 인생, 가장으로서 아무것도 책임질 수 없는 절망적인 인생을 찾아오셨습니다.

예수님은 많고 많은 사람들 중에서도 베드로에게 더 많은 것을 가르쳐 주고 싶으셨습니다. 왜냐하면 베드로를 통해서 이루고 싶으신 하나님의 놀라운 계획을 가지고 계셨기 때문입니다. 그렇기 때문에 베드로는 예수님의 말씀을 경청할 수 있었고 그런 베드로에게 예수님도 깊은 데로 가서 그물을 던지라고 말씀하셨습니다. 그 말씀은 성광에 떨리는 빛과 같이 확신에 찬 음성이었고 좌절과 절망의 삶을 살아야 하는 베드로를 품어주시고 싶어 하셨던 주님의 간절한 마음이었습니다. 베드로가 예수님의 말씀에 의지해서 순종할 때 예수님은 그의 힘이 되어 주셨습니다. 아무리 강철 같은 베드로라 할지라도 밤새 수고하였으니 얼마나 힘들고 지쳐 있었겠습니까? 운동시합을 하다보면 헛발질이나 헛손질은 정통으로 가격할 때보다 몇 배로 힘이 듭니다. 시합에 이긴 사람은 어디에서 힘이 생겼는지 경기가 끝나도 힘이 넘칩니다. 하지만 시합에 지게 되면 온몸이 쑤시고 아픕니다. 이처럼 베드로가 밤새 게네사렛 호수와 씨름을 벌였지만 헛그물질에 아무것도 얻은 것이 없었으니 얼마나 낙심이 되고 힘이 빠졌겠습니까? 하지만 예수님께서 베드로의 힘이 되어주시니 팔은 한순간에 무쇠팔이 된 것입니다.

베드로가 예수님의 말씀에 의지하여 그물에 자신의 지식과 경험, 상식과 교만을 다 담아 깊은 데로 내리자 예수님은 그 그물에 물고기들로 가득 채워 주셨습니다.

베드로가 예수님의 말씀에 순종하자 예수님은 베드로의 그물이 되어주셨습니다. 그 그물에 걸리기만 하면 어떤 것도 빠져나갈 수가 없고 그 그물을 내리기만 하면 그 어떤 것도 피해갈 수가 없습니다. 사방으로 흩어졌던 물고기들을 몰아오시기도 하고 도망가지 못하게 가두시기도 하십니다. 그러므로 예수님은 우리 인생의 그물이십니다.

여기서 잠깐 직접적용을 하고자 한다. 직접적용은 예화나 간증 같은 간접적용과는 달리 청중의 헌신을 끌어내기 위한 평행이동이나 촉구를 말한다.

사랑하는 성도 여러분!
예수님은 오늘 이곳에 찾아오셔서 당신을 만나고 싶어 하십니다. 그리고 당신이 예수님의 말씀에 의지하여 순종의 그물을 내리고자 한다면 주님은 당신의 힘이 되어주십니다. 좌절과 절망 속에서 허무한 인생으로 빈 그물을 손질할 수밖에 없는 당신의 힘이 되어주십니다. 젊은 날 온 마음과 열정으로 헌신했던 직장에서 명퇴 당해서 힘드십니까? 원치 않았지만 회사가 부도 맞아 파산 신청을 하고 매일매일 자살하고 싶은 충동을 느끼십니까? 속썩이는 자식 때문에 지난밤도 뜬눈으로 새워야 하고 입술을 깨물고 또 깨물면서 심장이 터지고 간이 썩어 문드러지는 괴로움에 울고 있습니까?
예수님은 그런 사람을 찾아오시고 만나주십니다. 오늘은 바로 그런 날인줄 믿습니다. 오늘 주님이 내 인생의 배 위에서 빈 그물을 손질하며 한숨짓는 당신에게 깊은 데로 가서 그물을 던지라고 하십니다. 당신의 깊은 곳은 당신을 가장 힘들게 하고 당신에게 가장 큰 아픔을 주고 다시금 기억하고 싶지 않은 상처의 자리입니다.

그리고 당신의 그물은 미움, 질투, 시기, 원망, 이기주의, 교만, 자기자랑, 명예, 권력, 지식, 자기경험, 자존심 같은 것들로 얼기설기 엮은 것입니다. 그런 것들로는 피라미 새끼 한 마리도 잡을 수가 없습니다. 당신의 그물을 말씀에 순종하여 깊은 데로 가서 던질 때 주님은 당신의 그물이 되어 주십니다.

이와 같이 청중의 헌신을 통해 청중의 문제를 예수님이 어떻게 해결해 주시는지를 확신 있게 심어주어야 하는 것이 GA(하나님의 일하심)다. 이때 청중은 하나님을 경험하게 된다.

예수님도 십자가 앞에서 만큼은 하나님의 말씀에 쉽게 순종할 수 없었습니다. 예수님께서 베드로에게 깊은 데로 가서 그물을 내리라고 하신 말씀은 결코 무리한 부탁이 아니었습니다. 그것은 당신이 친히 말씀에 의지하여 순종의 삶을 살기 위함이었습니다.

예수님은 하나님의 말씀에 의지하여 죄악으로 오염된 바다 같은 세상에 인간들을 구원하시기 위해 자신을 던지셨습니다. 예수님의 생애는 마치 빈 그물과도 같았습니다. 그토록 아끼고 사랑했던 베드로마저도 예수님을 모른다고 세 번씩이나 부인하고 도망쳤으니 말입니다. 하지만 예수님은 언약의 말씀을 의지하여 인간의 추악한 탐욕과 죄인들을 끌어안으시고 순종의 그물에 담아 스올의 깊은 곳까지 십자가를 지고 내려가셨습니다.

지금까지는 GA(하나님의 일하심)에 대해서 한 가지 관점으로만 설교했다. 이제부터 Fruit(복)에 대해 증언하려고 한다.

Fruit(복)

베드로가 예수님의 말씀에 의지하여 깊은 데로 가서 그물을 내렸다가 다시 올리자 아무도 상상할 수 없었던 놀라운 일이 일어났습니다. 베드로는 자신의 눈을 의심하지 않을 수가 없었고 너무나 황홀한 나머지 그 기쁨을 감출 수가 없었습니다. 게다가 그물이 찢어질 정도로 많은 고기가 잡혔기 때문에 동무의 도움이 필요했습니다.

"고기를 잡은 것이 심히 많아 그물이 찢어지는지라 이에 다른 배에 있는 동무들에게 손짓하여 와서 도와 달라 하니 그들이 와서 두 배에 채우매 잠기게 되었더라"(눅 5:6-7).

하나님의 말씀은 상식을 초월하는 능력이 있습니다. 하나님의 말씀은 경험을 무색하게 하리만큼 기적을 낳습니다. 하나님의 말씀은 인간의 모든 지식을 다 동원한다 해도 그 능력의 높이와 길이를 다 헤아릴 수가 없습니다.

베드로가 내린 빈 그물에는 팔뚝만한 고기떼들이 영롱한 아침 햇살을 받으며 은빛속살을 드러내며 퍼득거리고 있었습니다. 밤새도록 수고해도 아무것도 얻지 못한 허무한 인생이 말씀에 의지하여 그물을 내리자 상상도 하지 못한 축복을 들어 올리는 중입니다. 순간 베드로는 만감이 교차되면서도 기쁨과 감격에 숨을 쉴 수가 없었습니다. 베드로가 순종하자 교만을 자존감으로 바꾸어 주셨습니다.

어디에서 그런 힘이 생겼는지 그물을 당기는데 피곤한 기색도 없습니다. 입이 귀에 걸렸습니다. 이 일을 빨리 가서 자랑하고 싶었을 것입니다.

물고기가 심히 많았지만 그물이 찢어지지 않았고 두 배에 가득 담았지만 배는 가라앉질 않았습니다. 만선의 깃발을 휘날리며 항구로 돌아올 때 수많은 사람들이 부러워했습니다. 순종하는 자에게 주시는 하나님의 축복은 동무들에게까지 넘치도록 채워주셨습니다. 베드로에게 더이상 피로함은 찾아볼 수가 없고 두려움이나 염려의 기색도 없습니다. 목숨부지를 위해 게네사렛에 인생을 맡기고 배와 그물에 의지하던 그에게 예수님이 다시 보이기 시작했습니다. 육적인 사람 베드로는 영적인 사람으로 거듭났습니다. 이제부터 베드로의 투망질은 호수를 향해서가 아니고 세상을 향해 던져질 것이고 생선 대신에 사람을 낚게 될 것입니다. 말씀에 의지하여 순종하였더니 대박이 터졌습니다. 인생역전의 축복을 받았습니다. 그 후 예수님의 수제자로 초대교회에 가장 큰 업적을 남기기도 했습니다. 이런 축복이 여러분과 제가 받아야 할 축복입니다.

지금까지 3편의 설교 전문을 실었다. 아무쪼록 독자들로 하여금 설교로부터 자유함을 얻고 쉼을 얻는 데 도움이 되기를 바란다.

좋은 설교는 좋은 목회자에게서 나오고 탁월한 설교는 탁월한 상상력으로 만들어진다. 하지만 설교의 능력은 각성된 목회자의 영성에서 완성된다.

에필로그

　내가 목사가 된다는 것은 상상도 못할 일이었습니다. 상업계 고등학교를 졸업하면서 가장 감명 깊게 읽었던 신앙서적이 다미엔 신부에 관해 쓴 책이었기 때문입니다.

　한센병을 앓는 이들이 모여 사는 하와이 몰로카이섬으로 선교하러 들어가서 스스로 한센병을 자처하며 한센인으로 마지막까지 살았던 다미엘 신부의 헌신적인 삶이 너무 커보였고 위대해 보였습니다.

　목사가 된다면 최소한 이만한 각오와 삶을 살아야 한다고 생각했기 때문입니다. 하지만 내 안에는 그럴만한 용기도 없었고 그렇게까지 살고픈 마음도 없었습니다. 게다가 상업계 고등학교를 졸업했으니 대학에 들어갈 실력도 갖추지 못했습니다. 그러니 주변에서 날보고 목사가 되었으면 좋겠다는 조언은 마치 스쳐지나 가는 바람소리만큼도 내 귀에 들리지 않았습니다.

　직장생활을 하다가 공군기술병으로 입대하고 나니 목사가 되었으면 좋겠다던 주변 사람들의 조언은 더이상 듣지 않아도 되었습니다. 제대 100일을 남겨두고 휴가차 부산서 서울로 올라오는 열차 안에서 일곱 살 난 여자아이와 다섯 살 난 여자아이 둘을 데리고 온 아주머니와 마주보는 좌석에서 동석을 하게 되었습니다. 5시간이 훨씬 넘게 걸리는 장거리 여행도 아이들과 아주머니 덕분으로 심심치 않았습니다. 짧디 짧은 만남이었지만 아쉬움을 남긴 채 서울역에서 헤어졌습니다. 열흘간의 휴가를 마치고 복귀하기 위해 서울역에 갔는데 좌석이 매진되어 입석표를 샀습니다. 열차에 올라 두리번거리는데 아저씨 하는 소리에 깜짝 놀라 돌아봤더니 지난번 동석했던 그 아주머니와 아이들이었습니다. 우연치고는 보통 만남이 아닌듯싶었습니다. 입석으로 서서가야 할 판이었지만 다섯 살짜리 아이를 내가 안고 부산까지 함께 가기로 했습니다. 아이들이 잠든 사이 아주머니와 참 많은 이야기를 나눌 수가 있었는데 대부분이 신앙이야기였습니다. 아주머니는 나의 삶의 스토리를 열심히 경청해 주셨습니다.

열차가 대구쯤 지났을 때 내 얘기를 경청하시던 아주머니는 뜬금없이 저에게 목사가 되었으면 좋겠다고 말했습니다. 너무 황당하고 어이없는 말씀에 한동안 멍하니 창문만 바라보다가 다미엔 신부의 얘기를 들려주면서 목사가 되려면 한센병 환자의 헌데를 뜯어내고 흘러내리는 고름을 빨아 줄 수 있는 그런 사랑을 가진 사람이라야 되지 않겠느냐? 하지만 전 여자 한 명도 사랑 못해 시련당하고 군대로 도망치다시피 지원해서 왔는데 제가 어떻게 목사가 될 수 있겠느냐고 강한 어조로 부인했습니다.

그러자 그렇게도 온순하고 부드럽기만 하시던 아주머니께서 버럭 소리를 지르시면서 하신 말씀이

"천병장은 참 교만한 사람이군요."

이 한마디가 내 심장을 멈추게 하는 것 같았습니다.

"이 세상에서 누가 한센병 환자의 헌데를 떼어내고 고름을 빨아 줄 수 있단 말입니까? 그런 사람은 이 세상에는 아무도 없습니다. 하지만 언젠가는 성령님이 빨아야 한다고 명령하시면 그가 어떤 사람이든 빨게 될 것입니다. 그것은 내가 하는 것이 아니고 성령님이 하시는 거지요. 우리는 단지 그분의

도구일 뿐입니다."

한마디로 충격 그 자체였습니다. 나의 교만과 생각을 송두리째 흔들어 버리는 말씀이었습니다. 부대로 돌아와서 며칠을 뜬눈으로 밤을 새웠습니다. 설레임과 충격이 너무 컸기 때문입니다. 너무 많이 늦은감은 있었지만 신학대학에 가고 싶은 마음이 내 안에서 솟구쳐 오르고 있었습니다. 중대장님의 극진한 배려와, 제대 말년이라는 특혜와, 동료 전우들의 각별한 사랑과 배려로 모든 업무에서 열외하고 공부에만 몰입할 수 있었습니다. 군복을 입은 채 수능시험을 치렀고 제대하면서 감리교신학대학에 입학하는 기적 같은 일이 벌어졌습니다.

신학교를 졸업한 후 영란여자중 · 정보산업고등학교 교사로 재직하다가 사표를 내고 아직도 버스가 다니지 않는 곳, 마을 전체라야 아홉 가구뿐인 첩첩산중에 있는 문암교회 담임전도사로 부임하게 되었습니다. 기독교서회에서 9년 동안이나 근무하던 아내에게 사표를 강요하고 한 달 남짓한 핏덩어리 아들을 데리고 떠나는 것은 한센병 환자의 헌데를 빨아주는 것만큼이나 버거운 일이었지만 성령님이 하시는 일이기에 저항할 수가 없었습니다.

설교를 잘해보고 싶은 욕망과 탁월한 설교자가 되고픈 꿈은 하루에도 수십 번씩 꾸었지만 설교로 목사님들을 섬기고 가르치는 일은 상상조차 할 수 없는 일이었습니다. 오늘이라도 이 사역을 내려놓고 싶은 마음이 수백 번, 수천 번도 더 들지만 이것 역시 내 뜻이 아니라는 걸 너무나 잘 알기에 그저 내 자신을 성령님께 맡기려 합니다.

설교는 말로 하는 것이지 글로 하는 것이 아니기에 이런 책을 출간한다는 게 얼마나 어리석은 일인지도 잘 압니다. 이런 졸작을 내면서도 하루하루 피를 말리며 원고를 정리하려니 한센병 환자의 환부를 빨아내는 심정입니다.

그러니 그 어느 것 하나 내가 할 수 있는 것이 없습니다. 오직 성령님께 맡기고 그분이 계획하시고 인도하시는 데로 믿고 따라갈 뿐입니다.

눈썹이 빠지고 손톱이 빠지고 온몸에 허연 반점이 일어나고 진물이 나는 사람만이 한센병 환자가 아닙니다. 이 시대에는 영적인 한센병을 앓고 있는 환우들이 너무나 많습니다. 설교 때문에 썩고 문드러진 심정으로 몸부림치는 목회자들에게 이 책이 작은 도움이 되었으면 하는 바램입니다. 또한 한센병 환우의 환부를 빠는 심정으로 한 페이지 한 페이지 써내려갔습니다.

아홉 가구뿐인 첩첩산중에서 목회하는 데 가장 힘든 것은 외로움이었습니다. 전도사가 농사할 것도 아니고 취미로 사냥할 수 있는 것도 아니고, 심방밖에 할 것이 없었습니다. 그러나 심방을 하루 한 집씩 해도 열흘이면 끝납니다. 그래서 저는 외로움을 달랠 수 있는 유일한 길이 목회일기를 주보에 싣는 것뿐이라고 생각하고 한 주간의 재미난 이야기들을 주보에 실었습니다. 1년 조금 지나서 모아둔 주보 그대로 100부를 마스터 인쇄해서 아는 지인들에게 발송했습니다. 그리고 며칠 후 원주에서 목회하는 친한 친구를 만났는데 친구는 사랑하는 마음으로 저에게 충언해 주었습니다. 글이라는 게 자신의 얼굴인데 너는 감리교신학대학과 대학원까지 나왔는데 글을 읽어보니 맞춤법과 띄어쓰기가 다 틀렸더라, 그런데 그런 걸 보내면 다른 사람들이 읽고 널 어떻게 생각하겠느냐고 말해주었습니다. 그 말을 듣고 다시 읽어보니 정말 형편없었습니다. 그때는 친구의 충언이 정말 고마웠습니다. 하지만 그때 받은 무력감과 충격으로 목회일기는 더이상 쓰지 않았습니다. 꽤 많은 시간이 흘러서 그때의 충격이 완전히 사라져갈 때쯤 신학교 다닐 때 신약학을 가르쳐주신 김철손 선생님을 찾아뵙고 큰 절을 드리고 일어나려는데 선생님이 내 손을 꼭 잡아주시면서 '천전도사! 자네가 보내준 글 잘 읽어 보았네'라고 말씀하셨습니다. 그때 그 말씀을 듣는데 정말 부끄러워 견딜 수가 없었습니다. 저는 그 자리에서 무릎을 꿇고 죄송하다는 말로 사죄를 드렸습니다. 그러자 선생님은 의아한 듯이 물으셨습니다. "뭐가 말인가?" "선생님, 제가 그 글을 보내놓고 다시 읽어보니 맞춤법도 다 틀렸고 띄어쓰기도 다 틀렸더라고요. 그런 걸 글이라고 보내서 죄송합니다"라고 했더니 선생님께서 의미심장하게 다시 물어오셨습니다. "자네 그걸 뭘로 썼나?" 선생님의 질문에 지체함 없이 "예! 가슴으로 썼습니다." 그러자 선생님은 빙그레 웃으시면서 "자네가 가슴으로 썼기에 나도 가슴으로 읽었다네. 가슴으로 읽는데 맞춤법이 무슨 소용이 있고 띄어쓰기가 좀 틀리면 어떤가?"라고 말씀해 주셨습니다.

그날 이후 저는 늘 가슴으로 말하려고 하고 가슴으로 글을 쓰려고 노력합니다.

이 책을 접한 독자들도 제 가슴으로 쓴 가슴이 담긴 글을 가슴으로 읽어주셨으리라 믿어 의심치 않습니다. 무너져 가던 강단들이 회복되고 하나님을 경험한 성도들로 인해 이 땅의 십이만 명의 목회자들 모두가 신바람나는 목회를 하게 되고 그로 인해 이 땅에 부흥이 앞당겨지기를 소원합니다.

예수 그리스도는 설교의 핵심이고 목회자의 각성은 설교의 능력이다.

21c 교회성장과 축복의 통로

교회진흥원은 기독교한국침례회 총회의 교육, 문서선교 기관으로서 교회의 교육, 목회, 선교활동에 관한 실제적인 연구와 프로그램 개발, 기독교 정보를 제공하고, 자료 출판 및 보급사역을 하고 있습니다.

- 각 연령별 교회학교 공과, 구역공과, 제자훈련 교재, 음악도서를 기획, 출판하고 이와 관련된 각종 강습회를 실시합니다.
- 요단출판사를 운영하며 매년 70여 종의 각종 신앙도서와 제자훈련 교재를 기획, 출판합니다.
- 4개의 직영서점을 운영하고 있습니다.

요단출판사의 사역정신

그리스도인들의 올바른 신앙성장과 영성 개발에 필요한 신앙도서를 엄선하여 출판, 보급함으로써 이 땅에 하나님나라 확장을 위해 헌신하고 있습니다.

- **F**or God For Church
  하나님과 교회의 유익을 위하여 도서를 기획 출판합니다.
- **O**nly Prayer
  오직 기도뿐이라는 자세로 사역합니다.
- **W**ay To Church Growth & Blessings
  교회성장과 축복의 통로가 되기 위해 사명을 감당합니다.
- **G**ood Stewardship & Professionalism
  선한 청지기와 프로정신으로 사역합니다.
- **C**reating Christianity Culture & Developing Contents
  각종 문화 컨텐츠를 개발함으로 기독교 문화 창달에 기여합니다.

직영서점

요단기독교서적 교회용품센타 서울특별시 서초구 잠원동 69-14 반포쇼핑타운 6동 2층
TEL 02) 593 · 8715~8 FAX 02) 536 · 6266 / 537 · 8616(용품)

둔산침례회서관 대전광역시 서구 둔산동 1092번지 신둔산 빌딩 2층
TEL 042) 472 · 1919~20 FAX 042) 472 · 1921

대전침례회서관 대전광역시 동구 중동 21-27
TEL 042) 255 · 5322, 256 · 2109 FAX 042) 254 · 0356

부산요단기독교서점 부산광역시 금정구 남산동 374-75 침례병원 지하편의시설(내)
TEL 051) 582 · 5175 (FAX 겸용)

요단인터넷서점 www.jordanbook.com

"그러므로 너희는 가서 모든 민족을 제자로 삼아 아버지와 아들과 성령의 이름으로 침(세)례를 베풀고 내가 너희에게 분부한 모든 것을 가르쳐 지키게 하라 볼지어다 내가 세상 끝날까지 너희와 항상 함께 있으리라 하시니라." _마 28:19~20